कवि लक्ष्य और रचनात्मक प्रवृत्तियाँ

महाकवि सूरदास

कवि लक्ष्य और रचनात्मक प्रवृत्तियाँ

महाकवि सूरदास

प्रो. मंजुला राणा

वाणी प्रकाशन

वाणी प्रकाशन

4695, 21-ए, दरियागंज, नयी दिल्ली 110 002

फ़ोन : +91 11 23273167 फ़ैक्स : +91 11 23275710

शाखाएँ

अशोक राजपथ, पटना 800 004, बिहार

कॉफ़ी हाउस कैम्पस, महात्मा गांधी मार्ग, इलाहाबाद 211 001, उत्तर प्रदेश

महात्मा गांधी अन्तरराष्ट्रीय हिन्दी विश्वविद्यालय, वर्धा 442 001, महाराष्ट्र

सुल्तानिया रोड, मोतिया पार्क, भोपाल 462 001, मध्य प्रदेश

www.vaniprakashan.com
marketing@vaniprakashan.in
sales@vaniprakashan.in

KAVI LAKSHYA AUR RACHNATMAK PRAVRITIYAN :
MAHAKAVI SOORDAS
by Prof. Manjula Rana

ISBN : 978-93-88434-38-6
Criticism

प्रथम संस्करण 2017

मूल्य : ₹ 495

सिटी प्रेस, दिल्ली-110 095 में मुद्रित

वाणी प्रकाशन का लोगो मक़बूल फ़िदा हुसेन की कूची से

कवि लक्ष्य और रचनात्मक प्रवृत्तियाँ : महाकवि सूरदास

भक्ति की चरमावस्था पराभक्ति की वह अवस्था है, जहाँ भक्त अपने आराध्य से सिर्फ प्रेम करता है, इसके मार्ग अलग-अलग हो सकते हैं किन्तु गन्तव्य सभी का एक है इसीलिए भक्ति को आध्यात्मिक जगत् का लोकतन्त्र माना गया है। यह ऐसा समर्पण है, जहाँ विनिमय का कोई अंश विद्यमान नहीं रहता वरन् प्रेमी पात्र ही भक्त का सर्वस्व होता है। उसकी दृष्टि विराट जगत् के सम्पूर्ण सौन्दर्य को आत्मसात् कर अपने मानस का गठन करती है। इसी सौन्दर्य चेतना और सौन्दर्य बोध को भक्त कवियों ने भिन्न-भिन्न प्रकार से व्याख्यायित किया है।

जिस ब्रह्मानन्द की परिकल्पना काव्यशास्त्रियों ने विभाव, अनुभाव और संचारी भावों के संयोग से की है उसका मूल तत्त्व सौन्दर्य ही है। वस्तुतः यह जगत् उस विराट चेतना की सौन्दर्यमयी अभिव्यक्ति है। इसी आनन्द की प्राप्ति का नियामक तत्त्व सौन्दर्य है। हमारी वैदिक परम्परा साक्षी है, जहाँ ऋग्वेद में अनेक स्थलों पर इस शब्द का 'सूनरी, सूनरि, सूनरो' रूपों में प्रयोग किया गया है। भारतीय आचार्यों के शास्त्रों का तो यह प्राणतत्त्व ही है तो पाश्चात्य चिन्तकों ने भी इसी के इर्द-गिर्द अपना शास्त्रीय संसार निर्मित किया है। यह तो क्षण-क्षण, नव्यता का आकांक्षी है, कभी पुरातन नहीं होता और इसी में सौन्दर्य की जीवन्तता भी है अर्थात् सुन्दर वस्तु प्रत्येक अवस्था में सुन्दर ही है।

आचार्य रामचन्द्र शुक्ल के अनुसार सौन्दर्य बाहर की कोई वस्तु नहीं है। इसी चेतना को आत्मसात् करते हुए भक्त कवियों ने अपनी भावना का वितान तैयार किया है, इसी आनन्द को उत्पन्न करने वाले गुणों को सौन्दर्य का नाम देकर उन्होंने इसे अन्तर्मन की वस्तु माना है।

भारतीय परिप्रेक्ष्य में यदि दृष्टि डालें तो सौन्दर्य के पारखी महाकवि सूरदास इस भावबोध के अग्रणी कवि हैं। उन्होंने 'सूरसागर' के अनेक पदों में सौन्दर्य के अनेक पर्यायवाची शब्दों का प्रयोग किया है, यथा-सुन्दरताई, चारु, छबीली, रूपसरोवर, सोभाराशि, रूप, छबि, सलोने, मनोहर आदि। यद्यपि ये शब्द राधा-कृष्ण के सन्दर्भ में प्रयुक्त किये गये हैं किन्तु इन सभी का सम्बन्ध सौन्दर्य-चेतना से ही है।

भागवत के प्रसंगों में निरूपित सौन्दर्य के अंशों को सूर ने अपनी रचनाओं में एक अनूठे सौन्दर्यात्मक साँचे में ढाला है। उन्होंने दिव्य सौन्दर्य का आधार लौकिक सौन्दर्य बनाया है अर्थात् श्रीकृष्ण की बाल लीलाओं से आरम्भ सौन्दर्यानुभूति धीरे-धीरे प्रौढ़ होती हुई काव्यास्वादन का विषय बनी है। यही कारण भी है कि सूरदास साहित्य जगत् के प्रत्येक वर्ग के प्रिय कवि रहे हैं। सख्यभाव का ऐसा सुन्दर निरूपण, जहाँ पूरे अधिकार से कृष्ण के प्रति उनका सम्भाषण अतुलनीय है। वस्तुतः भक्ति का बोझ ईश्वर से भी बहुत देर तक उठाया नहीं जाता, सम्भवतः सूर ने इसी कारण अपने आराध्य में एक मित्र का सम्बन्ध स्थापित कर संवेदनाओं का तत्काल नकदीकरण किया है।

सूर की परिकल्पना ने अपने आराध्य को लोकरक्षक न बनाकर शुद्ध मधुरा भक्ति को अपना लक्ष्य बनाया है, अपने आराध्य के रूप, उनकी लीलाओं का वर्णन और आलम्बन तथा आश्रय की अद्भुत सम्पृक्तता उनका केन्द्रीय विषय रही है। उनका सम्पूर्ण काव्य कृष्ण के सौन्दर्य से आभा प्राप्त करता है। बहुत ही सरल शब्दों में अलौकिक सौन्दर्य का वर्णन करना उनकी विशिष्ट पहचान है।

प्रस्तुत पुस्तक में सौन्दर्य के उपादानों का आश्रय लेकर सूर की काव्यवस्तु का विवेचन किया गया है। इसमें मानवीय सौन्दर्य के साथ आराध्य के दिव्य सौन्दर्य का भी वर्णन है। सौन्दर्य की उदात्तता का सौन्दर्य भी खोजने का प्रयास किया गया है। राधा की नित्य नवीनता का परिचय देकर सूर ने जिस सौन्दर्य को वाणी दी है, उसका कोई सानी नहीं है। सौन्दर्य बोध के निर्धारक तत्त्वों के आधार पर सूर की काव्यवस्तु और भावाभिव्यंजना को भक्ति और सौन्दर्य के सन्दर्भ में अभिव्यंजित करना परमावश्यक है।

प्रायः हम सूर को वात्सल्य और शृंगार रस के सम्राट के रूप में ही व्याख्यायित करते आये हैं जबकि उनका मूल्यांकन मधुरा भक्ति और सौन्दर्य

चेतना के सन्दर्भ में किया जाना अत्यावश्यक है। तभी हम कवि के मूल लक्ष्य और उसकी रचनात्मक प्रवृत्तियों से साधारणीकृत हो पायेंगे।

मानवीय संस्पर्शों के साथ सौन्दर्य के आलोक में वस्तु, भाव और कलात्मक बोध की अनुभूति कराना इस पुस्तक का उद्‌देश्य है। सौन्दर्य के समस्त सोपानों का अवगाहन करने में मेरी लेखनी कितनी सफल हो पायी है, इसका निर्णय तो सौन्दर्यचेत्ता विद्वत जन ही कर पायेंगे। मेरा विनम्र आग्रह है कि साहित्याकाश में मेरा यह लघु प्रयास अपनी किंचित उपादेयता सिद्व कर पाये तो मैं स्वयं को सफल समझूँगी।

प्रो. मंजुला राणा
अध्यक्ष, हिन्दी-विभाग
हे.न.ब. गढ़वाल (केन्द्रीय) विश्वविद्यालय,
श्रीनगर (गढ़वाल)

अनुक्रम

सूरदास : जीवन-व्यक्तित्व

सौन्दर्य के निर्धारित तत्त्व और महाकवि सूरदास

किसी कवि का सौन्दर्यबोध युग की परिस्थितियों, जीवन और व्यक्तित्व तथा प्रतिभा या कल्पना पर निर्भर करता है। परिस्थितियों से सौन्दर्यबोध का सामान्य स्वरूप निर्धारित होता है। वे युग की काव्य-प्रवृत्ति को जन्म देती हैं और उस प्रक्रिया में प्रवृत्ति के अनुरूप कवि के सौन्दर्यबोध का सामान्य स्वरूप आकार ग्रहण करता है। जहाँ परिस्थितियाँ कवि को प्रत्यक्ष प्रभावित करते हुए उसकी सौन्दर्य-चेतना को एक विशेष दिशा में ढालती हैं, दूसरी ओर वे युग की काव्य-प्रवृत्ति के माध्यम से कवि के सौन्दर्यबोध के ढाँचे को विस्तार, विकास और विशिष्टता प्रदान करती हैं। यह विशिष्टता व्यक्तिगत न होकर प्रवृत्तिगत होती है और पूर्व-युग की प्रवृत्ति के सौन्दर्यबोध से उसे अलग करती है। सौन्दर्यबोध की निर्धारक परिस्थितियों में साहित्यिक परिस्थिति का उल्लेखनीय योगदान रहता है। युग की काव्य-प्रवृत्ति और कवि के सौन्दर्यबोध में परम्परा और नवीनता दोनों का न्यूनाधिक सामंजस्य रहता है। नवीनता को युगबोध या सामयिक बोध कह सकते हैं। इसकी अधिक प्रबलता में प्रवृत्ति और सौन्दर्यबोध परम्परा से कट जाते हैं। उसकी चरम स्थिति क्रान्तिकारी होती है। सामान्यतः काव्य-परम्परा; भावबोध, अभि-व्यंजनापद्धति एवं भाषा-शैली को प्रभावित करती हुई कवि के नवीन सौन्दर्यबोध के उन्मेष के लिए आधारभूमि प्रस्तुत करती है और एक हद तक यांत्रिक या टेकनिकल साधन जुटाती है।

परिस्थिति, प्रवृत्ति और परम्पराजन्य कवि के सामान्य सौन्दर्यबोध को विशिष्ट बनाने वाले तत्त्व व्यक्तित्व और प्रतिभा हैं। व्यक्तित्व जीवन की घटनाओं और अनुभूतियों तथा कवि की चिन्तनशीलता एवं विचारधारा से

विकसित और निर्धारित होता है। जीवन कभी-कभी कवि के सौन्दर्यबोध को सीधा प्रभावित करता है तो साधारणतः व्यक्तित्व के माध्यम से। कवि की रचना और उसके सौन्दर्यबोध दोनों पर व्यक्तित्व की गहरी छाप रहती है जिसके कारण वे विशिष्ट लगते हैं। सौन्दर्यबोध के विशिष्ट स्वरूप का मूल निर्धारक तत्त्व प्रतिभा या कल्पना है। प्रतिभा नवउन्मेषशालिनी है। इस नवीन उन्मेष में तथ्यात्मक यथार्थ जगत सौन्दर्यमय हो जाता है। अपनी-अपनी दृष्टि के अनुसार कुछ आचार्य इस सौन्दर्य को वस्तुगत मानते हैं जिसका कवि उद्घाटन करता है तो कुछ उसे प्रतिभा की देन कहते हैं। प्रतिभा की भारतीय अवधारणा अत्यन्त व्यापक है। वह नाना रूपों में सौन्दर्य को व्यक्त करने वाली संकल्पात्मक सर्जनाशक्ति है। इसके विपरीत कल्पना की पाश्चात्य अवधारणा बिम्ब प्रस्तुत करने वाली सर्जनात्मक शक्ति है। सौन्दर्य बिम्ब का धर्म है। कल्पना बिम्ब-सृष्टि में सौन्दर्य को मूर्त्त करता है। प्रतिभा या उद्भावना, कल्पना या मन की उड़ान और बिम्ब या संमूर्त्तन तीनों के योग से रचना में सौन्दर्य का भास होता है। कवि के सौन्दर्यबोध के निर्धारण में उसकी प्रतिभा और कल्पनाशीलता के साथ-साथ उसकी मानसिक चेतना, सहृदयता या भावात्मक स्पन्दनशीलता और चिन्तनशीलता का भी योग रहता है। चेतना, भावना और चिन्तन, कल्पना का अंग बनकर सौन्दर्यबोध को गहन, तरल और व्यापक बनाते हैं। कवि का सौन्दर्यबोध, उसकी मानसिकता और प्रतिभा की दिशा एवं प्रकृति के अनुरूप विशिष्ट हो जाता है।

भारत के इतिहास में मध्ययुग की परिस्थितियाँ सभी दृष्टियों से ह्रासोन्मुख थीं। उस समय प्राचीन भारत की आस्था, स्फूर्ति, चेतना, भावना और चिन्तनशीलता का अभाव था। रूढ़िवादिता और जड़ता मध्ययुग की मानसिकता की विशेषताएँ थीं। परम्पराएँ बद्धमूल थीं। राजनीतिक, धार्मिक, सामाजिक पारिवारिक, सांस्कृतिक, साहित्यिक सभी क्षेत्रों में नवीन जागरण की आवश्यकता थी। मुस्लिम साम्राज्य ने देश को एक सूत्र में बाँधकर व्यवस्था अवश्य स्थापित की, लेकिन राष्ट्र और समाज गतिशील एवं प्रगतिशील नहीं हो सके। कारण यह था कि आम जनता शासन को विदेशी और विधर्मी समझता था। सामन्ती व्यवस्था में नयी जागृति के लिए स्थान नहीं था। समाज का एक वर्ग, प्रधानतः उच्च वर्ग शासन की ओर उन्मुख रहा। उसकी सभ्यता, संस्कृति और साहित्यिक अभिरुचि दरबारी, नागरिक

और फारसी-अरबी सम्प्रदायों से प्रभावित थी। उस वातावरण में जो दरबारी काव्य की रचना होती थी, उसके सौन्दर्यबोध में नवीन उन्मेष नहीं था। बहुत करके फारसी दृष्टि को, भारतीय और इस्लामी सांस्कृतिक चेतनाओं के समन्वय में विकसित सुकुमार भावना को नये सौन्दर्य का आभास कह सकते हैं। लेकिन उसकी जड़ें आम समाज में नहीं थीं।

सूर के समय की राजनीतिक स्थिति में उल्लेखनीय बिन्दु मुस्लिम साम्राज्य की स्थापना, सामन्ती व्यवस्था और हिन्दू जाति पर आतंक थे। कुछ शासक अपेक्षाकृत उदार थे, लेकिन बहुत समय तक जनता के हृदय में शंका बनी रही। "देश में मुसलमानों का राज्य प्रतिष्ठित हो जाने पर हिन्दू-जनता के हृदय में गौरव, गर्व और उत्साह के लिए अवकाश न रह गया। ...इतनी भारी राजनीतिक उलटफेर के पीछे हिन्दू जनसमुदाय पर बहुत दिनों तक उदासी-सी छाई रही।"[1]

सामाजिक जीवन परम्परावादी और रूढ़ था। वर्ण-व्यवस्था में संकीर्णता आ गयी। उच्च वर्णों और निम्न जातियों में पार्थक्य बढ़ गया और छूत-अछूत की भावना में समाज विभक्त था। निम्न जातियों के प्रति हीनतावादी दृष्टि ने विद्रोह को भी बढ़ावा दिया। सभी वर्णों और जातियों में सामाजिक निष्ठा और कर्तव्य-भावना की अपेक्षा रस्म-रिवाजों का पालन ही प्रधान हो गया। मुसलमानी समाज में वर्ण भेद नहीं था। उनका सामाजिक जीवन सुव्यवस्थित और सुगठित था। हिन्दू समाज पर उसका कोई प्रभाव नहीं पड़ा। अपनी वर्ण-व्यवस्था को सनातन और शाश्वत मानकर हिन्दू समाज लीक पीटता रहा।

भारतीय सामाजिक जीवन और संस्कृति की नींव परिवार है। मध्ययुगीन पारिवारिक जीवन में भी कोई चेतना या स्पन्दन नहीं था। पारिवारिक जीवन और सम्बन्धों का निर्वाह परम्परागत रूप में होता रहा। उसमें विघटन की स्थिति भी आने लगी। पति-पत्नी के सम्बन्ध में पहले की स्वच्छन्दता, समता और परस्पर सम्मान के भाव समाप्त हो गये। उच्च वर्णों में भी स्त्रीशिक्षा कम हो गयी। नारी परिवार की सेवा करने वाली दासी मात्र रह गयी। दूसरी ओर अपने यौवन काल में वह भोग की वस्तु बनी। धर्म से अनुशासित भारतीय पारिवारिक जीवन में नारी कभी केवल भोग की प्रतीक नहीं थी। यह सामाजिक दृष्टि की ह्रासोन्मुखता के साथ-साथ मुसलमानी जीवन, सभ्यता और संस्कृति के प्रभाव के कारण भी था। नारी-जीवन का क्षेत्र संकुचित हो जाने के मूल में हिन्दू समाज के उच्च वर्णों में मुसलमानी प्रभाव से परदे

की भावना का प्रचार था। मध्ययुग में नारी सामाजिक जीवन से तिरोहित हो गयी और परदे के पीछे चली गयी।

प्राचीन भारत में जीवन का केन्द्र धर्म था। उससे राजनीतिक, सामाजिक और पारिवारिक जीवन अनुशासित था। यह धर्म मजहबी व्यवस्था न होकर अच्छे-बुरे के विवेक और कर्तव्यनिष्ठा पर आधारित मानवीय भावना और व्यवहार की निर्धारक आध्यात्मिक चेतना था। मध्ययुग में आकर भारतीय धर्म साम्प्रदायिक, व्यर्थ के आचारों के पालन में निरर्थक, बाह्य धार्मिक विधि-विधानों में ग्रस्त, चेतनाशून्य और रूढ़ हो गया। पूजा विधान और साधना पद्धतियों के अनुसार धर्म के अनेक भेदोपभेद हो गये। राजनीतिक और सामाजिक जीवन पर भी उसका गहरा प्रभाव पड़ा। देश के हित की भावना समाप्त हो गयी और समाज विभक्त होकर द्वेष भाव प्रबल होता गया। ऐसी स्थिति में राजनीतिक, सामाजिक और पारिवारिक जीवन में अराजकता, अव्यवस्था और विघटन स्वाभाविक था। ''जिस समय मुसलमान भारत में आये उस समय सच्चे धर्मभाव का बहुत कुछ ह्रास हो गया था। प्रतिवर्त्तन के लिए बहुत बड़े धक्कों की आवश्यकता थी।''[2]

जीवन के समस्त पहलुओं में अन्तर्भूत चेतना की गरिमा को संस्कृति कह सकते हैं। यह गरिमा धर्म, साहित्य, कला आदि जीवन की कुछ विशेष प्रवृत्तियों के माध्यम से अधिक प्रस्फुट और प्रखर रूप में व्यक्त होती है। इसलिए इनको संस्कृति का पर्यायवाची समझा जाता है। वास्तव में मानवीय संवेदना और उदात्त जीवन मूल्यों के आधार पर ही सांस्कृतिक उत्थान-पतन का निर्णय किया जा सकता है। मध्ययुग में उच्चवर्गीय संस्कृति के केन्द्रबिन्दु राजसभाएँ और मुसलमानी राज दरबार थे। वहाँ अन्तर्मुखी चेतनागत संस्कृति का उन्मेष कम और बहिर्मुखी व्यवहार की संस्कारिता पर बल अधिक था। दरबारों में विद्वानों, कवियों और कलाकारों का सम्मान होता था। लेकिन उस वातावरण में आभिजात्य संस्कृति और अभिरुचि का ही प्रतिफलन होता था। दरबारी काव्य और कला में मानवीय और उदात्त जीवन मूल्यों की अभिव्यंजना कम होती थी। उस वातावरण, दृष्टि, वस्तु और भावोन्मेष में उनके लिए स्थान नहीं था। जब मजहबी आक्रमण और संघर्ष हो रहे थे, सामाजिक चेतना ह्रासोन्मुख थी, स्त्री-पुरुषों के सम्बन्ध स्वस्थ नहीं थे और धर्म का स्थान साम्प्रदायिकता, आचार और आडम्बरों ने ले लिया था, आम जीवन में सांस्कृतिक चेतना के विकास की सम्भावनाएँ कम रह गयीं।

मध्ययुग में सूरपूर्व साहित्यिक परिस्थितियाँ भी काव्योत्कर्ष और सौन्दर्यबोध की दृष्टि से प्रायः असन्तोषजनक ही थीं। संस्कृत की काव्य-परम्परा कुछ अपवादों को छोड़कर सामाजिक जीवन से कटकर दरबारी और चमत्कारवादी होती गयी। प्राकृतों में काव्य रचना एक हद तक जनपदीय, प्राकृत और मानवीय बनी रही। हिन्दी में नाथ, सिद्ध और जैन रचनाएँ साहित्यिक कम और साम्प्रदायिक एवं साधनापरक अधिक थीं। विदेशी आक्रमणों के युग में राष्ट्रीय वीर काव्य नहीं, अपने राजा-महाराजाओं के प्रशस्ति काव्य रचे गये। उनमें रूढ़ काव्य-परम्परा का निर्वाह मात्र होता रहा। प्रबल प्रेरणा सूत्रों के आभाव में नये सौन्दर्यबोध का विकास नहीं हो सका। बीच-बीच में मैथिली कोकिल की प्राकृत, मानवीय वाणी गूँजती रही। शुद्ध साहित्यिक दृष्टि से विचार करते हैं तो सूर के पूर्व या तो सौन्दर्यबोध का परम्परागत रूढ़ रूप देखते हैं या दरबारी काव्यों में उच्चवर्गीय सौन्दर्यबोध। राजभाषा फारसी होने के कारण दरबारी उच्चवर्गीय सौन्दर्यबोध पर फारसी प्रभाव भी लक्षित होता है।

प्रश्न उठता है कि इन परिस्थितियों के साथ सूर के सौन्दर्यबोध का सम्बन्ध किस तरह स्थापित करें। सूर के पूर्व मध्ययुग की उपर्युक्त परिस्थितियाँ युगान्तकारी साहित्य-सर्जना के लिए उपयुक्त नहीं हैं। उनमें संघर्ष, पराजय की निराशा, ह्रान्सोन्मुखता, जड़ता, विघटन, अवनति, रूढ़ परम्परा-निर्वाह आदि ऐसे बिन्दु हैं जो नये सौन्दर्यबोध के विकास की प्रेरणा नहीं दे सकते। वे निषेधात्मक बिन्दु हैं। इन्होंने संवेदनशील और कल्पनाशील महाकवि सूर के हृदय को झकझोर दिया होगा। उन्हें अन्तर्मुखी बनाकर जीवन और काव्य में दिशान्वेषण में प्रवृत्त किया होगा। सूर के सौन्दर्यबोध की पृष्ठभूमि के रूप में इन परिस्थितियों ने जीवन के निषेधात्मक पहलू को सामने रखकर उसके माधुर्य और आनन्द को पहचानने में अप्रत्यक्ष सहायता की। मानवहृदय प्रतिकूल परिस्थितियों में शान्त नहीं रहता। उनका उल्लंघन करके प्रत्यक्ष जीवन में या मानसिक जगत में अभीष्ट की सिद्धि का प्रयत्न करता है। तुलसी का प्रस्थान काव्य के माध्यम से प्रत्यक्ष व्यावहारिक जगत की ओर था तो सूर का मानसिक जगत की ओर। परिस्थितियों ने सूर को अन्तर्मुखी बनाकर मानस लोक में सौन्दर्य, माधुर्य और आनन्द पाने की प्रेरणा दी। इस साधना में उनका सौन्दर्यबोध मानसिक था। स्थूल रूप से देखने पर सूर की दृष्टि लीलावर्णन के सौन्दर्य और माधुर्य में प्रवृत्त दिखाई

देती है, लेकिन कवि की चेतना, वास्तव में, पारदर्शी होकर अन्तःसौन्दर्य के प्रत्यक्षीकरण में संलग्न हो गयी है।

भक्ति-आन्दोलन के सन्दर्भ में सौन्दर्यबोध

भारतीय भक्ति भावना को तीन कालखण्डों में विभाजित कर सकते हैं। पहला वैदिककाल से रामायण-महाभारत काल तक है। इस समय कर्म, ज्ञान और योगमार्गों के साथ-साथ भक्ति भी एक साधनामार्ग थी। उसका लक्ष्य आध्यात्मिक आत्मोन्नति थी। दूसरा-आल्वार-पुराणकाल जब भक्ति को अन्य मार्गों से वरीयता दी गयी। अन्य मार्ग जन-साधारण के लिए सुलभ नहीं थे। भक्तिमार्ग को सुलभ ही नहीं माना गया बल्कि उसे रागात्मक धरातल पर आत्मोन्नति की पराकाष्ठा पर ले जाने का प्रयत्न भी हुआ। जब देश में अनेक विदेशी जातियों का प्रवेश और स्थिरनिवास हो गया और भारतीय समाज में वर्ण-व्यवस्था रूढ़ हो गयी तो उन भेदभावों को दूर करके अनेकता में एकता स्थापित करने के लिए भक्तिमार्ग एकमात्र साधन माना गया जो आध्यात्मिक क्षेत्र में ऊँच-नीच भेदभावों को स्वीकार नहीं करता। यह इस कालखण्ड के भक्तिमार्ग का सामाजिक पक्ष था। जब रामानुजाचार्य ने वैष्णव धर्म को व्यवस्थित साम्प्रदायिक रूप दिया उसमें सामाजिक समता की भावना को और भी बल मिला। इसी समय तमिलनाडु के शैव नयनारों ने भी भक्ति के क्षेत्र में सामाजिक भेदभावों को नकारा। लेकिन इस समय व्यावहारिक धरातल पर सामाजिक भेदभावों को अस्वीकार करने या उनका विरोध करने का प्रयत्न कम हुआ। आगे चलकर कर्नाटक के वीरशैवों और उत्तर भारत के भक्ति-आन्दोलन ने यह कार्य किया। यह दूसरी बात है कि वे भारत की बद्धमूल वर्ण-व्यवस्था को पूरा बदल नहीं पाये। तीसरा-मध्ययुग है जब भक्ति-आन्दोलन आरम्भ हुआ। पहले दोनों युगों में भक्तिमार्ग एक व्यापक आन्दोलन का रूप नहीं ले सका। आम समाज में व्यापक प्रसार, परम्परा के प्रति विद्रोह और नवीन चेतना या जागरण या जागरण का विकास आन्दोलन की संज्ञा पाने के लिए आवश्यक है जो केवल मध्ययुगीन भक्ति साधना की विशेषताएँ हैं।

मध्ययुगीन भक्ति-आन्दोलन केवल आध्यात्मिक साधना और आत्मोन्नति से सम्बद्ध धार्मिक आन्दोलन नहीं था। उसकी राजनीतिक, सामाजिक, सांस्कृतिक और साहित्यिक विशिष्ट सार्थकता थी। उसने तत्कालीन भारतीय

जीवन के सभी पहलुओं को प्रभावित किया और उसकी दिशा को बदलने की कोशिश की। ऊपर मध्ययुगीन परिस्थितियों की जड़ता और गतिहीनता की ओर संकेत किया गया है। भक्ति-आन्दोलन ने उनको परिवर्तित करके जीवन में नवीन स्पंदन और गतिशीलता भरने का प्रयत्न किया। वह व्यापक अर्थ में सच्चा सामाजिक आन्दोलन था, जिसने पूरे समाज को, उसके सभी वर्गों को प्रभावित किया। यहाँ तक कि शासक मुसलमानी वर्ग भी उससे अछूता नहीं रहा। राजनीतिक दृष्टि से पराजित जाति में आत्मशक्ति भरना, धार्मिक दृष्टि से सच्ची आध्यात्मिकता पर बल देना, सामाजिक दृष्टि से वर्गीय विषमताओं को दूर करके समता और एकता का विकास करना, पारिवारिक जीवन में, विशेषतः पति-पत्नी सम्बन्धों में पुरुष की स्वार्थपरक भोगवादी दृष्टि का निराकरण करते हुए माधुर्य और उदात्तता का संचार करना, सांस्कृतिक दृष्टि से अवनति के तत्त्वों को दूर करते हुए मानवीय और आध्यात्मिक जीवन मूल्यों की प्रतिष्ठा करना तथा रूढ़ साहित्यिक परम्परा में स्पंदन और गति ले आना भक्ति-आन्दोलन के लक्ष्य थे। धार्मिक क्षेत्र में हिन्दू और मुसलमान धर्मों और जातियों में सामंजस्य स्थापित करने के कुछ प्रयास भी हुए। संक्षेप में भक्ति-आन्दोलन जीवन और साहित्य में रूढ़ि-विद्रोही और स्वच्छन्दता का आग्रही था।

भक्ति-आन्दोलन ने जीवन में नयी चेतना भरकर भक्त कवियों की सौन्दर्य दृष्टि को नये रूप में ढाला। उस चेतना से दूर दरबारी वातावरण और जीवन में रचना करने वाले कवियों की दृष्टि में नवीन सौन्दर्य का वैसा उन्मेष नहीं हो सका। भक्ति-आन्दोलन ने आम जनता में नयी जागृति पैदा की। मुसलमानों के साथ संघर्ष और पराजय से निराश जीवन में नयी आशा और आस्था फैल गयी। उसने रूढ़ व्यवस्था में जकड़े हुए हिन्दू समाज की निम्न जातियों में नयी चेतना उत्पन्न करके उनके सामाजिक और सांस्कृतिक विकास में योगदान दिया। सामाजिक और धार्मिक दोनों क्षेत्रों में रूढ़ परम्पराओं का विरोध करते हुए और आवश्यकता के अनुसार विद्रोह करते हुए उसने भक्त कवियों के जीवनदर्शन और सौन्दर्यदृष्टि को उन्मुक्त और स्वच्छन्द रखा। भक्ति के माध्यम से समता, स्वतन्त्रता और भ्रातृत्व की भावनाएँ विकसित हुईं। अच्छे-बुरे की रूढ़ धार्मिक अवधारणाएँ बदल गयीं। सरल सात्विक जीवन बिताने वाले और जनता के सम्मुख उसी आदर्श को रखने वाले भक्त कवियों के सामने जीवन में बुराई का प्रश्न नहीं था। भक्त कवि विभिन्न दार्शनिक

सिद्धान्तों, साधनामार्गों, सम्प्रदायों और पंथों से प्रभावित और बँधे अवश्य थे। लेकिन धर्म और दर्शन ने उनकी अनुभूति और काव्य साधना को किसी संकीर्ण दायरे में संकुचित नहीं बनाया। भक्त कवियों ने काव्य-रचना की परिपाटियों और काव्यशास्त्रीय नियम- सिद्धान्तों के यथातथ पालन का प्रयत्न नहीं किया। रूपगोस्वामी ने 'उज्ज्वल नीलमणि' में भक्ति और शृंगार में सामंजस्य स्थापित करके जो व्याख्या की, उससे भक्तिपरक स्वच्छन्द आत्मप्रकाशन का मार्ग खुल गया। लोक जीवन से सम्बद्ध भक्त कवियों ने लोक संस्कृति, लोक भाषा और लोक साहित्य की सरल-सीधी भावाभिव्यंजना को अपनाकर शिष्ट आभिजात्य-साहित्य से भिन्न काव्य-साधना के द्वारा सौन्दर्य का नया आख्यान किया। मध्यकालीन भक्त कवियों की आध्यात्मिक, लौकिक और साहित्यिक या कलात्मक सौन्दर्य दृष्टि के मूल में भक्ति-आन्दोलन-जन्य नयी चेतना, आशा, आत्मविश्वास, रूढ़ परम्पराओं के प्रति विद्रोह, स्वच्छन्दता, आध्यात्मिक अनुभूति, लोकोन्मुखता या सामान्योन्मुखता आदि अनेक तत्त्व सक्रिय हैं। काव्य वेद और शास्त्र की मर्यादा से लोक मर्यादा की ओर उन्मुख हुआ। व्यवस्था के समर्थक और मर्यादावादी तुलसी ने भी वेद और लोक दोनों की प्रामाणिकता स्वीकार की। लोकोन्मुखता में भक्त कवियों की सौन्दर्यदृष्टि, काव्य की परम्परागत सौन्दर्यदृष्टि से बहुत कुछ भिन्न हो गयी।

भक्तिकाव्य रचना का लक्ष्य, संकीर्तन या लीला गायन के माध्यम से भगवान का साक्षात्कार और आध्यात्मिक अनुभूति की प्राप्ति है। दृष्टि, वस्तुचयन, भावव्यंजना और रूपविधान—सभी में कवियों का ध्यान इसी पर केन्द्रित था। लीला वर्णन में व्यंजित भक्ति, वात्सल्य, प्रेम आदि भावनाएँ आध्यात्मिक थीं। कवियों का सौन्दर्यबोध और काव्यसौन्दर्य अलौकिक था। उनकी दृष्टि में लौकिकता, अलौकिकता की अभिव्यक्ति का साधन, माध्यम या प्रतीक थी। लेकिन अलौकिक रूप और उसकी अनुभूति की व्यंजना में कवियों ने मानवीय संवेदना की उपेक्षा नहीं की। क्योंकि उसी धरातल पर आध्यात्मिक की अनुभूति हो सकती है और श्रोता या ग्राहक के लिए रचना स्वीकार्य होती है। विभिन्न भक्त कवियों की रचनाओं की आधारभूत मानवीय संवेदना में गुणात्मक और मात्रापरक अन्तर हो सकता है। कबीर मानवता को खण्डित करने वाले भेदभावों से ऊपर ले जाकर आध्यात्मिक अनुभूति देने का प्रयत्न करते हैं, सूर मानवीय संवेदना में ही अलौकिकता का बोध कराते हैं तो तुलसी सामाजिक मर्यादा की परिधि में मानवता का विकास

करते हुए मनुष्य को आध्यात्मिक जगत की ओर ले जाने का प्रयत्न करते हैं। यहाँ यह बात भी ध्यातव्य है कि कुछ भक्त कवियों ने वैचारिक धरातल पर मानवीय संवेदना को उद्बुद्ध किया है तो कुछ कवियों ने शुद्ध भावात्मक धरातल पर। मानवीय संवेदना की परिधि में ही सौन्दर्य की अनुभूति सम्भव है, भक्त कवि भले ही उसका उदात्तीकरण करते हुए उसे आध्यात्मिक या अलौकिक होने का आभास दें।

यहाँ ध्यान देने योग्य दूसरी बात यह है कि साधनावस्था का भक्त कवि लौकिकता की ओर अधिक झुका हुआ होता है जबकि सिद्धावस्था का कवि सूक्ष्म भावना लोक में पहुँच जाता है। पहला भक्ति, ज्ञान और कर्म को महत्त्व देता है और दूसरा अपनी अनुभूति को। लौकिक कर्मजगत की ओर उन्मुख, वस्तुवादी शुक्ल जी साधनावस्था का समर्थन करते हुए उसे काव्य का श्रेय मानते हैं। लेकिन भाववादी साधना को नहीं, सिद्धि को ही जीवन का लक्ष्य मानते हैं। सिद्धि के आनन्द में तन्मय होकर भक्त लौकिक जगत से ऊपर उठकर अलौकिक का गुणगान करता है। यही सच्ची भारतीय परम्परा है जो स्थूल भौतिक जगत से सूक्ष्म मानसिक जगत की ओर प्रस्थान का आदर्श सामने रखती है। कर्म जगत का सौन्दर्य, मानसिक धरातल पर पहुँचकर भावात्मक रूप धारण करता है। सूक्ष्म मानसिक सौन्दर्य की अनुभूति, स्थूल ऐन्द्रिय सौन्दर्यानुभूति की परिणति है। भक्त कवियों को साधनावस्था और सिद्धावस्था के कवियों के रूप में विभाजित करना उचित नहीं है। तुलसी जैसे सामाजिक मर्यादावादी कवि की दृष्टि भी अन्ततः सिद्धि की अलौकिक छटा और आनन्दानुभूति की ओर उन्मुख है।

आध्यात्मिक साधना में भक्त कवियों का ध्येय भगवान का साक्षात्कार और उनके साथ अद्वैत सिद्धि है। दूसरे शब्दों में रूप-सौन्दर्य को प्रत्यक्ष कर लेना और उसके साथ तदाकार परिणति है। भक्त का आत्मनिवेदन लक्ष्य तक पहुँचने का साधन है। भगवान का गुणगाान या लीलाकीर्तन रूप के जीवन्त दर्शन का प्रयत्न है। साक्षात्कार के प्रयत्न में निर्गुण-सगुण का अन्तर करना व्यर्थ है। सगुण भगवान को साकार देखना चाहते हैं। उनके अनन्त सौन्दर्य को रूप की सीमा में बाँधना चाहते हैं। इस रूप सौन्दर्य की अनुभूति, सौन्दर्य के असीम आकार में बँधने का कारण अत्यन्त सजीव और मधुर होती है! निर्गुण भगवान का अनन्त और असीम रूप-दर्शन कमनीय होने के साथ-साथ श्रद्धा, विस्मय, आतंक आदि भावनाओं को भी जगाता है।

भक्त कवियों ने करुणा, शक्ति, शील आदि अन्य विभूतियों से कहीं अधिक भगवान के साक्षात्कार में अनुभूत सौन्दर्य, माधुर्य और आनन्द पर अधिक बल दिया है! मध्यकालीन भक्ति-भावना मधुर साधना या मधुर-दर्शन के रूप में परिणत हुई। दास्यभक्ति के उपासक भी अन्ततः भगवान के साक्षात्कार में या अपने मन में लीलादर्शन करते हुए आनन्द में भावविभोर हो गये। व्यापक अर्थ में यह माधुर्यानुभूति ही है।

शुक्ल जी ने कृष्ण भक्तिकाव्य पर यह आक्षेप किया है कि उसमें कृष्णचरित के केवल मधुर पक्ष को ही ग्रहण किया गया है, दुष्टसंहारक भगवान के अवतार रूप का नहीं। कुछ समीक्षकों का विचार है कि शुक्ल जी के सामने तुलसी और तुलसी के राम का ही आदर्श है। वास्तव में अवतारवादी पुराण काव्य और भक्तिकाव्य के अन्तर को भुलाने का यह परिणाम है। दोनों के जीवन-दर्शन और काव्यदृष्टि में बहुत अन्तर है। पुराणों की तरह भक्त कवियों के सामने अच्छे-बुरे का द्वन्द्व नहीं था। तुलसी ने भी बुराई की गहराई में जाने का प्रयत्न नहीं किया। उनके राम ने दुष्टसंहार अवश्य किया, लेकिन कवि की रचना का लक्ष्य जीवन के द्वन्द्वों का निरूपण नहीं, सात्विक भक्ति का प्रतिपादन है। भक्तिकाव्य कवियों की आत्माभिव्यक्ति है, चाहे दास्य रूप में हो या चाहे वात्सल्य, सख्य और मधुर रूप में। आत्माभिव्यक्ति कभी प्रत्यक्ष रूप में है तो कभी लीलागायन के माध्यम से। श्रीसम्प्रदाय और वैष्णव धर्म के प्रचार के बाद, विशेषतः रूपगोस्वामी के द्वारा भक्ति की सैद्धान्तिक व्याख्या के बाद, समस्त भक्त कवि अनेक रूपों में भगवान के गुणगाान में तन्मय रहे। उनके काव्य में पाप-पुण्य, लौकिक-सामाजिक जीवन और नैतिक व्यवहार के प्रश्न, आध्यात्मिक साधना की भूमिका से सम्बद्ध प्रश्न थे। क्या दास्यभक्ति के आत्मनिवेदन में भावतल्लीनता, माधुर्य और आनन्द नहीं था? भक्त कवियों का जीवनदर्शन द्वन्द्वों के परे मानसिक या आध्यात्मिक धरातल पर जीवन के माधुर्य और आनन्द का व्यंजक है। उनका जीवनदर्शन ऐसा है कि उनकी काव्य-सर्जना में कुरूपता के लिए स्थान नहीं है। तुलसी के काव्य में, विशेषतः मानस और कवितावली में कुरूपता के जो सशक्त और विराट चित्र मिलते हैं, वे या तो रूपसौन्दर्य के विरोधात्मक पहलू के रूप में प्रस्तुत किये गये हैं या भगवान की अनन्तशक्ति के व्यंजक रूप में भक्त को आनन्दातिरेक के धरातल पर ले जाने की दृष्टि से। भक्त कवियों का जीवन दर्शन ऐसा है कि उनकी सर्जना

सौन्दर्यलोक में ले जाकर उसकी चरमसीमा पर समाप्त हो जाने वाली नहीं है। वह सौन्दर्य की सीमाओं का अतिक्रमण करके उदात्त जगत में पहुँचा देती है। यह उदात्तता भक्तिकाव्य में अनेक रूपों में अभिव्यक्त है। सन्तकवियों ने सूक्ष्म आध्यात्मिक अनुभूति में, सूफी कवियों ने प्रकृति के अनन्त सौन्दर्य में, कृष्णभक्त कवियों ने लीलामाधुर्य में और रामभक्त कवियों ने शील की चरम सात्विकता एवं शक्ति की अनन्तता में इस उदात्तता का अनुभव किया। वस्तु या माध्यम भिन्न हैं, लेकिन भाव या विचार-आश्रित अनन्त और उदात्त सौन्दर्यबोध और उसकी अनुभूति तत्त्वतः एक ही है। भक्त कवियों की जीवनदृष्टि और काव्यचेतना स्थूल से सूक्ष्म, ऐन्द्रिय से मानसिक और लौकिक से आध्यात्मिक सौन्दर्यबोध की ओर अग्रसर होने वाली है।

भक्त कवियों की आध्यात्मिक चेतना की तरह उनकी काव्य-चेतना भी सौन्दर्य दृष्टि से परिचालित है। काव्यवस्तु, भावानुभूति और अभिव्यंजना तीनों में यह सौन्दर्यदृष्टि प्रतिफलित है। इस सौन्दर्य की अपूर्व छटा के दर्शन में तन्मय होकर कवि आध्यात्मिक साधना करते हैं। यह सौन्दर्य और उसकी अनुभूति शब्दातीत होकर रहस्य और प्रतीकात्मक हो जाती है। वह रस-निरूपण और रस-संवेदना की लौकिक व्यवस्था में नहीं समाती। भक्त कवियों की यह सौन्दर्य-चेतना व्यक्तिनिष्ठ है तथा निर्गुण और सगुण दोनों सन्दर्भों में वह अनुभव वेद्य है।

भक्ति काव्य में समस्त भावों और रसों को भक्ति के ही अन्तर्गत और उसी से सम्बद्ध मान लेते हैं तो उसका भावात्मक वैविध्य निमित्त मात्र हैं। आस्था और विश्वास के कारण सम्पूर्ण भाव-जगत में रागात्मिकता, एकनिष्ठता, अनन्यता और तन्मयता, मन या आत्मा को हर्षातिरेक पर ले जाकर भक्त के अस्तित्व और जीवन को माधुर्य से भर देती हैं। उस भाव-जगत में प्रतिशोध, कठोरता, उद्दण्डता, उग्रता आदि के लिए कोई स्थान नहीं है। वह जीवन के प्रति द्वन्द्वातीत दृष्टिकोण है। जान-बूझकर भक्तकवियों में बुराई और कुरूपता की उपेक्षा करके आराध्य के सौन्दर्यात्मक और मधुर पक्ष को ग्रहण नहीं किया। अनन्तव्यापी भगवान के अस्तित्व के बोध में या उसकी लौकिक लीलाओं के गायन में सौन्दर्येतर और माधुर्येतर अनुभूति की गुंजाइश नहीं है। सच्चाई के साथ जीवन के द्वन्द्वातीत सौन्दर्य और माधुर्य की अनुभूति के कारण ही सौन्दर्यशास्त्रीय दृष्टि से हिन्दी काव्य की अन्य प्रवृत्तियाँ भक्तिकाव्य के सामने आभाहीन हो जाती हैं। सौन्दर्य

का व्यक्त रूप आलोक या उज्ज्वलता है और उस रूप की अनुभूति माधुर्य या कमनीयता है।

लौकिकता की ओर झुके हुए राम भक्ति काव्य की दृष्टि सदा द्वन्द्वातीत नहीं है। साधना की अन्तिम स्थिति में ही वह द्वन्द्वातीत आत्मिक स्तर पर पहुँच जाता है। ऐसी स्थिति में श्रद्धा पर आधारित रामकाव्य में जीवन के अच्छे-बुरे, रूप-कुरूप और शुभ-अशुभ व द्वन्द्वों के अस्तित्व को किसी न किसी रूप में स्वीकार करना ही पड़ता है। भक्त श्रद्धा के द्वारा महनीयता को पहचानकर आध्यामिक उदात्त पर पहुँच जाता है अथवा उसकी काव्य चेतना लौकिक निम्न धरातल पर खिसक जाती है। सौन्दर्यशास्त्रीय दृष्टि से रामभक्ति काव्य में उदात्तता की अनेक सम्भावनाएँ हैं तो दूसरी ओर सौन्दर्यरहित होने की गुंजाइश भी कम नहीं है। तुलसी को छोड़कर अन्य रामभक्त कवियों की रचना की उपेक्षा का यही कारण है। उनमें भक्ति को लौकिक से सौन्दर्यशास्त्रीय धरातल पर ले जाने का प्रयत्न नहीं हुआ है।

भक्त कवियों ने अपने आराध्य के रूप, लीला और कथा का निरूपण करने में उसके सौन्दर्य और महिमा से अभिभूत होकर हर्षातिरेक, अद्‌भुतपन आदि अपनी सौन्दर्य की अनुभूति सम्बन्धी विशेषताओं को व्यक्त किया है। यह सौन्दर्यानुभूति या तो लौकिक के माध्यम से प्रतीकात्मक रूप में व्यंजित अलौकिक अनुभूति है या लौकिकता में ही अलौकिकता का दर्शन करने वाली अनुभूति है अथवा लौकिकता से अलौकिकता की ओर ले जाने वाली अनुभूति है। ससीम में असीम की यह सौन्दर्यानुभूति है। इस अलौकिक सौन्दर्यानुभूति की अभिव्यंजना-पद्धतियाँ भिन्न-भिन्न प्रकार की हैं। कबीर कहते हैं—"कबीर देख्या एक अंग, महिमा कहि न जाइ"। सूफी कवियों की सौन्दर्यानुभूति में सारी सृष्टि डोल उठती है—"जग डोलै डोलत नैनाहाँ।" तुलसी के लिए सौन्दर्यानुभूति सात्विक ही नहीं है, कवि सीताराम की ऐन्द्रिय छवि पर उतने ही मुग्ध हैं जितने सूर। कृष्ण भक्त कवि अपने आराध्य के जीवन की हर एक लीला में पग-पग पर सौन्दर्य का अनुभव करते हैं। यह अनुभूति लौकिक और ऐन्द्रिय है, पर अपने अद्‌भुतपन में अलौकिकता की अनुभूति देती है।

भक्त कवियों की सौन्दर्यदृष्टि व्यक्तिनिष्ठ और अनुभूतिमूलक है। उन्होंने अपनी भावना और कल्पना में अपने आराध्य और उनकी लीलाओं का सौन्दर्य प्रत्यक्ष कर लिया है। क्लासिकल प्रवृत्ति के कारण केवल तुलसी

के काव्य में, विशेषतः मानस में सौन्दर्य की वस्तुनिष्ठ अवधारणा की कुछ झाँकियाँ मिल जाती हैं। भक्ति-आन्दोलन में रूढ़ सामाजिक परम्पराओं के विरुद्ध विद्रोह ने सौन्दर्य-भावना को स्वच्छन्द बनाया है। जीवन के नवीन स्पंदन में सौन्दर्य का नया उन्मेष हुआ है। आध्यात्मिक दृष्टि और वस्तु ने सौन्दर्य-भावना को स्वस्थ और उदात्त रखा है। लोकजीवन के साथ सम्बन्ध ने दरबारी नागरिक सौन्दर्यदृष्टि से भिन्न नैसर्गिक सौन्दर्य चेतना का विकास किया है। इस तरह भक्ति-आन्दोलन में कवियों की सौन्दर्यदृष्टि रहस्यमय, नैसर्गिक, स्वच्छन्द, स्पन्दनशील, स्वस्थ और उदात्त है। वह मध्ययुगीन कृत्रिमता, विलासिता और असामाजिकता से मुक्त है। भक्त कवियों की सौन्दर्यदृष्टि की कुछ अपनी सीमाएँ भी हैं—1. उसमें प्रकृति-साहचर्यजन्य सहजता नहीं है। 2. दूसरी ओर आध्यात्मिक दृष्टिकोण के कारण उसमें सामाजिक यथार्थता का स्पर्श कम है।

काव्य-प्रवृत्ति की दृष्टि से भक्तिकाव्य को व्यापक अर्थ में स्वच्छन्तावादी काव्य कह सकते हैं। उसमें स्वच्छन्तावाद की दोनों मूलभूत विशेषताएँ—विद्रोह की भावना और स्वच्छन्दता का आग्रह, स्पष्ट परिलक्षित होती हैं। सन्तकाव्य में पहले की और कृष्णभक्तिकाव्य में दूसरे की प्रधानता है। अन्तःप्रेरित संवेगात्मकता, रहस्यमयता, कल्पनाशीलता, सौन्दर्यमयता, आत्मकेन्द्रित अभिव्यंजना आदि अन्य स्वच्छन्दतावादी या रोमांटिक प्रवृत्तियाँ भी भक्तिकाव्य में मिल जाती हैं। काव्य में स्वच्छन्दता का यह नया प्रसार, भक्ति-आन्दोलन की नयी चेतना का ऋणी है। इससे नये सौन्दर्यबोध के विकास के साथ भावोन्मेष और अभिव्यंजना की जो नयी प्रक्रिया विकसित हुई वह परम्परागत रस-व्यवस्था में समाने वाली नहीं थी।

भक्ति-आन्दोलन और भक्तिकाव्य की सौन्दर्य-भावना के परिप्रेक्ष्य में सूर के सौन्दर्यबोध के विकास पर विचार करने पर स्पष्ट होता है कि उसमें दोनों की कैसी भूमिका रही है। भक्ति की चरम सीमा भावतन्मयता है तो सूर उन इने-गिने भक्त कवियों में हैं, जिन्होंने भक्ति-आन्दोलन की नयी चेतना में उसकी चरम सीमा पर पहुँचकर भक्ति की आत्मा में प्रविष्ट हो सके। यह भक्तिभाव-तन्मयता उनकी रचना की मूल प्रेरणा है और उसी में उन्हें आध्यात्मिक सौन्दर्य का साक्षात्कार हुआ है। भक्ति के भाव-तादात्म्य में विरोध, संघर्ष या खंडन-मंडन के लिए स्थान नहीं है। सूर के अमरगीत में निर्गुण का विरोध और योग एवं ज्ञान मार्गों का खंडन अवश्य मिलता है।

लेकिन वह गोपिकाओं के हृदयोद्गारों के रूप में भावमूलक है। वह विकल्पात्मक न होकर संकल्पात्मक है। "सूरदास आदि भक्त कवियों में कहीं विरोध की ध्वनि नहीं है, वे अगर किसी बात को अनुचित समझेंगे तो अत्यन्त मृदु भाषा में उसकी उपेक्षा पर जोर देंगे। यह उपेक्षा भी वे सीधे नहीं कहेंगे।"[3] संकल्पात्मक अनुभूति और कोमल भावना सूर के सौन्दर्यबोध की दिशा को सूचित करती है। सूर के पूर्व नाथ-सिद्धों की वाणी में विरोध की उग्रता थी। उसका प्रभाव कबीर पर भी पड़ा जिसके कारण उनके सौन्दर्यबोध में प्रखरता और तीक्ष्णता आ गयी। भक्ति-आन्दोलन ने उनकी वाणी को सात्विकता दी तो दूसरी ओर सूफी प्रेमभावना ने कोमलता प्रदान की। इन सब प्रभावों में उनके सौन्दर्यबोध की सूफी कवियों की तरह एक ही निश्चित दिशा नहीं थी। सूर के पूर्व भक्तिकाव्य और उसके सौन्दर्यबोध का एक ढाँचा तैयार हो रहा था। सूर ने अपने ढंग से भक्तिपरक प्रेमसाधना का स्वरूप सामने रखा। वह भारतीय परम्परा से जुड़ते हुए भी अपने लालित्य, माधुर्य और सौन्दर्य में विशिष्ट है।

भक्ति-आन्दोलन में राजनीतिक चेतना का प्रभाव तुलसी की तरह सूर पर बिल्कुल नहीं है। तुलसी ने जहाँ युगीन राजनीतिक परिस्थितियों की तुलना में आदर्श रामराज्य की कल्पना की, सूर ने उनकी उपेक्षा की। आध्यात्मिक विभूति और सौन्दर्य के कवि की दृष्टि में लौकिक राजनीति के दाँव-पेंच तुच्छ थे। भक्ति-आन्दोलन धर्म के क्षेत्र में रूढ़ि और आचार के विरुद्ध सात्विक भावना का विद्रोह था। लेकिन धीरे-धीरे उसमें अनेक सम्प्रदाय हो गये और कुछ साम्प्रदायिकता भी आ गयी। सूर का काव्य शुद्ध भावना का काव्य है, यद्यपि उसे पुष्टिमार्गीय साम्प्रदायिक साधना में फिट करने के प्रयत्न भी हो रहे हैं। इस सन्दर्भ में हमें स्मरण रखना चाहिए कि उन्होंने अपने गुरु पर एक ही पद रचा है जबकि भक्ति-मार्ग में गुरु का बहुत ऊँचा-स्थान है। साम्प्रदायिकता से मुक्त रहने के कारण सूर के सौन्दर्यबोध का स्वच्छन्द विकास हो सका। भक्ति-आन्दोलन के सामाजिक पक्ष पर भी सूर का ध्यान नहीं था। सामाजिक मर्यादा और व्यवहार के औचित्य का सम्बन्ध लौकिक मूल्यों से है। आध्यात्मिक और स्वच्छन्द प्रेम भावना में उनके लिए कोई स्थान नहीं है, बल्कि वे साधनामार्ग में बाधक हैं। सामाजिक बन्धनों से मुक्ति सूर के सौन्दर्यबोध के स्वच्छन्द प्रसार में सहायक सिद्ध हुआ।

लौकिक जीवन में सूर ने नैसर्गिक तत्त्वों को ही ग्रहण किया। वे मधुर

पारिवारिक सम्बन्ध, ग्रामीण समष्टि जीवन एवं स्नेह, चरवाहा जीवन पद्धति और लोक संस्कृति एवं त्योहार हैं। इस परिवेश में प्रेम और सौन्दर्य दोनों नैसर्गिक एवं स्वच्छन्द होते हैं। उस वातावरण में उच्चवर्गीय सांस्कृतिक मूल्यों के स्थान पर लोकोन्मुख सांस्कृतिक मूल्यों के प्रतिपादन का अवसर भी सूर को प्राप्त हुआ। उस संस्कृति में जीवन का सच्चा स्पन्दन था और सजीव सौन्दर्य के उद्घाटन की अनेक सम्भावनाएँ थीं। तुलसी से तुलना करते हैं तो सूर का सांस्कृतिक परिवेश बिल्कुल भिन्न लगता है, आध्यात्मिक दृष्टि और भक्ति-भावना की समानता के बावजूद दोनों द्वारा प्रतिपादित जीवन मूल्यों में अन्तर दिखाई देता है। लोकोन्मुखता तुलसी के काव्य में भी है, लेकिन आदर्शों, मान्यताओं और जीवनमूल्यों के स्तर पर नहीं। इसलिए दोनों के सौन्दर्यबोध में अन्तर हो गया है। सूर के सौन्दर्यबोध की नैसर्गिकता और स्वच्छन्दता तुलसी में नहीं है।

युग की निराश परिस्थितियों में भक्ति-आन्दोलन ने सूर को अन्तर्मुखी बनाकर मानसिक सौन्दर्यजगत में पहुँचा दिया क्योंकि सूर की दृष्टि भक्ति-आन्दोलन के बहिर्मुखी पहलुओं पर न होकर शुद्ध भक्ति-साधना पर थी। इसके विपरीत तुसली की दृष्टि उन बहिर्मुखी पक्षों पर थी। इसलिए सूर का सौन्दर्यबोध मानसिक और कल्पनाशील था जबकि तुलसी का लौकिक और जीवनसापेक्ष। मूलतः दोनों का सौन्दर्यबोध भक्ति-भावना पर आधारित था। लेकिन भक्ति, उसके प्रसार और प्रकार्य की अवधारणाएँ भिन्न-भिन्न थीं। दोनों के सौन्दर्यबोध के अनुरूप काव्यप्रवृत्ति में भी भेद हो गया। सूर शुद्ध सौन्दर्यवादी कवि बने। उनकी अनन्य भक्ति में राजनीतिक, धार्मिक और सामाजिक पहलुओं का, तुलसी की तरह, विशेष महत्त्व नहीं था। काव्यदृष्टि से सूर अधिक स्वच्छन्दतावादी थे। उनकी रचना जीवन और काव्य की परम्पराओं से अधिक मुक्त थी। सूर के पूर्व गीतिकाव्य रचना की पुष्ट और प्रौढ़ परम्परा नहीं थी। "इन पदों के सम्बन्ध में सबसे पहली बात ध्यान देने की यह है कि चलती हुई ब्रजभाषा में सबसे पहली साहित्यिक रचना होने पर भी ये इतने सुडौल और परिमार्जित हैं।"[4] सूर के काव्य ने भारतीय काव्याभिव्यंजना की पद्धति और परम्परा को नया रूप दिया, काव्यशास्त्रीय परिधि का उल्लंघन करके रस-संवेदना को गहराई दी और नये सौन्दर्यबोध का विकास किया। यह भक्ति-आन्दोलन की स्वच्छन्दता के प्रभाव का परिणाम था। उसने सूर के सौन्दर्यबोध को अन्तर्मुखी, स्वच्छन्द और नैसर्गिक रूप प्रदान किया है।

सौन्दर्यबोध के निर्धारक तत्त्व और सूरदास

प्रतिभा सर्जनात्मक शक्ति है जो रचना को रसमय बनाकर काव्यत्व प्रदान करता है। उसके अभाव में जैसा कुन्तल ने कहा है, रचना सामान्य वार्ता या सूचना मात्र है। क्रोचे के अनुसार जीवन के भाव-विचार और क्रियाकलाप अपने में स्वयं सुन्दर नहीं है, कवि की कल्पना उन्हें सुन्दर बनाती है। जीवन में मनुष्य उनमें सौन्दर्य की अनुभूति तभी करता है जब वह कल्पनाशील होता है। विवाद में न पड़कर हम इतना कह सकते हैं कि कवि की प्रतिभा जीवन में अन्तर्भूत सौन्दर्य को पहचान कर उसका निरूपण करता है या अपनी रचनात्मक प्रतिभा के द्वारा जीवन के विविध प्रसंगों में रसत्व का अपादन करता है। काव्य-परम्परा में बाल-चेष्टाएँ, क्रीड़ाएँ और मनोभाव स्वभावोक्ति के रूप में संक्षेप में प्रस्तुत होते आये हैं। कुछ आलंकारिकों ने उन्हें स्वभावोक्ति अलंकार की संज्ञा दी। सूर ने पहली बार पारिवारिक परिवेश, सम्बन्धों, विभिन्न सम्बद्ध व्यक्तियों की मानसिकता और बालक कृष्ण की भावात्मक एवं वैचारिक प्रतिक्रिया का निरूपण करते हुए वात्सल्य को रसत्व प्रदान किया है। काव्य के रस नौ से दस हो गये हैं। यहाँ यह बात भी ध्यान देने की है कि संसार की विभिन्न संस्कृतियों में भारतीय संस्कृति सर्वाधिक पारिवारिक है जिसमें वात्सल्य भाव को ज्यादा महत्त्व मिलता है और मातृभाव पूजनीय है। रति, हास, दुख आदि के साथ वात्सल्य भाव को भी स्थायी भाव मानना उचित ही है। इस भाव के रस निरूपण में कोई भारतीय कवि सूर की समता नहीं कर सकता। वात्सल्य की व्यंजना में सूर के सांस्कृतिक सौन्दर्य-बोध का एक नया आयाम सामने आता है।

सूर की भक्ति-भावना का दूसरा महत्त्वपूर्ण पहलू प्रेम या श्रृंगार है। काव्य-परम्परा के लम्बे इतिहास में प्रेम अनेक भाव-भंगिमाओं के साथ व्यक्त हुआ है। सूर ने उसे एक नये माधुर्य और मानसिक गहराई देने का प्रयत्न किया है। इसका श्रेय मधुर भक्ति के प्रसार को है तो सूर की प्रतिभा ने माधुर्य और प्रेम की तल-स्पर्शी व्यंजना करते हुए अपूर्व और सूक्ष्म सौन्दर्यबोध का परिचय दिया है।

सूर की मौलिक प्रतिभा रससिद्ध नवीन प्रसंगों की उद्भावना में भी दिखाई देती है। ''प्रसंगोद्भावना करने वाली ऐसी प्रतिभा हम तुलसी में नहीं पाते। बाललीला और प्रेमलीला दोनों के अन्तर्गत कुछ दूर तक चलने

वाले न जाने कितने छोटे-छोटे मनोरंजक वृत्तों की कल्पना सूर ने की है। जीवन के एक क्षेत्र के भीतर कथावस्तु की यह रमणीय कल्पना ध्यान देने योग्य है।"[5] कथ्य को रसमय बनाना और नवीन उद्‌भावना, प्रतिभा के इन दो कार्यों में कवि का सौन्दर्यबोध अभिव्यक्त होता है। प्रतिभा के अनुसार सौन्दर्यबोध का गुणात्मक और मात्रापरक अन्तर होता है। सूर की प्रतिभा ने सारे जगत को सौन्दर्यमय और रसमय बनाया हैं।

काव्य-रचना में सूर की कल्पना का कार्य बहुमुखी है। प्रतिभा ने जिस वस्तु और भाव का सौन्दर्यमय उन्मेष किया है, कल्पना ने उसमें रंग भरा है। कवि का सौन्दर्यबोध उसकी कल्पना की प्रकृति और प्रसार पर निर्भर करता है। सूर की कल्पना ने काव्य परम्परा से भिन्न, भावना और अभिव्यंजना में नवीन सौन्दर्य भरा है। इलियट वैयक्तिक प्रतिभा को परम्परा का ऋणी मानते हैं। लेकिन प्रस्तुत और अप्रस्तुत दोनों क्षेत्रों में नवीन कल्पना के बिना नये सौन्दर्य का उन्मेष नहीं हो सकता। कल्पना की ऊँची उड़ान में, अप्रस्तुतों की लड़ियाँ गूँथने में तथा एक ही विषय या बात को लेकर भिन्न-भिन्न प्रकार की कल्पनाओं में सूर के सौन्दर्यबोध का परिचय मिलता है। प्रस्तुत के निरूपण में भी स्मरण, अनुमान, प्रत्यभिज्ञा, सादृश्य, विरोध आदि अनेक प्रक्रियाओं के द्वारा कल्पना ने सौन्दर्य को मूर्त्त किया है! सर्वत्र अनूठापन अद्‌भुतपन, या चमत्कार की अनुभूति होती है जो सूर की कल्पना और सौन्दर्यबोध की विशेषता है। सूर की रचनाशक्ति सिद्ध करती है कि अद्‌भुतपन ही रस का सारतत्त्व है। नारायण पंडित के शब्दों में-'रसे सारश्चमत्कारः' सार्थक होता है। लेकिन यह चमत्कार अभिव्यंजना शैली की विशेषता न होकर वस्तु, भाव और रूप पर आधारित अनुभूति का विषय है। रचना में जब भावना और कल्पना सहवर्त्तिनी होती है और एक दूसरे को उत्तेजित करती है तब सौन्दर्यबोध में अद्‌भुत तरलता आ जाती है। सूर के सौन्दर्यबोध के मूल में भावना और कल्पना दोनों सक्रिय हैं। दोनों ने मिलकर अद्‌भुतपन की सृष्टि की है। कथ्य के अलौकिक या आध्यात्मिक होने के कारण यह अपूर्व सौन्दर्य स्वाभाविक लगता है।

वंश, जन्म, मृत्यु आदि कुछ स्थूल तथ्यों को छोड़कर सूर के जीवन की प्रमाणिक जानकारी नहीं के बराबर है। अकबर और तुलसी से भेंट की न पुष्टि हुई है और न उसका विवरण ही प्राप्त है। उनके गार्हस्थ्य जीवन के बारे में उनकी रचना में कुछ संकेत मात्र मिलते हैं। ऐसी स्थिति में उनकी

जीवनी का साहित्य से सम्बन्ध स्थापित करना या जीवन में रचना के प्रेरणासूत्रों को ढूँढना सम्भव नहीं है। सहज ही यह प्रश्न उठता है कि उनकी रचना के माधुर्य और सौन्दर्य का मूल स्रोत क्या है? समसामयिक मधुर भक्ति को उसका आधार और रचना का सामान्य ढाँचा मानते हैं तो कवि की कल्पना उसको विशिष्ट रूप देने वाला तत्त्व है। सूर की रचनात्मक प्रवृत्ति को देखते हुए कहना यही उचित लगता है कि सूर ने अपने मानसिक कल्पना लोक में ही यह माधुर्य और सौन्दर्य पाया है।

सूर के जीवन की दो बातें ऐसी हैं जिनका उनके सौन्दर्यबोध से प्रत्यक्ष सम्बन्ध है। सूर पहले गऊघाट पर विनय के पद गाते थे और बल्लभाचार्य से भेंट के बाद उनके प्रभाव से श्रीनाथ मन्दिर में लीलाकीर्तन करने लगे। इस घटना ने रचना में सूर को लीला माधुर्य की ओर प्रवृत्त किया और उसमें तन्मय कवि ने अपूर्व सौन्दर्य का दर्शन किया। दूसरी बात, सूर के अन्धत्व के सम्बन्ध में मतभेद है। उनके पदों में अन्धत्व का उल्लेख है। उसके आधार पर सूर को जन्मान्ध भी माना गया। उनका जन्मान्धत्व तथ्यात्मक कथन न होकर जीवन में बाद को अन्धे होने का संकेत भी हो सकता है। दीर्घकाल तक अन्धा होने के कारण सूर को शायद जन्मान्ध ही माना गया होगा। अन्यथा उनके रूपवर्णन, रंगों की पहचान, प्रकृति-चित्रण आदि को देखते हुए आधुनिक मानस उन्हें जन्मान्ध कैसे स्वीकार कर सकता है? सिद्ध महात्मा के लिए यह असम्भव न मानने वाले समीक्षक भी हैं। इस वाद-विवाद में मतलब की बात यह है कि सूर का सौन्दर्यबोध अन्तर्मुखी और अत्यन्त सूक्ष्म है। उन्होंने अपनी बन्द आँखों से—जन्मान्ध, बाद को अन्धे या ध्यानमग्न—अपने मन में सौन्दर्य को प्रत्यक्ष कर लिया है।

जीवनी के अभाव में सूर के व्यक्तित्व का निर्धारण और रचना एवं सौन्दर्य-बोध के साथ उसका सम्बन्ध स्थापन सम्भव नहीं है। रचना के आधार पर उनके लौकिक व्यक्तित्व का कुछ अनुमान किया जा सकता है। वे अन्तर्मुखी, संवेदनशील, भावात्मक, कल्पनाशील, स्वभाव से मृदु या कोमल और वाद-विवाद से दूर, सरल, सात्विक सन्त लगते हैं। काव्य प्रवृत्ति और सौन्दर्यबोध की—उनके कलात्मक व्यक्तित्व की ये विशेषताएँ लौकिक व्यक्तित्व से रचना में प्रविष्ट हो सकती हैं। आधुनिक काल में हम साहित्यकारों के जीवन और व्यक्तित्व को समग्र रूप में जानते हैं। मनोविज्ञान के आधार पर व्यक्तित्व और कृतित्व का सम्बन्ध जोड़ते हैं। मध्यकालीन

सन्तों के सन्दर्भ में इसकी गुँजाइश नहीं है। न जीवनियाँ लिखी गयी हैं और न कवियों ने अपने सम्बन्ध में कुछ कहा है। सन्त कवियों में अहं नहीं है। अहं का विसर्जन उनकी साधना का प्रथम लक्ष्य है। उस साधना में उन्होंने अपने को सब दृष्टियों से हीन, पापी और दीन माना है। स्वयं सूर कहते हैं—"मौ सम कौन कुटिल खल कामी"। यह उनके जीवन और व्यक्तित्व की यथार्थता नहीं है। भक्त कवियों के व्यक्तित्व का, उनकी भक्ति-भावना और रचना में विलयन हो गया है। आधुनिक समाजशास्त्रीय और मनोवैज्ञानिक दृष्टि से हम भक्त कवियों की रचना पर उनके व्यक्तित्व की छाप की चर्चा करते हैं। रचना में तुलसी की दृष्टि को देखते हुए हम उनके व्यक्तित्व को प्रखर, चिन्तनशील और समाजोन्मुख कहते हैं और सूर के व्यक्तित्व को मृदु, भावनाशील और आत्मस्थ।

युगीन परिस्थितियाँ और सूर का सौन्दर्यबोध

सूर सगुण कृष्णभक्ति शाखा के भक्त कवि थे। वेद-उपनिषद् काल के बाद भारत में धीरे-धीरे सगुण-साकार की उपासना का आरम्भ हुआ। जहाँ अन्य धर्म बहु-देवोपासना और मूर्तिपूजा का विरोध करते हुए निराकार-निर्गुण एकेश्वरवाद की ओर बढ़े, भारतीय धर्म में ब्रह्म तत्त्व का आरम्भ में ही निरूपण हुआ, लेकिन बाद को सगुण-साकार की परिकल्पना हुई। एकेश्वरवाद दार्शनिक और साधनापरक सत्यान्वेषण पर नहीं, पैगम्बर की वाणी के विश्वास पर आधारित था। इसलिए आम समाज के सामने अस्तित्व-अनस्तित्व का संकट नहीं था। ब्रह्मज्ञान दार्शनिक चिन्तन ज्ञान और योग-साधना के बिना सम्भव नहीं था। वैदिक कर्मकाण्ड और कर्ममार्ग भी जटिल था। ऐसी स्थिति में लौकिकेतर पर विश्वास उत्पन्न करने तथा आध्यात्मिक ब्रह्म तत्त्व को आम जनता के लिए सुगम बनाने के लिए भक्ति मार्ग का प्रचलन हुआ। सगुण-साकार के माध्यम से निर्गुण-निराकार की ओर जाने की भक्ति-साधना को शंकर ने अविद्या या माया के अन्तर्गत ही रखा। निर्गुण निराकार की उपासना में धीरे-धीरे अवतारवाद का जन्म हुआ। अवतार आध्यात्मिक शक्ति के प्रतीक थे। कालक्रम में वे शील और सौन्दर्य के भी प्रतीक हो गये। शक्ति और शील के योग में सौन्दर्य की विभिन्न घटाएँ निरूपित हुईं। कहीं सौन्दर्य प्रचण्ड तेजस्वी था तो कहीं सात्विक-मर्यादावादी। शेष अवतार जहाँ भगवान की आंशिक कलाओं के अभिव्यंजक थे, श्रीकृष्ण को सोलह कलाओं

का पूर्ण अवतार माना गया। इसलिए उसमें शक्ति और शील से सौन्दर्य को अधिक महत्त्व मिला। श्रीकृष्ण पूर्ण सौन्दर्य के अवतार माने गये। इसलिए शील और शक्ति की व्यंजना की दृष्टि से श्रीराम आदि अन्य अवतारों की लीलाओं के साथ श्रीकृष्ण की लीलाओं की तुलना में दूसरे के सौन्दर्यात्मक पहलू के साथ न्याय नहीं हो सकता। श्रीकृष्ण की अवतारणा द्वन्द्वों से परे सौन्दर्य की व्यंजना है। श्रीकृष्ण का दुष्टसंहारक और शक्ति-प्रतीक रूप भी अन्य अवतारों की तरह उग्र न होकर लीला रूप में अद्‌भुतपन काव्यव्यजंक है। जो हो, अवतारवाद में भगवान को मूर्त्तरूप दिया गया है और यही मूर्त्तता कला का धर्म, और सौन्दर्य का रूप है। अवतार का सौन्दर्य उसके इन्द्रिय गोचर रूप में है। कला और काव्य के क्षेत्र में अवतारवाद ने सौन्दर्य के मूर्त्त प्रत्यक्षीकरण के अनेक अवसर प्रदान किये जिनसे कृष्णभक्ति काव्य ने सर्वाधिक लाभ उठाया और श्रेष्ठ काव्य रचना की।

यदि अवतार की अवधारणा में मूर्त्तता का सौन्दर्य है तो श्रीकृण सौन्दर्य के अवतार हैं। सूर के शब्दों में "सूर स्याम संग सब सुख सुन्दर, सुन्दर भक्त हेत अवतार।" श्रीकृष्ण की लीलाओं में सौन्दर्य और प्रेम की व्यंजना की अनन्त सम्भावनाएँ हैं। इसलिए जयदेव ने कहा है कि श्रीकृष्ण के स्मरण मात्र से मन सरस हो जाता है–"स्मरणे सरसं यदि मनः।" इसी माधुर्य के कारण मध्ययुग में कुछ मुसलमान कृष्णभक्त कवि हो गये। यह सौन्दर्य, प्रेम और रसमाधुर्य आत्मविस्मृत करने वाला नहीं है। उसमें अद्वैत भावना का आत्मचैतन्य भी है जिसकी ओर आधुनिक काल में पाश्चात्य आकृष्ट हो रहे हैं। कृष्णभक्त कवियों के द्वारा श्रीकृष्ण का रूप-सौन्दर्य-वर्णन और लीला-निरूपण पूर्णतः सौन्दर्य के विविधि रूपों, छवियों, भंगिमाओं और उसकी अनुभूति की विभिन्न स्थितियों को प्रत्यक्ष कर लेने के लिए है। कृष्णभक्त कवियों के आराध्य का सम्पूर्ण जीवन सौन्दर्यमय है। वही सौन्दर्य लीलाओं का सारतत्त्व है। जीवन का सारा भाव-जगत और कर्म-जगत प्रत्यक्ष-अप्रत्यक्ष उसी सौन्दर्य से सम्बद्ध है। सूर-सागर में सौन्दर्य का समुद्र उमड़ पड़ा है।

सूर की विचारधारा अवतारवादी सौन्दर्यात्मक विचारधारा है। आध्यात्मिक और भावात्मक होने के कारण उसने सूर के सौन्दर्यबोध में लालित्य भर दिया है। उसमें अनास्था, अविश्वास और विरोध के लिए कोई स्थान नहीं है। भ्रमरगीत में गोपिकाओं की प्रेम-भावना में यह बात सिद्ध होती है। सूर के पूर्व धर्म के क्षेत्र में निर्गुण ब्रह्म की उपासना और ज्ञान-योग मार्गों का प्रचलन था।

जिनसे हिन्दी के निर्गुण सन्त और सूफी भी प्रभावित थे। अवतारवाद उनको भावशून्य और निरर्थक मानता है। सगुण भक्ति में उनका जोरदार खंडन भी हुआ। लेकिन सूर खंडन के वाग्जाल में न फँसकर भावात्मक स्तर पर प्रेम के द्वारा उनका विरोध करते हैं। भ्रमरगीत में गोपिकाओं के हास-परिहास में ज्ञान और योग के सारे तर्क उड़ जाते हैं। गोपिकाओं की अपार गहरी वेदना में परिहास की यह मनोवृत्ति अपने आप उनकी व्यर्थता प्रकट करती है। भ्रमरगीत सूर के भावप्रवण सौन्दर्यबोध का परिचायक है जिसमें गम्भीर चिन्तन और विचार ढह जाते हैं। सूर का दृढ़ विश्वास है—

रूपरेख गुन जाति जुगुति बिन निरालम्ब मन धावै।
सब विधि अगम विचारहि ताते सूर सगुन लीला पद गावै।।

सूर की धार्मिक-आध्यात्मिक विचारधारा का दूसरा पहलू शुद्धाद्वैत और पुष्टि मार्ग है जिनके प्रवर्तक आचार्य वल्लभ हैं। शंकराचार्य के निरूपाधि निर्गुण ब्रह्म और माया के सिद्धान्तों का विरोध करते हुए वल्लभ ने शुद्धाद्वैत का प्रतिपादन किया। ''वल्लभ ने ब्रह्म में सब धर्म माने। सारी सृष्टि को उन्होंने लीला के लिए ब्रह्म की आत्मकृति कहा। अपने को अंश-रूप जीवों में बिखराना ब्रह्म की लीला मात्र है। अक्षर ब्रह्म अपनी आविर्भाव-तिरोभाव की अचिंत्य शक्ति से जगत के रूप में परिणत भी होता है और उसके परे भी रहता है।''[6] ''श्रीकृष्ण ही परब्रह्म हैं जो सब दिव्यगुणों से सम्पन्न होकर 'पुरुषोत्तम' कहलाते हैं। आनन्द का पूर्ण आविर्भाव इसी पुरुषोत्तम रूप में रहता है, अतः यही श्रेष्ठ रूप है। पुरुषोत्तम कृष्ण की सब लीलाएँ नित्य हैं।...भगवान की इस नित्यलीला-सृष्टि में प्रवेश करना ही जीवन की सबसे उत्तम गति है।''[7] ''भक्ति की साधना के लिए वल्लभ ने उसके 'श्रद्धा' के अवयव को छोड़कर जो महत्त्व की भावना में मग्न करता है, केवल 'प्रेम' लिया। प्रेमलक्षणा भक्ति ही उन्होंने ग्रहण किया।... प्रेम-साधना में वल्लभ ने लोकमर्यादा और वेदमर्यादा दोनों का त्याग विधेय ठहराया। इस प्रेमलक्षणा भक्ति की ओर जीवन की प्रवृत्ति तभी होती है जब भगवान का अनुग्रह होता है जिसे 'पोषण' या 'पुष्टि' कहते हैं।''[8] इस तरह आनन्द और प्रेम वल्लभ-सम्प्रदाय के दार्शनिक चिन्तन के प्रधान पक्ष हैं जिन्होंने जीवन और काव्य-रचना में सौन्दर्य के पहलू को उभारने के लिए अनुकूल वातावरण की सृष्टि की। वैसे लीला वर्णन में सौन्दर्य के आकर्षण की प्रधानता है ही, उसकी नित्यता सौन्दर्य को शाश्वतता प्रदान करती है। कृष्णभक्त कवियों

का, विशेषतः सूर का सौन्दर्यबोध आनन्द और प्रेम-भावना के आधार पर आध्यात्मिक नित्यतावादी दृष्टि से परिचालित है।

सूर के काव्य में नवधा भक्ति के सभी रूप मिल जाते हैं। आरम्भिक रचना में दास्यभक्ति की अभिव्यक्ति है। लेकिन मुख्य रूप से सूर की भक्ति पुष्टि मार्ग से प्रभावित प्रेम-प्रधान भक्ति है। व्यापक अर्थ में प्रेम में वात्सल्य, सख्य और दांपत्य भाव तीनों समाहित हो जाते हैं। तीनों के मूल में रतिभाव है। लेकिन व्यवहार में प्रेम स्त्री-पुरुष विषयक आकर्षण माना जाता है। सूर के काव्य में वात्सल्य, सख्य और प्रेम तीनों प्रकार की भक्ति में माधुर्य भावना की प्रधानता है। इसलिए सूर की भक्ति-भावना को माधुर्यभक्ति कहना अधिक समीचीन लगता है। यह माधुर्य भाव सूर की सौन्दर्य चेतना का भी आधारभूत तत्त्व है।

सूर की काव्य-प्रवृत्ति और सौन्दर्यबोध को प्रत्यक्ष प्रभावित और निर्धारित करने वाली भक्ति-भावना है तो उन पर जीवन-सम्बन्धी अन्य दृष्टियों और विचार धाराओं का भी अप्रत्यक्ष प्रभाव लक्षित होता है। वल्लभ-सम्प्रदाय में लोक-मर्यादा और वेद-मर्यादा के पालन का निषेध है। तभी भक्ति-भावना लौकिक बन्धनों से मुक्त हो सकती है। दूसरे शब्दों में सूर के काव्य में जान-बूझकर लौकिक सामाजिक दृष्टि की उपेक्षा की गयी है। श्रीकृष्ण की लीलाओं का सामाजिक पक्ष ही न हो, ऐसी बात नहीं है। तथाकथित मध्यवर्गीय सामाजिक जीवन और उसके सम्बन्धों का, जो स्थूल धार्मिक और मर्यादावादी मूल्यों से अनुशासित हैं, उनका मूल्य स्वीकार नहीं किया गया है। अन्ततः भक्ति वैयक्तिक साधना का विषय है। कृष्ण-भक्ति काव्य की चेतना सामाजिक न होकर व्यक्ति केन्द्रित है। वह वैयक्तिक साधना के मूल्यों को ही जीवन में महत्त्वपूर्ण मानती है। सामाजिक क्षेत्र में सूर ने केवल पारिवारिक सम्बन्धों का ही निरूपण किया है—माता-पिता और पुत्र का सम्बन्ध, भाई-भाई का सम्बन्ध तथा मित्रता का स्नेह-सम्बन्ध। ये भी सामाजिक मर्यादा पर आधारित न होकर, छोटे-बड़े का अन्तर न करके सहज स्नेह या प्रेम के सम्बन्ध हैं जो किसी प्रतिबन्ध या मान्यता को स्वीकार नहीं करते। ग्रामीण जीवन के चित्रण में सूर के काव्य में सामाजिक जीवन की कुछ झलकें मिल जाती हैं। लेकिन यह नागरिक सामाजिक जीवन न होकर तथाकथित सभ्यता से दूर स्वच्छन्द समष्टि जीवन है जो नियमों से बँधा नहीं है। ग्राम के प्रधान नन्द और लोगों के सम्बन्ध में, यशोदा और अन्य ग्रामीण

स्त्रियों के सम्बन्ध में या स्त्रियों के पारस्परिक सम्बन्ध में नियम-मर्यादा रहित स्वच्छन्द व्यवहार लक्षित होता है। यह ग्रामीण जीवन भारतीय सभ्यता के इतिहास में परवर्ती व्यवस्थित ग्रामीण जीवन नहीं है जिसमें कृषि, पेशे, जाति और वर्ण के आधार पर व्यवस्था स्थापित हुई है।

पारिवारिक पक्ष के अन्तर्गत सूर ने धार्मिक पति-पत्नी सम्बन्ध का नहीं, स्वच्छन्द प्रेम का निरूपण किया है। यहाँ भी सामाजिक मर्यादावादी दृष्टि का निराकरण है। गोपिकाएँ लोकमर्यादा और लोक-लाज को छोड़कर श्रीकृष्ण से प्रेम करती हैं। कहीं-कहीं राधा और गोपिकाओं का प्रेम परकीया भाव का भी लगता है। कृष्णभक्ति में यह स्वच्छन्द प्रेम एकनिष्ठता या अनन्यता को व्यक्त करता है। शुद्ध लौकिक दृष्टि से देखने पर यह अनैतिक लग सकता है। लेकिन सौन्दर्य और प्रेम की आध्यात्मिक पराकाष्ठा पर अनुभूति लौकिक सम्बन्धों से परे हो जाती है।

सूर ने स्वच्छन्द जीवन, सौन्दर्य और प्रेम की अभिव्यक्ति के लिए चरवाहा जीवन और लोकसंस्कृति को माध्यम बनाया है। दोनों में जीवन की गतिविधि सभ्य समाज के नियम-निषेधों से परे है। पहले में प्रकृति के साथ धनिष्ठ सम्बन्ध के कारण नैसर्गिकता है। वह सरल, गतिशील और उन्मुक्त भी है। उसमें मन की भावनाएँ छिपाव-दुराव से रहित प्रकट की जाती हैं और उनकी पूर्ति का प्रयत्न होता है। लोक-संस्कृति प्रचलित रस्म-रिवाजों, पर्व-त्योहारों, और आम जनता को व्यवहार-विधि के द्वारा व्यक्त होती है। उनमें धार्मिक या शास्त्रीय नियमों का पालन नहीं होता। सभी अवसरों पर सामूहिक रूप में मिल-जुलकर क्रिया-कलाप होते हैं और आनन्दोत्साह के साथ पर्व मनाये जाते हैं। इन सामूहिक प्रयत्नों में भी हर एक व्यक्ति अपने को समभागी समझकर आनन्द पाता है। इस परिवेश में स्वच्छन्दता है और सौन्दर्य एवं प्रेम के खुलकर व्यक्त होने की सम्भावनाएँ हैं। सूर के सौन्दर्यबोध में चरवाहा जीवन और लोक संस्कृति की स्वच्छन्दता की महत्त्वपूर्ण भूमिका है।

सूर ने पारिवारिक जीवन, प्रेम, चरवाहा जीवन और लोक-संस्कृति में उन प्रसंगों को चुना है जो उनकी मानवीय संवेदना को उभारते हैं। उस संवेदना में ही उनकी आध्यात्मिक चेतना और भक्ति-भावना प्रकट हुई है। इसे आध्यात्मिक मानवतावाद कह सकते हैं जो लौकिक मानवतावाद से भिन्न है। सूर के काव्य का परिवेश, उसके प्रसंग और उनमें अभिव्यक्त

भाव-विचार इतने सहज मानवीय हैं कि पद के अन्त में ही उनके अद्भुतपन के माध्यम से अलौकिकता की ओर संकेत मिलता है।

सूर का सौन्दर्यबोध वैयक्तिक, पारिवारिक, प्रेमपरक, ग्रामीण, लोक-सांस्कृतिक और मानवीय बिन्दुओं का स्पर्श करते हुए अपने स्वच्छन्द प्रसार में भक्तिपरक आध्यात्मिक ऊँचाई पर पहुँचता है। सूर ने अपनी रचना में किसी पूर्व निर्धारित और निश्चित विचारधारा का अनुसरण नहीं किया है। उनकी रचनात्मक चेतना किसी लौकिक, आध्यात्मिक या दार्शनिक चिन्तन से प्रत्यक्ष प्रभावित नहीं है। इसीलिए वह स्वच्छन्द है और उस स्वच्छन्दता में नवीन सौन्दर्यबोध का उन्मेष हो सका। किसी सामाजिक या दार्शनिक सिद्धान्त से बँधी हुई रचना काव्योत्कर्ष के ऊँचे धरातल का स्पर्श नहीं कर सकती। सूर के काव्य पर शुद्धाद्वैत और पुष्टिमार्ग का प्रभाव प्रेरणा के रूप में सामान्य है। वे सूर की काव्यदृष्टि में अंगमात्र हैं, उनकी रचना पर हावी नहीं हैं। सूर का काव्य पुष्टिमार्गीय साधना का निरूपक काव्य नहीं है। सूर ने अपने युग के परिवेश में मानवीय धरातल पर स्वच्छन्द रचना करते हुए अपूर्व सौन्दर्यबोध का परिचय दिया।

सन्दर्भ

1. हिन्दी साहित्य का इतिहास, आचार्य रामचन्द्र शुक्ल, पृ. 68
2. वही, पृ. 70
3. सूर-साहित्य, आचार्य हजारीप्रसाद द्विवेदी, पृ. 49-50
4. हिन्दी साहित्य का इतिहास, आचार्य रामचन्द्र शुक्ल, पृ. 185
5. वही, पृ. 192-193
6. वही, पृ. 174
7. वही, पृ. 174-175
8. वही, पृ. 175

सूरदास की पौराणिक काव्यवस्तु और सौन्दर्य चेतना

सौन्दर्यानुभूति के धरातल

काव्यवस्तु ऐतिहासिक, पौराणिक या आधुनिक जीवन से सम्बन्धित होती है। तीनों स्थितियों में वह कवि-कल्पना-जन्य है। ऐतिहासिक वस्तु भी यथार्थ न होकर कवि की कल्पना के अनुसार परिवर्तित और नये रूप में उद्‌भासित होती है। ऐतिहासिक रचना में परिवेश, पात्र, घटनाएँ और तिथियाँ अवश्य यथार्थ होती हैं। लेकिन पात्रों का व्यक्तित्व, वस्तु के द्वारा व्यंजित जीवनमूल्य और अनुभूति, कवि के व्यक्तित्व, कल्पना और भावना के अनुसार प्रस्तुत होती हैं। इसलिए ऐतिहासिक रचना इतिहास की तरह यथार्थ न होकर यथार्थाभास मात्र है। उसमें कवि की कल्पना, सौन्दर्य और इसकी सृष्टि करती है। रवीन्द्रनाथ ठाकुर ने ऐतिहासिक साहित्य में इतिहास नहीं, 'ऐतिहासिक रस' की अनुभूति को महत्त्वपूर्ण माना है। पुराणों में इतिहास और कल्पना के योग से एक ओर किसी जाति की प्राचीन मिथकीय परम्पराओं का निरूपण किया जाता है तो दूसरी ओर उन मिथकों के माध्यम से जीवन के शाश्वत सत्यों का प्रतिपादन किया जाता है। जब किसी युग में पौराणिक वस्तु का ग्रहण किया जाता है तो उस पर युग-चिन्तन का भी प्रभाव अवश्य रहता है। अर्थात् पौराणिक वस्तु युगानुरूप कुछ-न-कुछ बदल जाती है। उसमें युग की संस्कृति, जीवनमूल्य और विचारधारा का प्रवेश हो जाता है। उनके कारण पौराणिक वस्तु और उसके प्रतिपादन का लक्ष्य आमूल बदल जाते हैं जैसे आधुनिक काल में छायावादोत्तर नयी कविता के काव्यों में देखते हैं। आधुनिक वस्तु, रचना के युग में पूर्णरूप से कल्पित है। रचना में वातावरण और परिवेश यथार्थ होकर उनके द्वारा रचना के यथार्थ होने का भ्रम उत्पन्न किया जाता है।

वस्तु ऐतिहासिक हो, पौराणिक हो या आधुनिक हो, यथार्थता का यह विभ्रम (Illusion) सौन्दर्यानुभूति या रसानुभूति के लिए आवश्यक है।

काव्यवस्तु (Matter) जब कवि की कल्पना में मूर्त्त रूप धारण करता है, उसमें कुछ न कुछ परिवर्तन हो जाता है और कल्पना में नवीन रूप में प्रस्तुत वस्तु को कथ्य (Content) कहते हैं। वस्तु और काव्य का मूल्य एक-सा नहीं होता। रूपधारण में कथ्य सौन्दर्यात्मक मूल्य से युक्त होता हो, यही बात नहीं है। वस्तुगत जीवन मूल्य कथ्य के रूप में बदल भी सकते हैं। क्रोचे के अनुसार वस्तुगत जीवन मूल्यों से रचना के कलात्मक या सौन्दर्यात्मक मूल्यों का कोई सम्बन्ध नहीं है। वे सौन्दर्यात्मक मूल्य को रूपाश्रित मानते हैं। रचनागत जीवन मूल्यों को सौन्दर्य-शास्त्रियों की तरह कला की अनुभूति में आनुषंगिक न मानकर सौन्दर्यानुभूति या रसानुभूति का आधारभूत तत्त्व मान लें, तब भी वस्तु और कथ्य के मूल्यों को समान नहीं कह सकते। एक, वस्तुगत जीवन मूल्यों की अनुभूति तभी होती है जब मूर्त्तरूप में उनका प्रस्तुतीकरण हो। राम या कृष्ण की कथा में सौन्दर्य या रस नहीं है, वह उसकी प्रस्तुति में है। दो, इस प्रस्तुति में कवि के उद्देश्य के अनुसार मूल्य न्यूनाधिक बदल सकते हैं। वाल्मीकि रामायण और रामचरितमानस में प्रतिपादित जीवन मूल्यों में काफी अन्तर है। कभी-कभी वस्तुगत जीवन मूल्य कला में आमूल परिवर्तित हो सकते हैं। किसी वेश्या के जीवन में निषेधात्मक मूल्यों के स्थान पर विधायक मानवीय मूल्यों का प्रतिपादन किया जा सकता है। वस्तुगत मूल्यों का कथ्य में संक्रमण के सम्बन्ध में सूक्ष्म अनुशीलन की आवश्यकता है।

सौन्दर्य वस्तुगत है, कथ्यगत है या रूपगत है, इस बात को लेकर आलोचना के क्षेत्र में काफी वाद-विवाद है। समन्वित विचारधारा को अपनाकर सौन्दर्य का तीनों से किसी न किसी रूप में सम्बन्ध स्वीकार कर सकते हैं। वस्तुगत मूल्य प्रायः कथ्य में संक्रमित हो जाते हैं। इसलिए समीक्षक कथ्य और रूप की समष्टि में कला का सौन्दर्य मानते हैं। दोनों को अलग करके सौन्दर्य या रस का निर्धारण करना सम्भव नहीं है। सौन्दर्य या रस कथ्य या भाव की विशेषता मात्र नहीं है। विश्लेषणात्मक दृष्टि के कारण शुक्ल जी ने रस का सम्बन्ध भाव से और सौन्दर्य का सम्बन्ध रूप से माना है जो सही नहीं है। हिन्दी में बहुत से समीक्षक इसी दृष्टि और विचारधारा से प्रभावित हैं। पाश्चात्य आलोचना में शुद्ध कलावादी और सौन्दर्यशास्त्री

सौन्दर्य को केवल रूपगत मानते हैं। इसके विपरीत कालोरिज कथ्य और रूप को अभिन्न समझते हैं और सौन्दर्य को 'सार्थक रूप' (Significant Form) का धर्म कहते हैं।

कथ्य और सौन्दर्य का वस्तु विश्लेषण

सूर की रचना का प्रधान आधार भागवत है। इसके अतिरिक्त हरिवंश, विष्णुपुराण, पद्मपुराण, वायुपुराण, देवी भागवत आदि से भी सूर की काव्यवस्तु के कुछ अंश मिलते-जुलते हैं। तुलसी की तरह सूर निगमागम पुराण के अध्येता और ज्ञाता नहीं थे। अपने समय के विद्वानों और भक्तों से सुनी पौराणिक कथाओं के आधार पर उन्होंने काव्य-रचना की। उस रचना में श्रीकृष्ण से सम्बन्धित लीलाओं का पौराणिक या मिथकीय अर्थ अव्यक्त बना रहा जिसकी ओर आधुनिक समीक्षक ध्यान आकृष्ट कर रहे हैं। मिथकीय अर्थ न करने पर चीरहरण, गोवर्धनधारण, कालियमर्दन, रासक्रीड़ा आदि प्रसंग वर्तमान भारतीय संस्कृति के पूर्व उन्मुक्त समाज की विशेषताएँ रह जाती हैं। पुराणों के रचनाकाल तक अवतारवाद की प्रतिष्ठा हो जाने पर इन मिथकीय प्रसंगों का आध्यात्मिक-दार्शनिक अर्थ भी किया जाने लगा। इस दृष्टि से भी सूर के लीलावर्णन का आख्यान हो रहा है। सूर के समय तक भक्ति-आन्दोलन में ये लीलाएँ भक्ति-साधना के अंग हो गयीं। भगवान पर भक्तों की आस्था में विकल्प की कोई गुंजाइश नहीं थी। लीलाएँ लीलाएँ ही थीं, उन पर अविश्वास का कोई प्रश्न ही नहीं था। कुछ समीक्षक आधुनिक सन्दर्भ में सूर की काव्य-रचना में शाश्वत सौन्दर्यवादी और मानवतावादी मूल्यों को ढूँढने का प्रयत्न कर रहे हैं। सूर की काव्यवस्तु को मिथकीय, आध्यात्मिक, शाश्वत मूल्यवादी या मानवीय दृष्टियों से देखते हुए उसके सौन्दर्य का स्रोत उन पहलुओं में देखा जा सकता है, लेकिन ऐतिहासिक सन्दर्भ में भक्तिपरक दृष्टि से सूर की काव्यवस्तु का सौन्दर्य निरूपण अधिक उचित लगता है।

वस्तु के ऐतिहासिक या पौराणिक होने पर उस पर युगधर्म का प्रभाव स्वाभाविक है। बहिर्मुखी सामाजिक जीवन से विमुख सूर की काव्य-साधना में वस्तु पर युग की धार्मिक स्थिति का प्रभाव दो रूपों में मिलता है—एक ज्ञान-योग मार्गों के तिरस्कार और विरोध में तथा दूसरा पुष्टिमार्गीय प्रेममूलक भक्ति के ग्रहण के रूप में। "सूर से पहले की पाँच-छः शताब्दियाँ

देश के धार्मिक क्षेत्र में उथल-पुथल की शताब्दियाँ थीं। सिद्धों और नाथों के नाना सम्प्रदाय, कबीर आदि सन्तों के पंथ तथा अनेक वैष्णव सम्प्रदाय अपने-अपने सिद्धान्तों का प्रचार कर रहे थे। सूरदास यद्यपि एक विशेष सम्प्रदाय में दीक्षित थे, परन्तु अपने युग के धार्मिक आन्दोलनों को सहृदय व्यक्ति तमाशबीन की तरह नहीं देख सकता। इसलिए सूर के साहित्य में सम्प्रदाय के सिद्धान्तों का प्रतिपादन है, वहाँ सतत सामयिक परिस्थितियों की ओर भी संकेत है।''[1]

युगीन परिस्थितियों ने जब परम्परागत भारतीय धर्म और संस्कृति की मूल्यव्यवस्था को छिन्न-भिन्न और पतनोन्मुख बना दिया, भक्ति-आन्दोलन में नये मूल्यों की प्रतिष्ठा का प्रश्न उठा। कुछ भक्त कवियों ने मानवीय मूल्यों को ग्रहण किया तो कुछ ने सामाजिक मूल्यों को और अन्य ने अन्तर्मुखी उदात्त सांस्कृतिक मूल्यों को। कबीर, तुलसी और सूर को क्रमशः उनके प्रतिनिधि भक्त कवि कह सकते हैं। सूर के काव्य पर भक्ति-आन्दोलन के आध्यात्मिक-सांस्कृतिक मूल्यों का गहरा प्रभाव पड़ा। उनकी काव्यवस्तु में युगीन विधायक सांस्कृतिक मूल्य अन्तर्लीन हैं। उसी दृष्टि से काव्यवस्तु का ग्रहण और पल्लवन हुआ।

रामभक्ति काव्य और कृष्णभक्ति काव्य के दृष्टि भेद पर ध्यान न देकर सामाजिक दृष्टि से दोनों की तुलना करते हुए शुक्ल जी ने कृष्णभक्ति काव्य और सूर की रचना पर आक्षेप किया है। शुक्ल जी के अनुसार वेदमार्ग या मर्यादामार्ग के अनुसरण की कठिनाई, देश में मुसलमानी साम्राज्य की स्थापना, इस्लामी संस्कारों का समाज में प्रबल होना, सूफी धर्म का प्रचार, निर्गुण पंथियों के द्वारा वैदिक विधियों से जनता की आस्था को हटाने का प्रयत्न—इन परिस्थितियों में वल्लभाचार्य ने प्रेममूला पुष्टिमार्ग का प्रवर्त्तन किया है। शुक्ल जी स्वीकार करते हैं कि ''वल्लभाचार्य ने अपने 'पुष्टिमार्ग' का प्रवर्त्तन बहुत कुछ देश-काल देखकर किया।''[2] शुक्ल जी का दृष्टिकोण निषेधात्मक है। वे कृष्ण काव्य के मूल्य को प्रतिक्रिया के रूप में ही स्वीकार करना चाहते हैं। उसकी प्रगाढ़ आस्था और सांस्कृतिक चेतना उनके लिए स्वीकार्य नहीं है क्योंकि वह सामाजिक धर्म का पोषक नहीं है। आगे पुष्टिमार्ग से प्रभावित कृष्णभक्ति काव्य पर उसी दृष्टि से आक्षेप करते हैं। ''कृष्णभक्त भागवत में वर्णित कृष्ण की ब्रजलीला को ही लेकर चले क्योंकि उन्होंने अपनी प्रेमलक्षणा भक्ति के लिए कृष्ण का मधुर रूप ही पर्याप्त

समझा। महत्त्व की भावना से उत्पन्न श्रद्धा या पूज्य बुद्धि का अवयव छोड़ देने के कारण कृष्ण के लोकरक्षक और धर्मसंस्थापक स्वरूप को सामने रखने की आवश्यकता उन्होंने न समझी। भगवान के धर्मस्वरूप को इस प्रकार किनारे रख देने से उसकी ओर आकर्षित होने और आकर्षित करने की प्रवृत्ति का विकास कृष्णभक्तों में न हो पाया।''[3] दुष्टसंहार को ही अवतार का लक्ष्य मानना, उसी में धर्म देखना और श्रद्धा को ही भक्ति-साधना का आधारभूत प्रधान तत्त्व समझना भारतीय आध्यात्मिक-दार्शनिक चिन्तन, धर्म के स्वरूप और भक्ति-भावना का स्थूल आख्यान हैं। आधुनिक काल में आध्यात्मिक-सांस्कृतिक नव जागरण के पूर्व ब्राह्मण परिवार में इस तरह की विचारधारा प्रचलित थी जिससे शुक्ल जी के संस्कार प्रभावित थे। स्वयं पुराणों में अध्यात्म, धर्म और भक्ति की इस तरह की स्थूल अवधारणा मिल जाती है। कृष्णकाव्य की भक्ति-भावना इससे ऊँचे आत्मिक धरातल पर आध्यात्मिक अनुभूति की व्यंजना करती है। काव्य-साहित्य को स्थूल प्रयोजनवादी दृष्टि से देखते हुए शुक्ल जी कहते हैं–''कृष्ण के जिस मधुर रूप को लेकर ये भक्त कवि चले हैं वह हास-विलास की तरंगों से परिपूर्ण अनन्त सौन्दर्य का समुद्र है। उस सार्वभौम प्रेमालम्बन के सम्मुख मनुष्य का हृदय निराले प्रेमलोक में फूला-फूला फिरता है। अतः इन कृष्णभक्त कवियों के सम्बन्ध में यह कह देना आवश्यक है कि ये अपने रंग में मस्त रहने वाले जीव थे, तुलसीदास जी के समान लोकसंग्रह का भाव इनमें न था।''[4] कृष्णभक्ति काव्य के सम्बन्ध में शुक्ल जी ठीक ही कहते हैं कि उसमें अनन्त सौन्दर्य और प्रेम का समुद्र लहरा रहा है। भक्ति में माधुर्यभाव की प्रधानता का यह सहज परिणाम है। अवतार की तरह काव्य का प्रयोजन लोकहित मानना एक विशेष दृष्टिकोण मात्र है। इससे भिन्न दृष्टियों को नकारना काव्य-साहित्य के समग्र स्वरूप की अवहेलना है। जीवन और काव्य का लक्ष्य क्या है, इसका निर्धारण शताब्दियों के चिन्तन के बावजूद आज तक न हो पाया और न होने की सम्भावना है। उसमें मतभेद स्वाभाविक है। यदि स्वीकार कर लें कि कृष्णभक्ति काव्य में कहीं-कहीं उद्दाम वासना की अभिव्यक्ति हुई है और बाद को रीतिकाव्य में राधाकृष्ण के बहाने वासनामय शृंगार को प्रश्रय मिला है, इससे सात्विक धरातल पर कृष्णभक्ति की अन्तर्मुखी साधना और काव्य-रचना की महानता में कोई अन्तर नहीं पड़ता। प्रश्न केवल श्रद्धा-प्रेम के पारस्परिक महत्त्व का, भावना और कर्म के तुलनात्मक महत्त्व का

है। कृष्णभक्ति में श्रद्धा और कर्म को महत्त्व न मिला हो, लेकिन भगवान की महानता और विभूति का विस्मरण नहीं हुआ है। कृष्णभक्ति काव्य की दृष्टि और वस्तु को शुद्ध लौकिक दृष्टिकोण से नहीं देखना चाहिए। उसमें सौन्दर्य और प्रेम लौकिक नहीं है।

'सूरसागर' भागवत पुराण का न अनुवाद है और न उसका अनुसरण किया गया है। वह सूर की स्वतन्त्र रचना है जिसमें उनकी प्रतिभा और कल्पना का पूर्ण उन्मेष हुआ है। 'सूरसागर' के अनेक प्रसंग सूर की मौलिक उद्भावनाएँ हैं। जो अंश या प्रसंग भागवत से लिए गये हैं उनमें भी सूर की प्रतिभा और कल्पना का परिचय मिलता है। उनको गोचर दृश्य रूप में प्रस्तुत किया गया है, उनमें वस्तुगत भाव का पल्लवन हुआ है, वस्तु और भाव को सौन्दर्यात्मक नवीन रूप दिया गया है तथा पद रचना के रूप में भागवत से भिन्न आत्माभिव्यंजक गीति शैली अपनाई गयी है। सूरसागर का वस्तुगत सौन्दर्य भागवत की नहीं, कवि की अपनी देन है। वस्तु-चयन और पल्लवन दोनों में यह सौन्दर्य देख सकते हैं। भागवत के श्लोकों और सूरसागर के पदों की संख्या की तुलना दोनों की दृष्टि और वस्तु में अन्तर को स्पष्ट करती है। बारह स्कन्धों में संख्याएँ इस प्रकार हैं–(1) 1692-343, (2) 392-38, (3) 1502-13, (4) 1407-13, (5) 666-4, (6) 851-8, (7) 750-8, (8) 931-17, (9) 963-174, (10) पूर्वार्द्ध 1935-4160, (11) उत्तरार्द्ध 1516-148, (12) 1374-4 और (13) 566-5। प्रथम संख्या भागवत के श्लोकों की है और द्वितीय सूरसागर की। कहा जाता है कि सूर ने सवा लाख पदों की रचना की। उनमें आज उपलब्ध 4936 हैं। इनमें कुछ पदों की प्रामाणिकता के सम्बन्ध में विद्वानों में मतभेद है। उपर्युक्त तालिका में दो बातें ध्यान देने की हैं। एक, सूरसागर के प्रथम स्कन्ध में केवल विनय के पद हैं जो पुष्टिमार्ग में दीक्षित होने के पहले लिखे गये हैं और कुछ परवर्ती स्तोत्र या नामसंकीर्तन हैं। दशम स्कन्ध के पूर्वार्द्ध को छोड़कर शेष स्कन्धों में पद-रचना नाममात्र की है। दशम स्कन्ध के पूर्वार्द्ध में श्रीकृष्ण की बाल एवं यौवन की लीलाओं का निरूपण है जिस पर सूर की दृष्टि केन्द्रित है। सूर की काव्यवस्तु केवल श्रीकृष्ण की मधुर लीलाओं से ही सम्बन्धित है। ऐसा लगता है कि भागवत का अनुसरण करते हुए सूरसागर का स्कन्धों में विभाजन सूर के समय का न होकर परवर्ती है। डॉ. ब्रजेश्वर वर्मा का विचार है कि सूर ने दशम स्कन्ध पूर्वार्द्ध के अतिरिक्त अन्य स्कन्धों की रचना भागवत की कथा की पूर्ति की दृष्टि से

की है—"अनुमान तो यह होता है कि भागवत की कथा को सुनकर कवि ने दशम स्कन्ध पूर्वार्द्ध के अतिरिक्त अन्य स्कन्धों पर अपने भाव के अनुकूल कभी प्रबन्धात्मक और कभी स्फुट रीति में पद रचना की। इस पद रचना को स्कन्धों के कथाक्रम से संग्रह करके देखने से जहाँ कथा-सूत्र छूटे हुए पाये गये वहीं वे पूर्तिमात्र के विचार से वर्णनात्मक शैली में रख दिये गये। यह भी सन्देह हो सकता है कि ये वर्णनात्मक अंश स्वयं हमारे कवि सूरदास जी की रचना भी है या अन्य किसी ने सूरसागर को भागवत का बाह्य रूप दे दिया।"[5] जो हो, सूर की भावात्मक और सौन्दर्यात्मक दृष्टि दशम स्कन्ध के पूर्वार्द्ध के लीला प्रसंगों में ही उन्मुक्त अभिव्यक्त हुई है।

सूर के काव्य के आधारभूत तत्त्व सौन्दर्य, माधुर्य और प्रेम के आधार पर ही उनकी काव्यवस्तु का विश्लेषण समीचीन है। इस दृष्टि से सूरसागर के पदों को छः वर्गों में विभाजित कर सकते हैं।

(1) **लीला के पद :** लीलाओं में व्यंजित प्रधान भाव माधुर्य है जो वात्सल्य, सख्य और प्रेमपरक तीन रूपों में है। तीनों अन्ततः सूर की भक्ति को प्रकट करते हैं। लीला-संकीर्तन भक्ति का एक प्रकार माना गया है। लीलाओं के निरूपण में रचना वस्तुनिष्ठ न होकर आत्माभिव्यंजक है। कवि लीलाओं के गायन से सन्तुष्ट न होकर पद की अन्तिम पंक्ति में अपनी भक्ति-भावना प्रकट करता है—कभी लीला वर्णन से भिन्न प्रत्यक्ष रूप में और कभी 'सूर-स्याम' कहकर। लीलाओं के माधुर्य में कवि की सहृदयता, भाव-प्रवणता, कल्पनाशीलता, रचना की विदग्धता और सौन्दर्य भावना प्रकट होती है। यह माधुर्य कवि की आत्माभिव्यक्ति है, उसका कलात्मक व्यक्तित्व है। इस माधुर्य में उन्मुक्त भाव-प्रसार हुआ है जो सूर की भक्ति-भावना के अनुरूप काव्य-प्रवृत्ति है।

सूरसागर में वर्णित लीलाएँ दो प्रकार की हैं—दुष्टसंहारक और मधुर। पहले प्रकार की लीलाएँ दूसरे प्रकार की लीलाओं में रसविघ्न प्रस्तुत करने वाली, बाधक हैं। इस बाधा में सौन्दर्य और रस का आकर्षण बढ़ जाता है। दोनों में समान तत्त्व सूर के द्वारा अद्‌भुतपन की सृष्टि है। जहाँ भागवत में दुष्ट संहार की लीलाओं में श्रीकृष्ण के देवत्व की प्रतीति का प्रयत्न हुआ है, सूर के काव्य में वे केवल विस्मयकारी हैं और विस्मयकारिता के माध्यम से सौन्दर्य का बोध कराती हैं। हम यह भी कह सकते हैं कि दुष्ट संहार की लीला अपने अद्‌भुतपन में निषेधात्मक रूप में माधुर्य की अनुभूति देती

है। भागवत और सूरसागर की अलौकिकता में अन्तर है। पहला देवत्व की अलौकिक अनुभूति देती है तो दूसरा सौन्दर्य की अलौकिक अनुभूति में तन्मय कर देती है। भागवत और सूरसागर की मधुर लीलाओं के निरूपण में भी यह अन्तर देखा जा सकता है। दूसरे की आधारभूमि मानवीय संवेदना है। परिवेश में अन्तर भी सूरसागर की वस्तु को—मुरली लीलाओं को भागवत से अलग कर देता है। ग्रामीण जीवन की नैसर्गिकता, गोचारण जीवन की स्वच्छन्दता, पारिवारिक सम्बन्धों का माधुर्य और प्रेम की उन्मुक्तता, श्रीकृष्ण की मधुर लीलाओं का परिवेश ही नही, उनकी अनुभूति के अभिन्न अंग हो गये हैं।

सूर का लीला वर्णन समग्र, व्यापक और विशद है। श्रीकृष्ण का सोना-जागना, उठना-बैठना, खाना-पीना, रूठना-मिलना, हँसना-रोना आदि दैनिक जीवन के समस्त भाव-विचार और क्रियाकलाप उनमें समाविष्ट हैं। भागवत की अनेकानेक लीलाओं के अतिरिक्त गोचारण और राधाकृष्ण सम्बन्धी अनेक लीलाएँ जोड़ी गयी हैं, जो सूर की मौलिक कल्पनाएँ हैं। लोक-जीवन, रस्म-रिवाज, पर्व-त्योहार और लोक-संस्कृति के आधार पर भी नवीन लीला वर्णन हुआ है, जैसे अन्नप्राशन, वर्षगाँठ, कर्ण-छेदन, फाग-होली मनाना आदि। नेत्र और मुरली को लेकर अद्‌भुत सौन्दर्यात्मक प्रसंगों की उद्‌भावनाएँ हैं। प्रत्येक लीला का अनेक रूपों में, अनेक कोणों से वर्णन हुआ है। इस तरह का विशद वर्णन प्रत्येक लीला का है ही, प्रत्येक पद में प्रसंग का विशद पल्लवन भी हुआ है। लीला-वर्णन में सूर की तन्मयता, उनकी भक्ति की सच्चाई, तीव्रता, गहराई और अनन्यता को व्यक्त करती है। उसमें पात्रों की ही नहीं, कवि की भी माधुर्यानुभूति, भाव-विह्वलता और हर्षातिरेक प्रकट होते हैं।

काव्यशास्त्रीय दृष्टि से इन लीलाओं को वात्सल्यपरक और शृंगारपरक या बाललीला और यौवनलीला के रूप में विभाजित किया जाता है। इन दोनों क्षेत्रों में भाव का जो विस्तार है वह काव्यवस्तु के समग्र निरूपण के कारण है। वात्सल्य में माता-पिता के भाव-विचार एवं क्रियाकलाप, बालस्वभाव, मनोभाव एवं चेष्टाएँ, भ्रातृभाव और स्पर्धा तथा सहचरों के साथ स्नेह एवं क्रीड़ाएँ ही नहीं, ग्रामीण स्त्रियों और अड़ोस-पड़ोस की प्रतिक्रियाएँ भी सम्मिलित हैं। शृंगार का प्रेम-भावनाएँ एकान्तिक अवश्य हैं। इस अर्थ में कि वह सभ्य सामाजिक मर्यादा की परिधि में नहीं है। लेकिन प्रकृति-परिवेश और साहचर्य उसे नैसर्गिकता और सहजता प्रदान करते हैं। दूसरी ओर यह शृंगार और प्रेम व्यापक अर्थ में पूरे समाज का है। यह राधा-कृष्ण का ही प्रेम और

शृंगार लीला नही है, एक पुरुष और सोलह हजार गोपिकाओं का प्रेम है। ऐसा लगता है कि पूरा समाज प्रेम-भावना में विभोर है। इसे आध्यात्मिक दृष्टि से आत्मा-परमात्मा का प्रेम कहें, सामाजिक नैतिकवादी दृष्टि से अवैध मुक्तप्रेम कहें, लेकिन संसार के इतिहास में, प्रेमप्रधान काव्य-साहित्य में अपूर्व है। भावना की यह एकनिष्ठता भी अन्यत्र दुर्लभ है। सूर के संयोग-शृंगार वर्णन पर ऐन्द्रिक और कामुक होने के आक्षेप भी किये गये हैं। लेकिन सूर की भक्ति-भावना में औचित्य-अनौचित्य, नैतिक-अनैतिक और मर्यादा-नग्नता के प्रश्न नहीं उठते। वह अन्तर्मुखी वैयक्तिक साधना है, बहिर्मुखी और सामाजिक चेतना की अभिव्यक्ति नहीं है। सूर ने वात्सल्य और शृंगार दोनों के सुख-दुखात्मक संयोग-वियोग पक्षों का विस्तार से वर्णन किया है। उसमें विप्रलम्भ शृंगार के अन्तर्गत भ्रमरगीत-प्रसंग वैविध्यपूर्ण और अपूर्व है। स्थूल दृष्टि से उस प्रसंग की वस्तु का उद्देश्य निर्गुण-निराकार ब्रह्मवाद एवं ज्ञान-योग मार्गों का खण्डन और सगुण साकार अवतार एवं प्रेमप्रधान भक्ति का मण्डन है। लेकिन उस प्रसंग में अनन्त वेदना, उपालम्भ, ईर्ष्या, हास-परिहास और वचन-विदग्धता के ऐसे अनेक उपप्रसंग समाविष्ट हो गये हैं कि समष्टि रूप में "एक आँख से रोना और एक आँख से हँसना" वाली उक्ति चरितार्थ हो जाती है।

(2) **लीलेतर भावात्मक पद :** सूर सागर में अनेक ऐसे पद हैं जो श्रीकृष्ण की मधुर लीलाओं से भिन्न, भागवत के कुछ प्रसंगों को लेकर रचे गये हैं। लीला के पदों की तरह इन्हें कवि की आत्माभिव्यक्ति नहीं कह सकते। इनमें पुष्टिमार्गीय मधुर भक्ति की भावना नहीं है। लेकिन ये पद भी भावात्मक हैं और काव्य दृष्टि से श्रेष्ठ जैसे गजमोचन, भीष्म-प्रतिज्ञा आदि।

(3) **श्रीकृष्णावतार से सम्बन्धित कथात्मक और वर्णनात्मक प्रसंग :** इनमें कुछ अंश पदरूप में हैं और कुछ छन्दोबद्ध काव्य रूप में। इनमें भागवत की कथा के अनेक प्रसंग मिल जाते हैं। कुछ प्रसंगों की पुनरावृत्ति भी है। इनके आधार पर ही सूरसागर को भागवत की तरह स्कन्धों में विभाजित किया जा सकता है और कथा के कुछ सूत्र भी मिल जाते हैं। इनमें श्रीकृष्ण के ब्रज जीवन का ही नहीं, मथुरा और द्वारिका के जीवन का भी वर्णन है। श्रीकृष्ण की वृन्दावन की लीलाओं को भी कथात्मक और वर्णनात्मक रूप में प्रस्तुत किया गया है। गेय पदात्मक मधुर लीलावर्णन के साथ इन वर्णनात्मक मुक्तकों की तुलना ही नहीं की जा सकती। ये कथात्मक-वर्णनात्मक अंश कथावाचन,

पठन-श्रवण के लिए रचे गये हैं। इनमें दूसरे विभाग के पदों का काव्योत्कर्ष भी नहीं है। दोनों में कवि की सौन्दर्य दृष्टि और माधुर्य भावना की व्यंजना नहीं है। लेकिन दूसरे विभाग के पदों में भावात्मक और रूपात्मक विशेषताएँ सौन्दर्यव्यंजक नहीं हैं तो सूर के सौन्दर्य-बोध को अवश्य व्यक्त करते हैं।

(4) विनय के पद : विनय के पदों को दो वर्गों में बाँटा जा सकता है—(1) वल्लभाचार्य से भेंट के पहले लिखे गये दास्यभक्ति के पद और (2) पुष्टिमार्ग में दीक्षित होने के बाद रचे गये पद। दोनों में कोई तात्त्विक अन्तर नहीं है। दास्यभक्ति की सभी विशेषताएँ-आत्म-ग्लानि, भगवान की महिमा का गायन, आत्मनिवेदन और संसार के बन्धनों से मुक्त होने की भावना—उन पदों में पायी जाती हैं। ये काव्यदृष्टि से श्रेष्ठ पद-रचना के उदाहरण अवश्य हैं, लेकिन तुलसी की 'विनयपत्रिका' का वैविध्य और गहराई इनमें नहीं है। दूसरे वर्ग के पदों में कहीं-कहीं पुष्टिमार्गीय भक्ति-भावना की झलक भी मिल जाती है। इसी वर्ग के अन्तर्गत प्रह्लाद उद्धार, गजमोचन आदि भागवत के प्रसंग आते हैं। सूर ने तुलसी की तरह दर्शन और भक्ति का सैद्धान्तिक विवेचन नहीं किया। लीला-संकीर्तन और विनय के पदों के आधार पर सूर की दार्शनिक और भक्तिपरक विचारधारा का कुछ अनुमान लगाया जा सकता है। वे सहृदय कवि थे जिनके लिए भक्ति विवेच्य विषय न होकर काव्यवस्तु थी। इसलिए लीला-संकीर्तन की तरह विनय के पदों को भी कवि की आत्माभिव्यक्ति मानना ही उचित है। विनय के पदों में आत्माभिव्यक्ति प्रधानतः भावात्मक है। काव्योत्कर्ष की दृष्टि से मधुर लीला-संकीर्तन के बाद उनका स्थान है। लीलेतर भावात्मक पदों और भागवत के कथात्मक वर्णनात्मक पदों से उनका काव्यत्व अधिक श्रेष्ठ है। इन पदों का भी केन्द्रबिन्दु सौन्दर्य नहीं है। कवि का सौन्दर्यबोध आत्माभिव्यंजक और भाव केन्द्रित है।

अधिकांश समीक्षक सूर के विनय के पदों को सौन्दर्य, माधुर्य और प्रेम प्रधान पुष्टिमार्गीय भक्ति-भावना से बिल्कुल भिन्न मानते हैं। पुष्टिमार्गीय भक्ति में भगवान की अनन्त महिमा और आत्मा के दैन्यभाव के लिए स्थान ही न हो, ऐसी बात नहीं है। दैन्यभाव के द्वारा आत्मसंस्कार, मधुरभक्ति के सात्विक विकास के लिए प्रथम सोपान है। डॉ. विष्णुकान्त शास्त्री ने वल्लभ-सम्प्रदाय के शास्त्र ग्रन्थों से उद्धरण देकर सिद्ध किया है कि पुष्टिमार्गीय साधना में दैन्यभाव का उल्लेख है। वे लीलागान और दैन्यभाव को परस्पर विरोधी नहीं मानते। "केवल इतनी सावधानी बरतनी चाहिए कि दैन्य नैराश्य

में न बदल जाये और दैन्य के अतिशय कथन के कारण अन्तःशुद्धि की अमोघ औषधि, भगवत्लीला का गान छूट न जाये। इस सीमा के भीतर रहकर वल्लभ सम्प्रदाय में दीक्षित होने के अनन्तर भी सूरदास विनय के पद लिखते रहे होंगे, वल्लभ सिद्धान्त के अनुकूल रहकर ही, उसके प्रतिकूल जाकर नहीं।"[6] "सच तो यह है कि सूर के विनय के पदों के भाववत, भंगिमागत चारूत्व का सम्यक उद्घाटन अभी होना बाकी है।"[7]

(5) **रामायण-प्रसंग :** भागवत की तरह सूरसागर में भी राम की कथा का संक्षेप में निरूपण है। मर्यादा पुरुषोत्तम की कथा में सहज ही दैन्यभाव और दास्य भक्ति की प्रधानता है। तुलसी की तरह उत्तर रामचरित छोड़ दिया गया है जो राम की आदर्शवादी परिकल्पना के अनुरूप नहीं है। कवि ने रामकथा के मार्मिक प्रसंगों को चुनकर उन्हें भावात्मक गेय पदरूप दिया है। यह सूर की भावात्मक काव्य-प्रवृत्ति में रचा हुआ लघुकाव्य है। सूरसागर के इस महत्त्वपूर्ण अंश से सिद्ध होता है कि सूर हिन्दी में रामकाव्य के प्रथम मौलिक कवि हैं। इस श्रेष्ठ काव्य रचना में सूर का सौन्दर्यबोध वस्तु के अनुरूप सामाजिक मर्यादावादी है, लीला गायन की तरह अन्तर्मुखी, वैयक्तिक और भावनाशील नहीं। रचना की भावात्मकता केवल काव्य प्रवृत्ति की विशेषता है, अर्थात् रचना वस्तून्मुख और वर्णनात्मक न होकर भावात्मक है। रामायण प्रसंग के अन्तिम पद "बिनती किहिं बिधि प्रभुहिं सुनाऊँ" में सूर की दास्यभक्ति, काव्य प्रवृत्ति और मर्यादावादी दृष्टि की प्रौढ़ व्यंजना है। सूर के राम प्रभु हैं, महाराज हैं, नित्य जीवन में नियमपालक हैं, प्रतिदिन प्रातःकाल ब्रह्म, रुद्र, अमर और मुनिगण उनका स्तवन करते हैं, वे राजसभा में सेनापतियों से घिरे हुए महान शासक हैं, नारद तुम्बुर आदि उनका गुणगान करते रहते हैं। उस 'साहिब' को प्रसन्न करने में उन सबके सामने सूर किस गिनती में हैं। इसलिए कहते हैं कि "पतित-उधारन नाम सूर प्रभु यह रुक्का पहुँचाऊँ।" इस पद से प्रकट होता है कि सूर के राम और कृष्ण की परिकल्पना में कितना अन्तर है। एक प्रभु हैं, दूर से ही विनती करनी है। दूसरे, अपने हैं—पुत्र, सखा और प्रेमी जिनके साथ आत्मीयता का सम्बन्ध है और सहज जिनके समीप पहुँच सकते हैं। डॉ. उदयभानुसिंह के शब्दों में सूर के रामचरित वर्णन की "अनुपेक्षणीय विशेषता यह है कि वह गोपी-कृष्ण की मधुर विलास-लीला के अप्रतिम गायक कवि की कृति होते हुए भी शृंगारपरक रसिक भावना से मुक्त है और मर्यादावादी रामकाव्य-धारा की बहुमूल्य निधि है।"[8]

(6) सुदामा चरित : सूरसागर में वर्णित भागवत के उपाख्यानों में केवल सुदामा चरित का कुछ विस्तार से वर्णन है। कारण स्पष्ट है। यह आख्यान सूर की भक्ति-भावना के अनुरूप है। श्रीकृष्ण के आने पर सुदामा का हर्षोल्लास, अपनी स्थिति को देखते हुए स्वागत करने में दीनता का भाव, सुदामा के प्रति सहपाठी सखा के रूप में श्रीकृष्ण का स्नेह और अन्त में उनका अनुग्रह—सब मिलकर सख्यभाव को एक अद्भुत रूप में प्रस्तुत करते हैं। गोप सखाओं के साथ सख्यभाव से यह भिन्न है। यहाँ सखाओं में स्तर का अन्तर है और इस कारण भक्ति में दीनता की भावना भी है। श्रीकृष्ण की ओर से स्तर-भेद से ऊपर उठी हुई शुद्ध सख्य-भावना है। काव्य-दृष्टि से सुदामा चरित सूर की काव्य-प्रवृत्ति के अनुरूप भावात्मक रचना है।

(7) सूरसारावली और साहित्य-लहरी : इन रचनाओं के सम्बन्ध में मतभेद है। डॉ. ब्रजेश्वर वर्मा इनको सूर की रचना नहीं मानते। दोनों ग्रन्थ सूरसागर की रचना के बाद लिखे गये हैं और दोनों शृंगार रस प्रधान हैं। शृंगार लीलाओं में काम क्रीड़ाओं का भी विस्तृत वर्णन है। प्रामाणिक मानने पर भी सौन्दर्य और माधुर्य के गायक सूर की रचनात्मक प्रवृत्ति के साथ इनका मेल नहीं होता। सूरसारावली में श्रीकृष्ण के कुरुक्षेत्र से लौटने के बाद की लीलाओं का—संयोगलीला, वसन्त, होली आदि का वर्णन है। ऐसा लगता कि सूरसारावली में परवर्ती लीलाओं का निरूपण करते हुए राधाकृष्ण की लीला को नित्य और शाश्वत सिद्ध करने का प्रयत्न किया गया है—"वृन्दावन हरि यहि बिधि क्रीड़त सदा राधिका संग।" मुंशीराम शर्मा का कथन है कि यह सारा ग्रन्थ एक बृहद् होली गीत में रचा गया है जिसकी टेक है—"खेलत यह बिधि हरि होरी हो, हरि होरी हो बेद बिदित यह बात।" सूरसारावली में माधुर्य भाव की प्रकृति और स्वरूप, सूरसागर से भिन्न है। उसमें सूरसागर की भावनाशीलता, कल्पनाशीलता और सौन्दर्य नहीं है।

साहित्य-लहरी के एक पद के अनुसार सूर चन्दबरदाई के वंशज हैं। इस रचना को प्रामाणिक मानने वाले समीक्षक भी इस पद को प्रक्षिप्त कहते हैं। शैली की दृष्टि से साहित्य-लहरी दृष्टिकूट पदों का लघु संग्रह है। सूरसागर और सूरसारावली में भी कुछ दृष्टिकूट पद मिलते हैं। साहित्य-लहरी में रस, अलंकार और नायिका-भेद का निरूपण किया गया है। इस काव्यशास्त्रीय प्रतिपादन में कवि का लक्ष्य दृष्टकूट शैली में शृंगार की ही व्यंजना है। इसी दृष्टि से साहित्य-लहरी रीतिकाव्य रचना का प्रथम ग्रन्थ है जिसमें

रीति निरूपण और शृंगारी प्रवृत्ति दोनों विशेषताएँ मिल जाती हैं। उसमें आध्यात्मिक विषयों की ओर भी गूढ़ संकेत है। दृष्टिकूट रचना पद्धति में सहज ही प्रतीकों का सहारा लिया जाता है, लेकिन वे अनुभूतिमूलक और सौन्दर्यवर्धक न होकर रूढ़ हैं। साहित्य-लहरी की सौन्दर्यदृष्टि की भी सूरसागर से तुलना नहीं की जा सकती।

प्रश्न उठता है कि सूर ने इस तरह की रचना क्यों की है? इसके चार कारणों का अनुमान किया जा सकता है—(1) सूर तत्कालीन साहित्यिक परम्परा और परिस्थिति से प्रभावित होकर काव्यशास्त्र, काम-शृंगार और दृष्टिकूट शैली की ओर प्रवृत्त हुए। सूर के समय में संस्कृत में नायक-नायिका भेद और अलंकार-निरूपण काव्यशास्त्रीय विवेचन के प्रधान अंग थे। हिन्दी में लक्षण ग्रन्थों की रचना आरम्भ न होने पर भी दरबारी काव्य पर शृंगार रस और आलंकारिक चमत्कार का प्रभाव था। (2) मुस्लिम प्रशासन में मध्ययुगीन मानसिकता क्रमशः भोगवादी और शृंगारिक होती जा रही थी। (3) नाथ-सिद्धों के युग से ही हिन्दी में प्रतीकात्मक, उलटबाँसी और दृष्टिकूट शैली में रचना हो रही थी। (4) धीरे-धीरे मथुरा-वृन्दावन में मधुर भक्ति के नाम पर भोग-विलास की प्रवृत्ति बढ़ गयी। इस सम्बन्ध में डॉ. गणपति चन्द्रगुप्त लिखते हैं-''महाप्रभु वल्लभाचार्य जी के तिरोधान के अनन्तर अधिकारी कृष्णदास जी की प्रभाव-वृद्धि के साथ-साथ उनकी कलुषित वृत्तियाँ मन्दिर पर इस प्रकार छा गयी थीं कि उनका उल्लेख करना भी यहाँ जुगुप्साजनक होगा। ठाकुर जी के नाम पर आगरे से सुन्दर वेश्या को बुलाना, महिला गंगाबाई से उनका गुप्त सम्बन्ध, विरोधियों की निर्ममतापूर्वक—लाठी के जोर से—भगा देना आदि तथ्य उनकी भोग-वृत्तियों पर प्रकाश डालते हैं। हमारा विश्वास है कि ठाकुर जी को काव्यशास्त्र, कामशास्त्र आदि का ज्ञान कराने का उद्देश्य प्रकट करके एक ओर तो इन्होंने सूरदास जी को 'साहित्य-लहरी' में प्रवृत्त किया तथा दूसरी ओर नन्ददास जी को कुछ वर्षों पश्चात् 'रस-मंजरी' लिखने को कहा।''[9]

शुक्ल जी सूर की काव्यवस्तु को सीमित कहते हैं। वह भक्ति, वात्सल्य और प्रेम तक सीमित अवश्य है। उसका कारण सूर की अन्तर्मुखी भक्ति-भावना और सौन्दर्य चेतना है। अन्तर्मुखी भक्ति-भावना की चरम स्थिति पर, सूक्ष्म मानसिक धरातल पर सौन्दर्य का उद्घाटन करने वाले कवि की चेतना बहुर्मुखी जीवन के वैविध्य की ओर उन्मुख नहीं हो सकती।

तुलसी और सूर के सौन्दर्य-भावना के अन्तर को समझे बिना सूर की रचना के साथ न्याय नहीं हो सकता। उसे भुलाकर सूर की वस्तु की सीमाओं पर आक्षेप व्यर्थ है।

सन्दर्भ

1. सूर और उनका साहित्य, डॉ. हरवंशलाल शर्मा, पृ. 156-157
2. हिन्दी साहित्य का इतिहास, आचार्य रामचन्द्र शुक्ल, पृ. 176
3. वही, पृ. 177
4. वही, पृ. 184
5. सूरदास, डॉ. व्रजेश्वर वर्मा, पृ. 79-80
6. सूर : सौन्दर्य और समीक्षा, सं. डॉ. त्रिभुवन सिंह, प्रो. विष्णुकान्त शास्त्री का आलेख, वल्लभ सम्प्रदाय में दैन्य तत्त्व : सूरदास के सन्दर्भ में, पृ. 57
7. वही, पृ. 57
8. वही, डॉ. उदयभानु सिंह का आलेख, सूर का रामकाव्य, पृ. 93
9. हिन्दी साहित्य का वैज्ञानिक इतिहास, डॉ. गणपतिचन्द्र गुप्त, पृ. 295

भाव-सौन्दर्य विवेचन

भाव, रूप और कर्म तत्त्व के आलोक में सौन्दर्य विवेचन

काव्यवस्तु जीवन-जगत के तीन प्रधान पहलू हैं—रूप, भाव और कर्म। वस्तुनिष्ठ दृष्टि से सौन्दर्य रूपगत विशेषता है। व्यक्तिनिष्ठ दृष्टि से वह एक विशेष प्रकार का आनन्द देने वाला धर्म है। यह विशेषता अनुभूति की निर्लिप्तता, व्यावहारिक उद्देश्यहीनता, मानसिक सार्थकता, सार्वभौमिकता और अलौकिकता में है। इस व्यापक अर्थ में सौन्दर्य को भावगत और कर्मगत भी मान सकते हैं, जब भाव और कर्म-निरूपण में अनुभूति उपर्युक्त विशेषताओं से युक्त होती है। अर्थात भाव या कर्म में सौन्दर्य नहीं होता, इनकी काव्याभिव्यक्ति में सौन्दर्यशास्त्रीय धर्मों का समावेश होने पर उनको सौन्दर्यात्मक माना जा सकता है। जब छायावादी युग में काव्य के सन्दर्भ में सौन्दर्य शब्द का बहुत प्रयोग होने लगा, उसे काव्य के मूल्यांकन का प्रतिमान मानकर काव्य के प्रत्येक पहलू के साथ सौन्दर्य शब्द जोड़ा जाने लगा जैसे वस्तु-सौन्दर्य, भाषा-सौन्दर्य आदि। इस प्रयोग में रूप के साथ सौन्दर्य का सम्बन्ध भुला दिया गया। रसवादी समीक्षकों ने भी सौन्दर्य की चर्चा आरम्भ की। काव्य के कथ्य में रूप के अतिरिक्त भाव और कर्म के सम्बन्ध में सौन्दर्य की चर्चा करने वाले प्रथम आचार्य-समीक्षक शुक्ल जी थे। उन्होंने प्रधानतः धार्मिक, सामाजिक और नैतिक मान्यताओं के आधार पर भाव-सौन्दर्य और कर्म-सौन्दर्य का मूल्यांकन किया, यद्यपि वे भाव और कर्म को सौन्दर्यमय बनाने वाले सौन्दर्यशास्त्रीय तत्त्वों से अभिज्ञ थे और अपनी व्यावहारिक आलोचनाओं में उनकी ओर संकेत भी किया है। शुक्ल जी के अनुसार "कविता केवल वस्तुओं के ही रूप-रंग के सौन्दर्य की छटा ही नहीं दिखाती, प्रत्युत कर्म और मनोवृत्ति के सौन्दर्य के भी अत्यन्त मार्मिक दृश्य सामने रखती है। वह जिस प्रकार विकसित कमल, रमणी के मुखमण्डल

आदि का सौन्दर्य मन में लाती है, उसी प्रकार उदारता, वीरता, त्याग, दया प्रेमोत्कर्ष इत्यादि कर्मों तथा मनोवृत्तियों का सौन्दर्य भी मन में जमाती है।"[1] यहाँ दो बातें ध्यान देने योग्य हैं। एक, भाव या कर्म को 'दृश्य' या बिम्ब रूप में प्रस्तुत करना है। दो, उनका विधान मन में जमाने वाला या रमणीय होना आवश्यक है। ये काव्य में भाव और कर्म के सौन्दर्य निरूपण के वस्तुनिष्ठ और अनुभूतिनिष्ठ पहलू हैं।

जीवन में सुन्दर-असुन्दर का प्रश्न वस्तु-जगत के मूर्त्त रूप के सन्दर्भ में ही उठता है। भाव और कर्म रूपाश्रय के अभाव में अमूर्त्त हैं। जीवन में भाव और कर्म को सुन्दर या असुन्दर नहीं कहते। राम का प्रेम सुन्दर है—भाषा में इस तरह का प्रयोग नहीं होता। सच्चाई, तीव्रता, गहराई आदि के आधार पर भाव का मनोवैज्ञानिक मूल्यांकन होता है। सामाजिक मान्यताओं के अनुसार भाव के उचित या अनुचित होने का भी निर्णय होता है। कर्म का मूल्यांकन सामाजिक-नैतिक दृष्टि से होता है जैसे अच्छा-बुरा, उचित-अनुचित, उदात्त-अनुदात्त आदि। अर्थात् जीवन में भावना सच्ची या झूठी होती है और कर्म अच्छा या बुरा। जब काव्य में भाव और कर्म की रूपात्मक अभिव्यंजना होती है तभी उनके साथ सौन्दर्य का प्रश्न आता है। काव्य-साहित्य के रूप, भाव और कर्म के विधायक और निषेधात्मक दोनों पहलुओं की अभिव्यक्ति होती है। उसमें रूप-कुरूप, सत्य-असत्य, अच्छा-बुरा या शुभ-अशुभ-द्वन्द्वात्मक दोनों स्थितियों का निरूपण होता है। तब प्रश्न उठता है कि जीवन के निषेधात्मक पहलुओं का मूल्यांकन जीवन-सापेक्ष दृष्टि से करें या उनकी सफल अभिव्यंजना के सौन्दर्य के आधार पर? क्या जीवन के सौन्दर्य के निरूपण में ही सौन्दर्यानुभूति होती है, कुरूपता की मूर्त्त व्यंजना में नहीं? सूक्ष्म दृष्टि से विचार करने पर स्पष्ट हो जाता है कि जीवन की कुरूपता, असत्य और बुराई या अशुभ काव्य-साहित्य में मूल्य-परिवर्तन के साथ, नये मूल्यों के आपादान से मानवीय संवेदना का विषय होकर संवेद्य अनुकूल प्रतिक्रिया उत्पन्न कर सकते हैं। उनके सम्मूर्त्तन की सौन्दर्यानुभूति निषेधात्मक पहलू की अनुभूति या प्रतिक्रिया का अंग बन जाती है।

काव्य-साहित्य में रूप, भाव और कर्म के सम्मूर्त्तन के सम्बन्ध में एक और प्रश्न भी उठता है कि क्या जीवन की मूल्यानुभूति और काव्य में उनके सम्मूर्त्तन की अनुभूति एक ही है? जीवन-मूल्यों और काव्य-मूल्यों को एक ही मनाने वाले आचार्य सौन्दर्य को संवेद्य बनाने का साधन मात्र मानते हैं।

दूसरी ओर सौन्दर्यशास्त्री जीवन-मूल्यों और कलात्मक-मूल्यों में अन्तर करते हैं। काँट के अनुसार मूर्त्त रूप के सौन्दर्य की अनुभूति ही शुद्ध सौन्दर्यानुभूति है, जीवन सापेक्ष मूल्यानुभूति या भावानुभूति आनुषंगिक अनुभूति है। क्रोचे इस विचारधारा को चरम सीमा पर ले जाकर कहते हैं कि सृष्टि-सौन्दर्य और जीवन-मूल्यों के साथ कवि कल्पना-जन्य बिम्बात्मक रूप के सौन्दर्य का कोई सम्बन्ध ही नहीं है।

इस सन्दर्भ में रूप के साथ भाव और कर्म के सम्बन्ध पर भी विचार करना आवश्यक है। जीवन और काव्य में सामान्यतः वस्तु का रूप प्रेरक तत्त्व है और भाव एवं कर्म उस प्रेरणा से उत्पन्न मानसिक तथा शारीरिक प्रतिक्रियाएँ हैं। पहला उद्दीपक है और दूसरा उद्दीपक स्थितियाँ हैं। समष्टि रूप में ही उन पर विचार होना चाहिए। पिछले अध्याय में रूप-सौन्दर्य की चर्चा में यही दृष्टि अपनाई गयी है। जहाँ भाव और कर्म का जीवन में अपना स्वतन्त्र मूल्य होता है, वे परिस्थिति के अनुसार रूप का उत्कर्ष भी करते हैं। क्रियाशीलता में स्थितिशील रूप गतिशील होकर विभिन्न भंगिमाओं में सौन्दर्य का वर्धन करता है। भावात्मक स्पन्दनशीलता में रूप की प्रतिमा सजीव होकर अधिक आकर्षक बनती है। भाव की अनुभूति की दशा में उसकी अभिव्यक्ति इन्द्रियों के माध्यम से ही होती है। इस ऐन्द्रिय अभिव्यक्ति में रूप का बाहरी आकार-प्रकार एवं रंग अधिक दीप्त हो उठता है।

भावों की प्रकृति के अनुसार रूप-सौन्दर्य का वर्णन या विघटन होता है। भावों की सुखात्मक अनुकूल अनुभूति में रूप अधिक आकर्षक बनता है तो दुखात्मक प्रतिकूल अनुभूति में रूप-सौन्दर्य मलीन हो जाता है। शृंगार रस में संयोग और वियोग की स्थितियों में आलम्बन का रूप इस तरह परिवर्तित होता है। मन में आशा, कामना, लज्जा, उत्साह, करुणा, श्रद्धा, आदि कोमल भावनाओं के संचार से रूप उज्ज्वल बन चमक उठता है। मुख, नेत्र आदि अवयवों में सौन्दर्य की यह दीप्ति अधिक प्रतिफलित होती है। इसके विपरीत वासना, ईर्ष्या, वेदना, भय, क्रोध आदि तामसी भावनाओं के प्रभाव से रूप का सौन्दर्य घट जाता है। मुख, नेत्र और शरीर अपनी स्वाभाविक कान्ति को खोकर पीले या काले पड़ जाते हैं। इसी तरह मनुष्य के क्रियाकलाप भी रूप में परिवर्तन लाकर कभी सौन्दर्य का वर्धन करते हैं तो कभी उसका विघटन। किसी की चाल, काम करने का रंग-ढंग आदि शोभामय है तो किसी का बेढंगी या कुरूप। उससे रूप का प्रभाव बढ़ता या

घटता है। यहाँ भाव या कर्म को रूप-सापेक्ष दृष्टि से देख रहे हैं। जीवन में उनके मूल्य, महत्त्व और जीवन के विकास या प्रगति में उनके योगदान पर विचार नहीं हो रहा है।

रूप-सौन्दर्य को बढ़ाना भाव का कर्म की सात्विकता पर निर्भर करता है। रावण पर क्रुद्ध राम का रूप सुन्दर लगता है। भावनाओं की कोमलता या उग्रता से रूप-सौन्दर्य को सदा जोड़ा नहीं जा सकता। उग्र भावना से प्रेरित होने पर भी शिव के तांडव में उदात्त सौन्दर्य का आभास मिलता है। इसी तरह भावना की सुखात्मकता या दुखात्मकता को लेकर हमेशा रूप की सुन्दरता या कुरूपता का निर्धारण नहीं किया जा सकता। मानिनी नायिका का रूप और आकर्षक माना जाता है। क्रोध से भरा बच्चे का मुँह माँ को प्यारा-प्यारा लगता है।

भाव और कर्म के सौन्दर्य पर विचार दो कोणों से किया जा सकता है। एक, भाव और कर्म को रूप से सम्बन्ध करके सहायक या विरोधी तत्त्वों के रूप में, जैसा ऊपर संकेत किया गया है। दूसरा, भाव और कर्म की अपनी मूल्यवत्ता के आधार पर। मानव-जीवन में रूप-सौन्दर्य से कहीं अधिक महत्त्वपूर्ण भूमिका भाव-विचारों और कर्म की है। उनसे मानवीय सभ्यता और संस्कृति का विकास, उत्थान-पतन होता है। वैयक्तिक धरातल पर मनुष्य के स्वभाव, व्यक्तित्व और चरित्र के साथ उनका घनिष्ठ सम्बन्ध है। व्यक्ति की संस्कारिता और आत्मोन्नति के सूचक और निर्धारक भाव-विचार और कर्म ही हैं। सामाजिक दृष्टि से उनका औचित्य-अनौचित्य, शिष्टता-अशिष्टता, नैतिकता-अनैतिकता, उदात्तता-अनुदात्तता भाव और कर्म के मूल्य के व्यंजक हैं। दोनों के मूल में मनोवैज्ञानिक तत्त्व भी क्रियाशील होकर उनके स्वरूप और परिणामों को निर्धारित करते हुए वैयक्तिक, सामाजिक और मानवीय धरातलों पर उनकी मूल्यवत्ता या मूल्यहीनता प्रकट करते हैं। प्रधानतः भावों का मूल्य मनोवैज्ञानिक, विचारों का दार्शनिक या चिन्तनपरक और कर्म का सामाजिक है।

जब काव्य में भाव और कर्म का निरूपण होता है कवि उसे संवेद्य और ग्राह्य बनाने का प्रयत्न करता है। इस प्रयत्न में भाव-विचार और कर्म के मनोवैज्ञानिक, दार्शनिक और सामाजिक आयामों के साथ—सौन्दर्यशास्त्रीय आयाम भी जुड़ता है। उसके बिना काव्य, काव्य नहीं होता। सौन्दर्यात्मक मूल्य के साथ जुड़कर संवेद्य बनने की प्रक्रिया में भाव और कर्म के मूल्य,

जीवन के मूल्यों के रूप में ही स्वीकृत हो सकते हैं या परिवर्तित होकर नयी मूल्य-व्यवस्था का द्योतन कर सकते हैं। यह जीवन और उसकी मूल्य व्यवस्था के प्रति कवि के दृष्टिकोण पर निर्भर करता है। काव्य की आलोचना करते समय जीवन मूल्यों और काव्य मूल्यों के अन्तर का ध्यान रखना आवश्यक है। जीवन में मूल्य व्यवस्था के साथ संवेद्य और सौन्दर्य का प्रश्न नहीं उठता, स्वीकृति या अस्वीकृति का ही प्रश्न उठता है। दूसरी स्थिति में उसके विरुद्ध व्यक्ति का विद्रोह होता है। काव्य में जीवन मूल्य मम्मट के शब्दों में 'कान्तासम्मित' है। परिवर्तित-अपरिवर्तित वे सौन्दर्यात्मक हैं। सौन्दर्य दृष्टि मनुष्य के गुण-धर्मों को संवेद्य ही नहीं बनाती, उन्हें नया रूप देती है, अनुभूति का नया स्पर्श देती है। जीवन में आज्ञा और अनुशासन मानवीय संवेदना के विषय बनते हैं। कवि के दृष्टिकोण का तात्पर्य उसके वैचारिक जीवन दर्शन मात्र से नहीं है, बल्कि जीवन की सौन्दर्यात्मक चेतना से है।

प्रतिभाशाली कवि जीवन की सौन्दर्यात्मक चेतना को अपने ढंग से व्यंजित करता है। इसलिए यह कहना कठिन है कि भाव-जगत और कर्म-जगत की सौन्दर्यात्मक आधारभूमि क्या है और उनकी अभिव्यंजना की सौन्दर्यशास्त्रीय विशेषताएँ क्या हैं? व्यापक अर्थ में आधारभूमि मानवीय संवेदना या मानवीयता कह सकते हैं जो दार्शनिक चेतना एवं दृष्टि के बल पर सौन्दर्य की सूक्ष्म, गहरी और गम्भीर छायाओं का उद्घाटन करती हैं। सौन्दर्यात्मक अभिव्यंजना की प्रक्रिया और पद्धतियाँ काव्य के इतिहास में अनेकरूपा हैं। अमूर्त्त सौन्दर्य को मूर्त्त बनाने के नये-नये प्रयत्न होते ही रहेंगे। कोमलता, सुकुमारता, माधुर्य, सरलता, सहजता या नैसर्गिकता, स्वच्छन्दता, सात्विकता, संस्कारिता, उदात्तता आदि भाव और कर्म को सौन्दर्यात्मक बनाने वाले युग-धर्म हैं। बिम्ब, प्रतीक, अप्रस्तुत, लय आदि सौन्दर्यात्मक अभिव्यंजना पद्धतियाँ हैं। दोनों में सौन्दर्यशास्त्रीय दृष्टि से दो तत्त्व क्रियाशील हैं—आदर्शीकरण और कल्पना। कलावादी या सौन्दर्यवादी प्रेषणीयता को रूपात्मक अभिव्यक्ति का अनिवार्य अंग और सौन्दर्यशास्त्रीय धर्म स्वीकार नहीं करते। लेकिन सम्मूर्त्तन में बोधगम्य तरलता या प्रसाद गुण सम्प्रेषण का अंग और सौन्दर्यशास्त्रीय धर्म है। काव्य में शब्द रूप और शाब्दिक संरचना से भाव का तरल प्रकाशन सौन्दर्य की आभा ही है। यह भाव-सम्प्रेषण का एक पहलू है।

सूर के भावजगत और कर्मजगत के सौन्दर्य के अनुशीलन की भूमिका के रूप में ये सैद्धान्तिक विचार प्रस्तुत किये गये हैं। उनके आलोक में सूर

के भाव-सौन्दर्य और कर्म-सौन्दर्य का अनुशीलन करने पर तत्सम्बन्धी उत्कर्ष का पता ही नहीं चलता, बल्कि भावव्यंजना तथा क्रिया-व्यापारों के वैविध्य के अभाव को लेकर उत्पन्न गलत-फहमियाँ भी दूर हो जाती हैं।

सूर का भाव सौन्दर्य

क्लासिकल और रोमांटिक प्रवृत्तियों का एक प्रमुख अन्तर यह माना जाता है कि पहले में जीवन-मूल्यों की व्यवस्था सन्तुलित होती है जबकि दूसरे में एकांगी होकर कुछ विशेष मूल्यों का आग्रह किया जाता है। क्लासिकल प्रवृत्ति के कवि का दृष्टिकोण सामाजिक और रोमांटिक कवि का दृष्टिकोण अन्तर्मुखी, वैयक्तिक, भावात्मक तथा कल्पनाशील होने के कारण प्रायः ऐसा होता है। मध्ययुग में तुलसी पहली प्रवृत्ति के और सूर दूसरी प्रवृत्ति के उदाहरण हैं। सौन्दर्य, वात्सल्य, सख्य और प्रेम के कवि ने जीवन में उन्हीं के मूल्यों को स्वीकार किया है और काव्य-रचना में उन्हीं को उभारा है। शेष मूल्यों की उपेक्षा की गयी है या उनका निराकरण किया गया है, विशेषतः जब वे उपर्युक्त मूल्यों की सफलता में बाधक हैं। पारिवारिक सम्बन्धों के माधुर्य के, वात्सल्य के कवि ने पारिवारिक-सामाजिक मर्यादा के मूल्यों को भी नकारा है जब वे प्रेम के मार्ग में कंटक बने हैं। उन चार मूल्यों के साथ भक्ति को भी एक मूल्य मानते हैं तो विनय के पदों को छोड़कर अन्यत्र उसकी स्वतन्त्र सत्ता का आभास कम मिलता है। वह सौन्दर्य, वात्सल्य, सख्य और प्रेम में अन्तर्भुक्त होकर मानवीय संवेदना के परिवेश में व्यंजित हुई है। आध्यात्मिक मूल्य के रूप में भक्ति का प्रतिपादन लीला-कीर्तन के पदों का कम स्थानों पर हुआ है। सूर ने जिन मूल्यों का प्रतिपादन किया है उनका चित्रण या ट्रीटमेंट अन्य कवियों से भिन्न है। वे मानवीय परिवेश में अवश्य प्रस्तुत किये गये हैं, लेकिन यथार्थ और सामाजिक धरातल पर नहीं। कवि की दृष्टि भाववादी है, वस्तुवादी नहीं। इसीलिए उनके चित्रण में भावनाओं और कल्पना को अधिक प्रश्रय मिला है। सौन्दर्य निरूपण ऐन्द्रिय अवश्य है, पर भौतिकतावादी नहीं। प्रश्न उठता है कि क्या यह एकांगी मूल्य दृष्टि काव्य के मूल्य को घटा नहीं देता। प्रकारांतर से शुक्ल जी ने यही आक्षेप किया है कि सूर के काव्य में जीवन की गतिविधि और भाव-व्यंजना का वैविध्य नहीं है। इस सन्दर्भ में हमें सूर के आनन्दवादी जीवनदर्शन, उसके अत्युन्नत धरातल और उसकी साधना भूमि को ध्यान में रखकर मूल्य-व्यवस्था

का अनुशीलन करना चाहिए। जब कवि की दृष्टि लौकिक-सामाजिक मूल्यों से परे उच्चतम मूल्यों की प्राप्ति और उसके लिए अन्तर्मुखी साधना पर है तो उसकी रचना में मूल्य-व्यवस्था को शुद्ध लौकिक दृष्टि से एकांगी नहीं कहा जा सकता। सौन्दर्य, प्रेम और आनन्द के उदात्त बिन्दु पर सभी मूल्य एकोन्मुख हो जाते हैं। साधारण रोमांटिक कवि सौन्दर्य, प्रेम और आनन्द को लौकिक धरातल पर महत्त्व देकर मूल्य-व्यवस्था को एकांगी और असन्तुलित कर देता है। उस तरह की स्थिति सूर की काव्य-रचना की नहीं है।

कृष्ण भक्ति में वात्सल्य, सख्य और मधुर तीनों प्रकार की भक्ति-भावना अन्ततः प्रेममूला है। सूर ने जीवन और काव्य में प्रेम-साधना को ही एकमात्र लक्ष्य माना है। उस प्रेम-साधना का आधार सौन्दर्य है और सिद्धि आनन्द है। इस तरह सभी मूल्य प्रेम से सम्बद्ध हो जाते हैं। दृष्टि, साधना और सिद्धि सभी को एक ही प्रेम के मूल्य में केन्द्रित करके सूर ने अपना एक लक्ष्य निर्धारित कर लिया और उसकी सिद्धि में अद्वैत-भावना प्राप्त की। अद्वैत में द्वन्द्व के लिए, विभिन्न मूल्यों के लिए स्थान नहीं है। सूर लौकिक मूल्य-व्यवस्था और उसमें सामंजस्य के कवि नहीं अमूल्य-व्यवस्था के कवि हैं, जहाँ एकाग्र साधना के द्वारा सब कुछ एकोन्मुख हो जाता है।

इस सन्दर्भ में उस प्रेम-साधना के स्वरूप और मूल्य को समझना आवश्यक है। आचार्य हजारीप्रसाद द्विवेदी का कहना है भगवान को प्रेम-स्वरूप समझकर साधना करना जीवन का पूर्ण आध्यात्मिक सत्य है—"जो उसे ज्ञानमय समझते हैं, ब्रह्म समझते हैं, उसके एक अंश को जानते हैं, पर जो प्रेममय समझते हैं, वे उसके सम्पूर्ण अंश को जानते हैं।"[2] भ्रमरगीत प्रसंग में गोपिकाओं के प्रेम के द्वारा सूर ने प्रेम-साधना के स्वरूप और महत्त्व को स्पष्ट किया है—

प्रेम प्रेम तें होइ प्रेम तें पारहि जाइयै।
प्रेम बंध्यौ संसार प्रेम परमारथ लहियै।
साँचौ निहचै प्रेम कौ जीवन्मुक्ति रसाल।
एकै रिहचै प्रेम को जनै मिलै गोपाल।।

यह प्रेम तत्त्व शाश्वत है। भगवान गोपिकाओं के वश में हो जाते हैं और उनके साथ वृन्दावन में नित्य लीला करते हैं—

तुम तै दूरि होत नहिं कबहूँ, तुम राख्यौ मोहिं घेरि।
तुम कारन वैकुंठ तजत हौं, जनम लेत ब्रज आइ।।

यह तो हुआ प्रेम का आध्यात्मिक रूप जिसे सूर जीवन का चरमलक्ष्य मानते हैं। काव्य के सन्दर्भ में यह प्रेम सहज मानवीय रूप में प्रस्तुत हुआ है। गोपिकाओं के नेत्र उस अनन्त सौन्दर्य को देखकर प्रेम में बँधे हैं–

खंजन नैन सुरंग रसमाते।
अतिसय चारू बिमल चंचल ये पल पिंजरा न समाते।

× × ×

चलि चलि जात निकट स्रवननि के सकि तांटक फंदा तें।
सूरदास अंजन गुन अटके नतरू कबै उड़ि जाते।।

प्रेम का आधार सौन्दर्य है जो गोपिकाओं के तन-मन को उस ओर खींच लेता है। उस आकर्षण में वे प्रेमवश हो जाती हैं–"प्रेम विवश सब ग्वालि भई।" उस प्रेम में यशोदा से कृष्ण के अत्याचारों की झूठी शिकायतें करती हैं। उनके अन्तरमन की अभिलाषाएँ इस रूप में प्रकट होती हैं। उन शिकायतों में काम-प्रेमजन्य रसानुभूति भी निहित है। कृष्ण छेड़-छाड़ करते हुए स्वयं उस प्रेम के वश में हो जाते हैं–

प्रीति के बस्य में हैं मुरारी।
प्रीति के बस्य नटवर सुभेषहिं धरयों, प्रीति बस करज गिरिराज धारी।
प्रीति के बस्य ब्रज भए माखनचोर, प्रीति के बस्य दाँवरि बँधाई।

× × ×

प्रीति के बस्य प्रभु सूर त्रिभुवन बिदित, प्रीति बस सदा राधिका स्वामी।।

प्रेम के कारण ही कृष्ण गोपी रमण कहलाते हैं। यहाँ ध्यान देने की बात है कि एक ओर प्रेम में मधुर लीलाओं का उल्लेख है तो दूसरी ओर प्रेम में प्रेमी की रक्षा की भावना भी सूचित है। गोवर्धन धारण और दावानल निवारण के प्रसंगों से स्पष्ट है कि सूर की दृष्टि में कर्म प्रेमप्रेरित है। सूर ने कृष्ण के दुष्ट संहार और रक्षा को–कर्म को लोक-समाज-कल्याण के रूप में नहीं, प्रेम लीला में बाधक या साधक तत्त्व के रूप में स्वीकार किया है। अर्थात साध्य कर्म नहीं, प्रेम है।

जीवन में यह प्रेम सदा के लिए नहीं होता। संयोग वियोग में बदल जाने के लिए कोई न कोई लौकिक कारण (या कर्म) उपस्थित हो जाता है। उस स्थिति में गोपिकाओं की अपार वेदना गूँज उठती है–

प्रीति करि काहू सुख न लह्यो।

× × ×

हम जौ प्रीति करी माधव सों चलत न कछु कह्यो।
सूरदास प्रभु बिनु दुख पावत नैननि नीर बह्यो।।

संयोग शाश्वत न होने पर भी प्रेम की अनुभूति में एक अपूर्व माधुर्य है जो संयोग-वियोग की स्थितियों को पार कर जाती है। आनन्द और वेदना उसके व्यक्त रूप मात्र हैं।

गोपिकाओं के इस सहज प्रेम-निरूपण में अन्य मूल्यों का निराकरण हो गया है। पुष्टिमार्गीय प्रेम लौकिक बन्धनों को स्वीकार नहीं करता। चीरहरण प्रसंग लोकलज्जा को छोड़कर प्रेम में आत्मसमर्पण का प्रतीक है। कृष्ण का मुरलीवादन सुनकर रासक्रीड़ा के लिए दौड़ पड़ने वाली गोपिकाओं की प्रेम-विह्लता सामाजिक मूल्य-व्यवस्था को छिन्न-भिन्न कर देती है—

कुल मर्जादा बेद की आज्ञा नेकहुं नहीं डरी।।
गृह गुरू लाज सूत सों तोर्‌यों डरी नहीं व्यवहार।
इक पय पियत चली तजि बालक छोभ नहीं किछु कीन्हों।।
इक पति सेवा करत चली उठि व्याकुल तनु सुधि नाहीं।।

सूर की रचना में जीवन-मूल्यों और कलात्मक-मूल्यों में कोई ज्यादा अन्तर नहीं है। कृष्णभक्त कवि के रूप में सूर ने सौन्दर्य और प्रेम के जिन मूल्यों और आदर्शों को जीवन की साधना में स्वीकार किया है, उन्हीं का सौन्दर्यात्मक निरूपण काव्य-रचना में हुआ है। सूर की सौन्दर्य चेतना, कल्पना और भावना में जीवन का सौन्दर्य, प्रेम और आनन्द मूर्त्त हो उठे हैं। बहुत करके हम यह कह सकते हैं कि सूर ने उन्हें जीवन से अधिक गहरे रंग में रँगा है, मूल्यों का उन्नयन और आदर्शीकरण किया गया है। उनकी रचना में जीवन के निषेधात्मक पहलुओं के लिए—कुरूपता, असत्य और बुराई या अशुभ के लिए कोई स्थान ही नहीं है। प्रेम की सुख-दुखात्मक अनुभूतियों के माध्यम से अभिव्यक्त होने पर भी सूर की सौन्दर्य-चेतना और प्रेम-भावना अन्ततः द्वन्द्वात्मक दृष्टि से परे है। इसलिए वह आनन्दात्मक है। उस आनन्द की स्थिति में जिस तरह अन्य लौकिक-सामाजिक मूल्यों का निराकरण हुआ है, उसी तरह जीवन के निषेधात्मक मूल्यों के अस्तित्व को भी स्वीकृति नहीं मिली है। इन दोनों तथ्यों को ध्यान में रखकर न देखने पर सूर की रचनाधर्मिता संकुचित और कहीं-कहीं कामवासना ग्रस्त लग सकती है।

सूर के सौन्दर्यमय प्रेम जगत में भाव-सौन्दर्य और कर्म-सौन्दर्य की चर्चा, उनकी काव्य प्रवृत्ति की प्रकृति और उसके स्वरूप के सन्दर्भ में ही की जा

सकती है। अधिकांश भाव-व्यंजना सौन्दर्य और प्रेम से प्रत्यक्ष-अप्रत्यक्ष-सम्बद्ध है। उस प्रेम-भाव-व्यंजना में कोमलता और वेदना को छोड़कर उग्र पुरुष भावनाओं के लिए कोई गुंजाइश नहीं है। सौन्दर्य और प्रेम की वह रंगीन छटा पाठक को कल्पना लोक में ले जाकर यूटोपिया की सृष्टि करती है। आप आक्षेप कर सकते हैं कि वह जीवन का यथार्थ भाव-जगत नहीं है। लेकिन वह मानव जाति का सुन्दर और मधुर स्वप्न है। सूर के काव्य में कर्म-सौन्दर्य की भी वही स्थिति है। कर्म, वात्सल्य, सख्य और प्रेम सम्बन्धी चेष्टा व्यापार मात्र है जो सौन्दर्य से दीप्त हो उठता है। राजनीतिक, धार्मिक, सामाजिक, सांस्कृतिक किसी भी दृष्टि से मनुष्य के महत्त्वपूर्ण कार्य-व्यापारों का निरूपण सूरसागर में नहीं है, और न वह सूर की रचना के उद्देश्य के अन्तर्गत आता है। उपर्युक्त दिशाओं में कृष्ण के कार्य की महानता की (शुक्ल जी के शब्दों में कृष्ण के दुष्ट-संहारक रूप की) जान-बूझकर उपेक्षा की गयी है। जीवन की यथार्थता में ही कर्म के महत्त्व का प्रतिपादन हो सकता है। उसकी रचनात्मक शैली वस्तून्मुख होती है। वस्तु और यथार्थ से भाव और कल्पना को प्रधानता देने वाले कलाकार की दृष्टि में कर्म का सौन्दर्य निम्न सामाजिक धरातल का है, सच्चा सौन्दर्य भाव (Idea) का होता है जिसका उन्मेष मानसिक और आध्यात्मिक धरातलों पर ही सम्भव है। भावनाओं और कर्म के वैविध्य और जीवन-सापेक्ष महत्त्व की उपेक्षा करके सूर ने लौकिक-सामाजिक मूल्य-व्यवस्था को नकारा अवश्य है, साथ ही उन्होंने उससे ऊँची एक दूसरी व्यवस्था की ओर ले जाने का प्रयत्न किया है। जीवन के सौन्दर्य, प्रेम और आनन्द पर आधारित वह व्यवस्था अधिक उन्मुक्त और स्फूर्तिदायी है। वह जीवन का प्रेय तो है, श्रेय भी है या नहीं, इसके सम्बन्ध में मतभेद हो सकता है।

सूर का कर्म सौन्दर्य

पता नहीं सूर ने कितने बाल-मनोभावों का चित्रण किया है। उनका प्रतिफलन आलम्बन में बहुत कम दिखाया गया है। कृष्ण का रूप उनके मातृप्रेम और गोपिका प्रेम में उद्दीप्त और उज्ज्वल नहीं होता। बाल्यावस्था में उनकी भावनाओं की प्रतिक्रिया आश्रय माता यशोदा और गोपिकाओं में दिखाई गयी है। आलम्बन के रूप, मनोभाव और चेष्टा व्यापार तीनों से आश्रय के मन में आकर्षण, अनुराग और हर्ष बढ़ जाते हैं। आलम्बन कृष्ण उनकी

दृष्टि में और अधिक आकर्षक और सौन्दर्यमय लगते हैं। सूरसागर में भाव व्यंजना के द्वारा सौन्दर्य का उत्कर्ष इसी रूप में हुआ है। सौन्दर्य की यह छटा आलम्बन और आश्रय के रूपगत उतना नहीं है जितना परिस्थिति और दृश्यगत है। यौवन की प्रेम भावना में भी सौन्दर्य पूरे सन्निवेश में निहित है। इसलिए भाव और चेष्टा-व्यापारगत सौन्दर्य को लीला-सौन्दर्य कहना ही ज्यादा उचित है।

माखन चोरी का प्रसंग है–

चोरी करत कान्ह धरि पाये।
निसि बासर मोहिं बहुत सतायो अब हरि हाथहिं आये।
माखन दधि मेरो सब खायो बहुत अचगरी कीन्ही।
अब तौ घात परे हौ लालन तुम्हैं भले मैं चीन्हीं।
दोउ भुजि पकरि कह्यों कहँ जैहौ माखन लेउ मँगाइ।
तेरी सौं मैं नेंकु न खायो सखा गये सब खाई।
मुख तन चितै बहँसि हरि दीन्हो रिस तब गयी बुझाइ।
लियो स्याम उर लाइ ग्वालिनी सूरदास बलि जाइ।।

यहाँ चोरी करते पकड़ने का हर्ष, अत्याचार पर रोष, कृष्ण का भोलेपन का बहाना, मजबूरी में उसका हँस देना, गोपिका के अव्यक्त प्रेम का प्रकाशन–भावों का यह गुंफन सन्निवेश को अपूर्व सौन्दर्य और माधुर्य से भर देता है।

यौवन लीलाओं में भी राधा और गोपिकाओं के अनुराग की विभिन्न मनोभावनाएँ और स्थितियाँ प्रसंग को अपूर्व माधुर्य से भर देती हैं। पनघट पर कृष्ण के रूप-सौन्दर्य और मधुर मुस्कुराहट को देखकर भाव-विह्वल गोपी की यह स्थिति है–

सूर स्याम मुरि मुसुकयानी, छबि अँखियनि रही।
हौं न जान्यौ री कहाँ ही और को ही।।

आलम्बन की कोमल भावनाएँ ही नहीं, कभी-कभी क्रोध, खीझ आदि उग्र या अननुरंजनकारी भावनाएँ भी आश्रय के लिए आकर्षक और आनन्ददायी बन जाती हैं। क्रोध में आकर कृष्ण कहते हैं–

यह ले अपनी लकुटि कमरिया, बहुतहिं नाच नचायौ।

तो क्रोध भरा वह मुँह यशोदा को प्यारा-प्यारा ही लगता है–

मोहन को मुख रिस समेत लखि, जसुमति सुनि-सुनि रीझै।

कृष्ण की शिकायतें यशोदा को मधुर लगती हैं तो उनके छेड़छाड़ में प्रकट रूप से क्रोध करते हुए भी गोपिकाएँ मन ही मन आनंदित होती हैं। जीवन में क्रोध उग्र भावना है जो आलम्बन को विचलित कर देता है और आश्रय में भय का भाव उत्पन्न करता है। धर्मबद्ध सात्विक क्रोध विरोधी के लिए भयभीत करने वाला होने पर भी पाठक के लिए आनन्ददायी हो सकता है। जहाँ क्रोध दिखावा या बहाना है, जहाँ वह हानिकारक नहीं है, जैसे माता-पिता को बालकों का क्रोध मधुर और आकर्षक ही लगता है। ऐसे सन्निवेश सूरसागर की बाललीलाओं में अनेक हैं। उन प्रसंगों में कृष्ण का सौन्दर्य केवल रूपाश्रित नहीं रह जाता, वह विरोध और तीखेपन में भावाश्रित होकर और अधिक हृदय हो जाता है।

कृष्ण के खीजने का यह दृश्य है—

खीजत जात माखन खात।
अरुन लोचन भौंह टेढ़ी बार बार जँभात।
कबहुँ रुनझुन चलत घुटुरुनि धूरि धूसर गात।
कबहुँ झुकि कै अलक खैंचत नैन जल भरि जात।
कबहुँ तोतर बोल बोलत कबहुँ बोलत तात।
सूर हरि की निरखि सोभा निमिष तजत न मात।।

खीजकर भी कृष्ण माखन खाता जा रहा है। उसके चेष्टा-व्यापार में सौन्दर्य और विकृति का सम्मिश्रण है। लेकिन माता के लिए उस रूप का आकर्षण बढ़ जाता है।

बचपन में भय की मनःस्थिति विलक्षण सौन्दर्य से भरी होती है। माता हाऊ की बात करके बच्चे को डराने की कोशिश करती है। बच्चा कभी सचमुच डरकर वर्जित काम छोड़ देता है तो कभी फिर प्रश्न करने लगता है। यशोदा कहती है—

खेलत दूरि जात कत कान्हा।
आजु सुन्यो मैं हाऊ आयो तुम नहिं जानत नान्हा।
इक लरिका अबहीं भजि आयो रोवत देख्यो ताहि।
कान तोरि वह लेत सबनि के लरिका जानत जाहि।।

कृष्ण प्रश्न करता है—

तब हँसि बोले कान्हर मैया कौन पठाए हाऊ।।

भय आस्वाद्य भाव नहीं है। लेकिन भय का कारण कल्पित होने से

वह मधुर हो जाता है। यहाँ सौन्दर्य न आलम्बनगत है और न आश्रयगत, बल्कि पाठक के भावन में है। सूर ने कहीं-कहीं भाव प्रसार में उज्ज्वल कृष्ण और गोपिकाओं की झलक प्रस्तुत की है तो सामान्यतः परिस्थिति, सन्निवेश और मनःस्थिति के कारण प्रसंग या लीला में सौन्दर्य का उत्कर्ष दिखाया है। उस उत्कर्ष में कोमल और अनुरंजक दोनों प्रकार के भावों का योग है।

सूर का रूप सौन्दर्य

भारतीय आचार्यों ने भावों के आस्वाद्‌य रूप को रस की संज्ञा दी है। पाश्चात्य सौन्दर्यशास्त्री भावों की आस्वाद्‌यता को सौन्दर्यात्मक मूल्यों के कारण मानते हैं। उनके मतानुसार भाव का सौन्दर्य उसके रूप-सम्मूर्त्तन में है। लेकिन भाव के रूप-सम्मूर्त्तन में यथातथ या परिवर्तित रूप में जीवन-मूल्यों की अवस्थिति अनिवार्य है। उनकी उपेक्षा करके केवल रूप-विधान के आधार पर भाव-सौन्दर्य का आकलन और मूल्यांकन सम्भव नहीं है। सूर ने केवल सौन्दर्यवर्धक रूप में ही नहीं, सौन्दर्यात्मक संवेद्‌य स्वतन्त्र रूप में भी भावों का उन्मेष किया है। वास्तव में दूसरा ही महत्त्वपूर्ण और सूर के काव्योत्कर्ष का प्रधान कारण है।

सूर के द्वारा वर्णित भावनाओं को कोमल, वेदनामय और उग्र तीन रूपों में बाँट सकते हैं। प्रथम स्वयं संवेद्‌य और सुखात्मक हैं। दूसरे दुखात्मक हैं, पर प्रेम सम्बन्धी होने के कारण पूर्ण रूप से विकर्षणात्मक नहीं हैं। तीसरे दुखात्मक और मन में तीव्र प्रकम्पन उत्पन्न करने वाले हैं। कोमल भावनाएँ अपनी प्रकृति के कारण सौन्दर्यात्मक हैं। वेदना और उग्र भावनाओं में सौन्दर्य की अनुभूति कवि की दृष्टि और भावगत मूल्य-व्यवस्था पर निर्भर करता है। कवि ने तीनों प्रकार के भावों की अभिव्यंजना को सौन्दर्यात्मक रूप प्रदान किया है। भाव को सौन्दर्यमय बनाने वाली पहली विशेषता दृश्यांकन है। परिस्थिति, आलम्बन के रूप, आलम्बन की भावना, आश्रय की भावात्मक प्रतिक्रिया, आलम्बन की भावना का आश्रय के तन-मन पर प्रभाव तथा इन सभी विशेषताओं को पात्रों के संवाद के माध्यम से व्यंजना—सब मिलकर भाव का एक सजीव दृश्य प्रस्तुत करते हैं। जहाँ पात्र संवाद में स्वयं भाग नहीं लेता वहाँ भी गोपिकाओं के बीच या माता यशोदा और गोपिकाओं के बीच या 'माई री' कहकर सम्बोधन-शैली में संवाद प्रस्तुत किया गया है। सूर ने रूप वर्णन में कल्पना के अप्रस्तुतों और बिम्बों के द्वारा उसे मूर्त्तता

प्रदान की है तो भाव-निरूपण में कल्पना का कार्य चुने हुए सार्थक शब्दों के द्वारा, कभी-कभी मुहावरों और लोकोक्तियों के द्वारा, कभी उक्ति या कथन की विदग्धता के द्वारा भाव की प्रतिमा को खड़ा करना है। इस कार्य में अप्रस्तुतों का प्रयोग कम और बिम्बांकन अधिक हुआ है। सूर के अधिकांश प्रतीक धार्मिक या आध्यात्मिक हैं और प्रायः रूढ़ हैं। इसलिए उनमें सौन्दर्य का आभास कम मिलता है। लेकिन जहाँ भाव की अनुभूति की व्यंजना के लिए कुछ अप्रस्तुतों का बार-बार प्रयोग हुआ है और वे रूढ़ न होकर भावात्मक एवं काव्यात्मक हैं, उनमें प्रतीकत्व की व्यंजकता आ गयी है। विशेषतः नेत्र वर्णन, मुरलीवादन, रासक्रीड़ा आदि विशेष भावात्मक प्रसंगां में। नेत्र के लिए मीन, खंजन आदि प्राकृतिक अप्रस्तुतों के प्रयोग में ही नहीं, लोभी, ठग आदि सामाजिक अप्रस्तुतों की योजना के द्वारा भी प्रतीक-रूप में अनुभूति की व्यंजकता बढ़ा दी गयी है। काव्य में कल्पना का प्रकार्य केवल अप्रस्तुत विधान और उसके द्वारा रूप या भाव का सम्मूर्त्तन ही नहीं है। कवि की कल्पना प्रत्यक्ष भाव-प्रतिमा की संरचना भी करती है। भाव के विविध पहलुओं को शब्दरूप देते हुए सूर की कल्पना ने उसकी अनुभूति और ऐन्द्रिय अभिव्यक्ति का समन्वित सजीव अंकन किया है। सूर के सैकड़ों पदों में यह विशेषता द्रष्टव्य है। सूर की रचना में काव्यात्मक शब्द-व्यवस्था के द्वारा भाव का प्रकाशन तथा भाव के चढ़ाव-उतार, गम्भीरता, परिवर्तन आदि का लय-विधान भी भाव-व्यंजना की कुछ अन्य सौन्दर्यशास्त्रीय विशेषताएँ हैं।

सूर के भाव-सौन्दर्य की इस सामान्य चर्चा के बाद भावों के अन्तस्थ और बाह्य रूपविधान के सौन्दर्यशास्त्रीय गुण-धर्मों पर सोदाहरण विचार करके रचना में कवि के वैशिष्ट्य को देखेंगे। रूप, भाव और चेष्टा-व्यापार तीनों में अद्भुतपन सौन्दर्य का प्राथमिक धर्म है। कृष्ण के बाल मनोभाव मानवीय और नैसर्गिक हैं। लेकिन मातृहृदय उनमें एक अद्भुतपन देखता है और उसे देखने के लिए माता बार-बार बाबा को बुलाती है। बार-बार देखने और अनुभव करने पर भी वे मनोभाव नये और अद्भुत लगते हैं। गोपिकाओं की भी यही मनःस्थिति और अनुभूति है। प्रेम की भावना संवेगात्मक है, संयोग में जिसका परितोष होता है। गोपिकाएँ और राधा कृष्ण के प्रेम-भाव में विस्मय-विमुग्ध हो जाती हैं। प्रेम में स्वयं उनकी अनुभूति कम विलक्षण नहीं है। ऐसा लगता है कि सूर के लिए कृष्ण की ये लीलाएँ, मनोभाव और चेष्टा-व्यापार अद्भुत कौतुक हैं। विविध प्रसंगों में आश्रय की अनुभूतिगत अद्भुतपन द्रष्टव्य है।

चाँद के लिए बालकृष्ण का हठ–

मेरो माई ऐसो हठी बाल गोविन्दा।
अपने कर गहि गगन बतावत खेलन कों माँगै चन्दा।
बासन में जल धर्‌यो जसोदा हरि कों आनि दिखावै।
रुदन करत ढूँढ़त नहीं पावत चन्द धरनि क्यों आवै।।

बाल मनोभावों को देखकर यशोदा और गोप-गोपिकाओं की प्रतिक्रिया–

बाल दसा सुख निरखि जसोदा पुनि पुनि नन्द बुलावति।।
गोपि ग्वाल करत कौतूहल घर घर बजति बधैया।।

राधा-कृष्ण का प्रेम–

सुन्दर स्याम पिया की जोरी।
सखी गाँठ दै मुदित राधिका रसिक हँसी मुख मोरी।।

प्रेम में उनकी अद्वैत स्थिति–

राधा स्याम सनेहिनी हरि राधा नेही।
राधा हरि कें तन बसै हरि राधा देही।
राधा हरि के नैन में हरि राधा नैननि।।

गोपिका की प्रेमानुभूति–

जौं देखौं तो प्रीति करौं री।
संगहिं रहौं फिरौं निसि बासर चित तें नेंकु नहीं बिसरौं री।
कैसें दुरत दुराए मेरें उन बिन धीरज नहीं धरौं री।
जाउं तहीं जहं रहैं स्याम घन निरखत इकटक तें न टरौं री।
सुनि री सखी दसा यह मेरी सो कहिधौं अब कहा करौं री।
सूर स्याम लोचन भरि देखौं कैसें इतनी साध भरौं री।।

मनोभावों की अभिव्यंजना में अद्‌भुत विलक्षणता है। यह केवल शैलीगत न होकर भावगत भी है। छेड़-छाड़, हास-परिहास और व्यंग्य-विनोद में यह अद्‌भुतपन कोमल भावनाओं के साथ मिलकर अभिव्यक्त हुआ है। माखनचोरी के प्रसंग में कृष्ण भोलेपन के साथ अद्‌भुत सफाइयाँ देता है–

मैया मैं नहिं माखन खायौ।
ख्याल पर ये सखा सबै मिलि, मेरै मुख लपटायौ।
देख तुही, सींके पर भाजन ऊँचे धरि लटकायो।
हौं जन कहत नान्हें कर अपनैं मैं कैसे करि पायो।

मुख दधि पोंछि बुद्धि इक कीन्हीं दोना पीठि दुरायो।
डारि साँटि मुसुकाइ जसोदा स्यामहिं कंठ लगायो।।

बहाने में क्या सौन्दर्य होता है, उसका एक और उदाहरण देखें। साफ झूठ बोलकर भी, भोलेपन के दिखावे से भाव-विह्वल किया जा सकता है—

मैं जान्यौ वह मेरौ घर है, तो धोखे में आयौ।
देखत ही गोरस में चींटी काढ़न कौ करि नायौ।।

पनघट के छेड़-छाड़ और भ्रमरगीत में हास-परिहास प्रेमभावमूलक और अधिक गम्भीर है। पहले में कुल मर्यादा का प्रश्न उठता है और दूसरे में ज्ञान-योग से प्रेम की महानता का। उद्धव के ज्ञानोपदेश को गोपिकाएँ मज़ाक समझती हैं। वेदना में यह अच्छा मनोविनोद है—

ऊधो भली करी तुम आये।
ये बातें कहि कहि दुख में ब्रज के लोग हँसाए।।

ज्ञान-योग का यह सन्देश कहीं उद्धव के साथ श्रीकृष्ण का परिहास तो नहीं है—

साँच कहौ तुमको अपनी सौं, बूझति बात निदाने।
सूर स्याम जब तुम्हैं पठाए तब नेकहु मुसकाने!

परिहास करते-करते गोपियाँ उद्धव को बेवकूफ बनाने का प्रयत्न करती हैं। गोपिकाओं को समझाने में असफल होकर उद्धव जब वापस जाने को तैयार हो जाते हैं तो कहती हैं—

ऊधो! जोग बिसरि जनि जाहु।
बाँधहु गाँठ, कहूँ जनि छूटै, फिरि पाछे पछिताहु।।

जब उनका क्रोध बढ़ जाता है तो उद्धव को धूर्त और ठग भी घोषित करती हैं।

अद्‌भुत लीलाओं, सन्निवेशों और मनोभावों के बीच हृदय की कोमलता, आशा-आकांक्षा और मधुर स्वप्नों का उन्मेष होता रहता है। वात्सल्य और प्रेम के दोनों सन्दर्भों में कोमल भावनाओं का यह प्रसार देखा जा सकता है। आलम्बन की आशा-आकांक्षाएँ भी व्यंजित हैं, लेकिन उनसे अधिक विस्तार आश्रय की भावनाओं का है। गोपिकाएँ बालभाव और प्रेम भाव दोनों के केन्द्र में हैं तो यशोदा में मातृ-हृदय की अत्यन्त कोमल व्यंजना है—

जसुमति मन अभिलाष करै।
कब मेरो लाल घुटुरुवनि रेगैं, कब धरनी पग द्वैक धरै।

कब द्वै दांत दूध के देखौं कब तोतरे मुख बचन झरै।
कब नन्दहिं बाबा कहि बोलै कब जननी कहि मोहिं ररै।
कब मेरो अंचरा गहि मोहन जोइ सोइ कहि मोसों झगरै।
कब धौं तनक तनक कछु खैहै अपने कर सों मुखहिं मरै।
कब हँसि बात कहैगो मोसों जा छबि तें दुख दूरि हरै।।

माता की इस अभिलाषा में मानवीय सहज भाव-व्यंजना है। प्रसंग के अनुसार अन्य कोमल भावनाओं में नैसर्गिकता, स्वच्छन्दता, उदात्तता आदि का समावेश हुआ है जिससे भाव सौन्दर्यात्मक और ग्राह्य हो सका है। ऊपर बिम्बों के योग से बालकृष्ण के बड़े होने की एक झाँकी प्रस्तुत है जो अभिव्यंजना को मूर्त्त रूप प्रदान करता है। इस पद में ही नहीं, उपर्युक्त कोमल-भाव-निरूपक सभी उदाहरणों में अप्रस्तुतों का प्रयोग नहीं है। हृदय में घुस जाने वाली सीधी व्यंजना भी ध्यान देने योग्य है।

वेदना दुखात्मक अनुभूति है। संयोग के हर्षोल्लास की सम्भावनाओं के कारण मान में दुख की अनुभूति आस्वाद्य हो सकती है। उसमें वेदना की अनुभूति हल्की भी होती है। लेकिन संयोग की सम्भावना कम होने पर या न होने पर अपार दुख में 'रस' की अनुभूति कैसे सम्भव है? सूरसागर में मान के प्रसंगों में मिलन की आशा बनी रहती है। श्रीकृष्ण के मथुरा जाने के बाद प्रवासजन्य वेदना में आशा कम हो जाती है। सूर के भ्रमरगीत प्रसंग की स्थिति दूसरी है—उसमें मिलन की आशा बिल्कुल नहीं है। सूर के संवेदनशील हृदय ने माता यशोदा, राधा और गोपिकाओं की वेदना को पराकाष्ठा पर पहुँचा दिया है। सूरसागर में अन्यत्र सौन्दर्य और प्रेम का सागर उमड़ता है तो भ्रमरगीत प्रसंग में वेदना का सागर सारे वृन्दावन को डुबा देता है। उस वेदना के प्रसंग में 'सौन्दर्य' की चर्चा करना विरोधाभास है। स्थूल अर्थ में वहाँ सौन्दर्य नहीं है, लेकिन हृदय को झंकृत करने वाली मानवीय सम्वेदना का मूल्य उसमें अन्तर्निहित है। वह मानव-मन को वेदना से विमुख नहीं होने देता। उस वेदना में सहभागी बनाकर, मानव-मन को द्रवीभूत करके मानवता का विकास करता है। तब भी वेदना की इतनी अधिक विवृति को पाठक का मन कैसे सँभाले? इसके समाधान में सूर की सहृदयता और कलात्मक चेतना ऐसे परिवेश की सृष्टि करती है जो वेदना को ग्राह्य बना देती है। वेदना की विवृति में, बीच-बीच में पाठक के मन को कुछ सांत्वना (Relief) देने वाले इन तत्त्वों को सौन्दर्यात्मक और आस्वाद्य

तो नहीं कह सकते, लेकिन व्यवधान के तत्त्व कह सकते हैं। गोपिकाओं की वेदना के प्रवाह में सम्मूर्त्तन का सौन्दर्य बह जाता है, उस पर ध्यान ही नहीं जाता। उन आँसुओं की धारा में गोपिकाएँ स्वयं सँभल जाती हैं—वस्तुस्थिति या परिस्थिति की यथार्थता को पहचानती हैं, कभी अभिलाषाभरी पुरानी स्मृतियों का स्मरण करती हैं, प्रेम की अनुभूति में विह्वल हो जाती हैं, अपने प्रियतम के प्रति शुभकामना प्रकट करती हैं तथा उद्धव के साथ हास-परिहास एवं उस पर व्यंग्य करती हुई अपनी स्थिति को भूल जाती है। यहाँ भावगत और अभिव्यंजनागत सहृदयता तथा विदग्धता है।

वेदना के बीच इस हास-परिहास, विनोद और व्यंग्य के सम्बन्ध में और गहराई में जाना आवश्यक है। वेदना और हास विरोधी भावों के रूप में एक दूसरे को प्रभावित करते हुए एक दूसरे की जड़ काटने का प्रयत्न करते हैं। एक आँख से रोना और एक आँख से हँसना, काव्य में दोनों भावों को एक दूसरे के परिपार्श्व में रखना, पात्र और पाठक दोनों को कुछ सांत्वना देता है। जब वेदना असह्य हो जाती है, मन का भाव बदलकर मनुष्य विनोदमय हो जाता है। एक निस्पृहता का विकास होकर मनुष्य अपने को भूल जाता है और वेदना परिहास में अन्तर्निहित हो जाती है। गोपिकाएँ जब उद्धव पर वाग्वैदग्ध्य के बाण पर बाण छोड़ती हैं और व्यंग्य करती हैं, बीच-बीच में कृष्ण पर भी छीटें पड़ती हैं तो उनका अपना जलन कम होता है और मन को कुछ सन्तोष भी होता है। यह भी सम्भव है कि गोपिकाएँ अपनी अपार वेदना को वाणी में अभिव्यक्त न कर पाने के कारण वाग्वैदग्ध्य का सहारा ले रही हैं या उस वाग्वैदग्ध्य में अपनी वेदन को छिपा रही हैं। ये सारे तत्त्व वेदना पर एक हलका आवरण डालने वाले हैं। इन शब्दों में वेदना कहीं प्रत्यक्ष नहीं है—

हम सों कहत कौन की बातें?
सुनि ऊधो, हम समुझति नाहीं, फिर बूझति हैं तातें।।
निर्गुन कौन देस को वासी?
मधुकर! हँसि समुझाइ, सौंह दै बूझति साँच ने हाँसी।।

रूप-सौन्दर्य और लीला-माधुर्य में सारा वृन्दावन आनन्द-विभोर होकर थिरक उठा है तो वियोग में उसकी वेदना कहीं नहीं जा सकती—

कही न परत हरि ब्रज की बात।
नर नारी पंछी द्रुम बेली दरसन को अकुलात।।

माता यशोदा की वेदना, उनके मन की आशंकाओं और स्मृतियों, दीनता और क्षोभ, सहृदयता और उदारता आदि पता नहीं कितनी भावनाओं से मिलकर व्यक्ताव्यक्त रूप में पाठक की संवेदना का रूप धारण करती है—

सन्देशो देवकी सों कहियौ।
हौं तो धाइ तिहारे सुत की मया करत ही रह्यौ।
जदपि टेव तुम जानतिं उनकी तऊ मोहिं कहि आवै।
प्रात होत मेरे लाल लडैतें माखन रोटी भावै।
तेल उबटनों अरू तातो जल ताहि देखि भजि जाते।
जोइ जोइ माँगत सोइ सोइ देती क्रमक्रम करिकै न्हाते।
सूर पूथिक सुनि मोंहि रैन दिन बढयों रहत उर सोच।
मेरो अलक लड़ैतो मोहन ह्वै है करत संकोच।।

वेदना में गोपिकाओं के अनुनय, विनय, मन की कोमलता-उदारता, हृदय की आशा-आकांक्षा का यह संवेद्य रूप है—

फिरि ब्रज बसहु गोकुलनाथ!
बहुरि तुमहिं न जगाय पठवौं गोधनन के साथ।।
बरजौं न माखन खात कबहूँ, देहुँ देत लुटाय।
कबहुँ न दैहौं उराहनो जसुमति के आगे जाय।।

× × ×

देहु दरसन, नन्दनन्दन! मिलन हीं की आस।
सूर प्रभु की कुँवर-छबि को मरत लोचन प्यास।।

यह तो वेदना की पहली दशा है। आगे चलकर उनकी वेदना इस तरह उमड़ पड़ती है कि सारी प्रकृति और पशु-पक्षी भी उसके अंग बन जाते हैं—

निसि दिन बरसत नैन हमारे।
सदा रहति वर्षा रितु हम पर, जब तें स्याम सिधारे।।

इस वेदना के आगे उद्धव की तरह पाठक भी मौन होकर स्तब्ध रह जाता है—आस्वाद्‌यता और सौन्दर्य के प्रश्नों को कौन उठावें!

जैसे कहा जा चुका है, उग्र भावनाओं में सूर की कोई रुचि नहीं है। 'बादर बहु उमड़ि उमड़ि बरसात ब्रज' में क्रोध और भय तथा 'दसहुं दिसा तैं बरत दवानल आवत है ब्रज जन पर धायो' में भय को रक्षा, माहात्म्य और अद्‌भुतपन के सन्दर्भों में देखना चाहिए। गोवर्धन धारण और दावानल के प्रसंग, मधुर लीलाओं के साथ प्रत्यक्ष सम्बद्ध हैं। सौन्दर्य, वात्सल्य और प्रेम के प्रसंगों

की तरह उनमें उग्र भावना का संचार अन्त में विस्मय और अद्भुतपन की अनुभूति में समाप्त होता है। काली मर्दन का प्रसंग भी ऐसा ही है। इसीलिए इन प्रसंगों का सूरसागर में कुछ विस्तार हुआ है। क्रोध और भय के प्रसंग प्रायः जुगुप्साजनक दृश्यों में परिणत हो जाते हैं। कवि की सौन्दर्यदृष्टि उस विरोधी तत्त्व से पूर्णतः विमुख है। 'आज जो हरिहिंन सस्त्र गहाऊँ' आदि कुछ पदों में वीरता की झलक मिल जाती है। ये प्रसंग युद्धोत्साह से अधिक भक्तिपरक हैं। सूर न प्रेम और वीरता को जोड़कर 'रोमांस' की सृष्टि करना चाहते हैं और न वीरता क्रोध, भय आदि उग्र भावनाओं का निरूपण करते हुए कर्म जगत की ओर ले जाना चाहते हैं।

सौन्दर्यशास्त्र के अनुसार रूप, शक्ति और स्फूर्ति की अनन्तता के शाब्दिक विधान में 'उदात्त' होता है। सूर शक्तिमत्ता और कर्म की उदात्तता के कवि नहीं हैं। रूप निरूपण में भी अवतारवादी चर्चा में रूप की अनन्तता और रूपगत अनन्त आलोकमयता की ओर केवल एकाध संकेत हुआ है—

नैननि निरखि स्याम स्वरूप।
रह्यो घट घट व्यापि सोई जोति रूप अनूप।
चरन सप्त पाताल जाके सीस है आकास।
सूर चन्द्र नछत्र पावक सर्व तासु प्रकास।।

घट-घट व्याप्त प्रकाशमय रूप की अवधारणा में भी सावयव सीमित रूप का विस्मरण नहीं हुआ है। सूर साकार रूप के ऐन्द्रिय सौन्दर्य और उससे उत्पन्न मानसिक हर्षोल्लास के ही कवि हैं। वही रूप मन को रमाने वाला है, रमणीय है। रूप-सौन्दर्य के वर्णन में कवि ने 'अनन्त' 'अपरूब' (अपूर्व) शब्दों का बार-बार प्रयोग किया है, दर्शक आश्रय उसे अद्भुत अवश्य कहते हैं तथा उसकी अनुभूति एवं तन-मन पर उसके व्यापक प्रभाव का वर्णन अवश्य किया गया है, लेकिन उस अनन्तता और अपूर्वता का अनुरूप शब्दविधान नहीं हुआ है। अनन्त और अपूर्व कहने के बाद आगे की पंक्तियों में सीमित रूप की, विभिन्न अवयवों के सौन्दर्य की व्यंजना है।

भक्त कवि को अपने आराध्य के सौन्दर्य की अनन्त छवियों को दिखाने के अनेक अवसर सहज ही मिल जाते हैं। उन्होंने उनसे लाभ नहीं उठाया। सगुण-साकार के भक्त कवियों ने ही नहीं, निर्गुण निराकार के भक्त कवियों ने भी उदात्त के विविध रूपों की ओर संकेत करके सन्तुष्ट रह गये। सम्भवतः

काव्य-रचना से आध्यात्मिकता और भक्ति उनकी दृष्टि में अधिक महत्त्वपूर्ण थी। इसलिए उदात्त का शब्दांतन नहीं हो सका।

कुछ पौराणिक-मिथकीय प्रसंगों तथा माटी-भक्षण उलूखल-बन्धन, गोवर्धन-धारण आदि श्रीकृष्ण की कुछ अलौकिक लीलाओं के इने-गिने पदों में विराट बिम्बों के द्वारा उदात्त सृष्टि का प्रयत्न हुआ है। यहाँ रूप की अनन्तता, भाव की ओजस्विता एवं तीव्रता तथा क्रियाशीलता के वेग की झलक मिल जाती है। श्रीकृष्ण के अंगूठा चूसते समय–

उछरत सिन्धु, धराधर काँपत, कमठ पीठ अकुलाइ।

× × ×

महाप्रलय के मेघ उठे करि जहाँ तहाँ आघात।।

माटी खाने की शिकायत पर जब श्रीकृष्ण मुँह खोलते हैं तो–

अखिल ब्रह्मंड खंड की महिमा दिखराई मुख माहिं।

× × ×

करतें साँट गिरत नहिं जानी भुजा छांडि अकुलानी।।

उलूखल-बन्धन के प्रसंग में यमलार्जुन-निपात का दृश्य–

तरु दोउ धरनि गिरे भहराइ।
जर सहित अरराइ कै आघात सब्द सुनाइ।

गोवर्धन-धारण के समय उमड़ते बादलों का चित्र–

बादर बहु उमड़ि घुमड़ि बरसत ब्रज आये चढ़ि कारे
धौरे धूमरे धारे अति ही जल।।

दावानल की व्याप्ति–

भहरात झहरात दवानल आयौ।
घेरि चहुँ ओर करि सोर अंदोर बन, धरनि
आकास चहुँ पास छायौ।।

इस उदात्त सृष्टि में सूर ने आश्रय या दर्शक के भय, व्याकुलता, विस्मय, आतंक आदि भावात्मक प्रतिक्रियाओं को भी व्यक्त किया है।

रूप-सौन्दर्य वर्णन के अतिरिक्त सूर के काव्य का दूसरा प्रधान पहलू भाव-निरूपण है। भ्रमरगीत में भावानुभूति की तीव्रता चरम सीमा पर पहुँच गयी है। उस अनन्त वेदना में भी कवि ने उदात्त का बिम्बात्मक निरूपण नहीं किया है। उसकी अभिव्यंजना में सहृदयता है, उदारता है, संवेदना है, मार्मिकता है, और पता नहीं हृदय का स्पर्श करने वाली और कितनी

विशेषताएँ हैं? उस वेदना के स्वर को उदात्त कह सकते हैं, पर शाब्दिक अभिव्यंजना में वेदना की अनन्तता का बिम्ब या चित्र नहीं उतरा है। सूर के काव्य में माता की वात्सल्य-भावना में, विशेषतः वियोग में मानवीय भावना की उदात्तता का आभास मिल जाता है—

मेरे कुँवर कान्ह बिनु सब कुछ वैसेहि धर्‌या रहै।
को उठि प्रात होत लै माखन को कर नेति गहै।
सूने भवन जसोदा सुत के गुन गुनि सूल सहै।
दिन उठि घर घेरत ही ग्वारिनि उरहन कोई न कहै।।

इसी तरह गोपियों की विरह वेदना में भी कहीं-कहीं एकनिष्ठता, अनन्यता, तन्मयता, तीव्रता, गम्भीरता और सार्वभौमिकता के कारण भावव्यंजना उदात्त का स्पर्श करने लगती है। यह उदात्तता मानवीय-मनोवैज्ञानिक तत्त्वों पर आधारित है, रचना-विधान का धर्म नहीं।

सूर ने मनुष्य की सामाजिक चेतना से वैयक्तिक-मानवीय चेतना को अधिक महत्त्व देने के कारण उसके बहिर्मुखी महान क्रिया-कलापों के स्थान पर सहज चेष्टा-व्यापारों को प्रमुखता देकर अपने काव्य में वर्णन किया है। उन्हीं में उनका मन रमा है और उन्हीं का रमणीय चित्रांकन हुआ है। जैसे पहले कहा जा चुका है इन चेष्टा-व्यापारों से रूप गतिशील और उसका सौन्दर्य सजीव बना है। भाव-जगत की तरह इन चेष्टा-व्यापारों का स्वतन्त्र निरूपण भी किया गया है विशेषतः बाल्य-जीवन का। ये चेष्टा-व्यापार नित्यकर्मों से, शिशु-बालक की प्रकृति से या उसकी भावनाओं से सम्बन्धित हैं। अनेक शिशु-बाल्य चेष्टाओं का एक साथ गुंफन करके उनके मनोहर दृश्य की प्रस्तुति भी की गयी है जो माता-पिता के मन को हर्ष से भर देते हैं। कुछ बड़ा होने पर कृष्ण के अन्य बालकों के साथ विहार और क्रीड़ाओं का सहज वर्णन है। स्पर्धा, क्षोभ, क्रोध आदि भावों से प्रेरित चेष्टा-व्यापारों का वर्णन, भाव और चेष्टा के योग में अधिक जीवन्त है। कृष्ण की यौवन-लीलाओं में चेष्टा-व्यापार प्रेमपरक हैं। ये भी भाव-प्रेरित हैं, लेकिन उनमें वैविध्य नहीं है। कहीं अनुभावों की योजना है तो कहीं प्रेमियों की चेष्टाओं की। बहिर्मुखी क्रियाशीलता संयोग के विविध-प्रयत्नों में है। चीरहरण, पनघट पर छेड़छाड़, यमुना के कुंजों में विहार, पर्व-त्योहारों को मनाना, रासक्रीड़ा आदि को सीमित प्रेमपरक अर्थ में ही क्रियाशीलता कह सकते हैं। यह प्रेम में व्यवहार निरूपण है।

"बाल वर्णन के समय सूरदास अपने आराध्य को अलौकिक समझते हुए भी उन्हें इतने सहज स्वाभाविक रूप में अवतरित करते हैं कि वे हमारे नेत्रों के समक्ष हँसते-मुस्कराते हुए, घुटनों के बल चलते हुए, उठ-उठकर गिरते हुए, इधर-उधर दौड़ते हुए, साथियों से झगड़ते हुए, माँ से झूठी शिकायत करते हुए किसी चंचल बालक की छवि सजीव रूप में उपस्थित हो जाती है।"[3] शैशव से लेकर कौमार्यावस्था तक के समस्त चेष्टा-व्यापारों, क्रीड़ाओं और मनोवृत्तियों का वयोक्रम से सूर ने बड़ा सूक्ष्म वर्णन किया है। शुक्ल जी के शब्दों में "बालचेष्टा के स्वाभाविक मनोहर चित्रों का इतना बड़ा भंडार और कहीं नहीं है जितना बड़ा सूरसागर में है।"[4] दो-तीन उदाहरण देखें।

अपने ही प्रतिबिम्ब को पकड़ने की चेष्टा का चित्र–

किलकत कान्ह घुटुरुवनि आवत।
मनिमय कनक नन्द कैं आँगन मुख प्रतिबिम्ब पकरिबै धावत।।
माँ की मथनी के साथ नाच उठने वाले बालकृष्ण की छवि–
आनन्द सौ दधि-मथति जसोदा, धमकि मथनियां घूमै।
निरतत लाल ललित मोहन, पग परत अटपटे भू में।।

गोचारण के प्रसंग में क्रीड़ा का दृश्यांकन–

चरावत बृंदावन हरि धेनु।
ग्वाल सखा सब संग लगाए, खेलत हैं करि चैनु।
कोउ गावत, कोउ मुरलि बजावत, कोउ विषान, कोउ बेनु।
कोउ निरतत, कोउ उघटि तार दै, जुरी ब्रज-बालक-सेतु।
त्रिविध पवन जहँ निसादिन सुभग कुंज धन ऐनु।
सूर स्याम निज धाम बिसारत, आवत यह सुख लैनु।

बाल-चेष्टाओं को सौन्दर्यमय बनाने वाले तत्त्व सहजता, स्वाभाविकता, स्वच्छन्दता और मानवीय सन्दर्भ हैं। उनमें मानवीय प्रकृति, स्वभाव, मनोभाव और हार्दिक अनुभूति के योग से चेष्टागत सौन्दर्य की सजीवता बढ़ जाती है। शैलीपरक विशेषता चित्रांकन है जो चेष्टा को मूर्त्त रूप देता है।

बाल-चेष्टाओं के चित्रों के साथ तुलना में प्रेम-चेष्टा-व्यापार का निरूपण उतना स्वाभाविक और सजीव न होने पर भी उसमें सौन्दर्य और माधुर्य की कमी नहीं है। राधा-कृष्ण और कृष्ण-गोपिकाओं का प्रेम साधारण से कुछ भिन्न मिथकीय और आध्यात्मिक है। उसे सहज मानवीय रूप में प्रस्तुत करने का सूर ने पूरा-पूरा प्रयत्न किया है। सौन्दर्य का आकर्षण और प्रेम

स्वाभाविक अवश्य है, लेकिन लीला-प्रसंग जो पौराणिक हैं, कुछ असाधारण हैं। पर उस असाधारणता में प्रेम-व्यापार के सभी पहलू अपूर्व सौन्दर्य और माधुर्य से भरे हुए लगते हैं। चीरहरण, पनघटलीला, कुंज-विहार, रासक्रीड़ा आदि प्रसंग एक ओर प्रेम की स्वच्छन्दता और उन्मुक्तता के द्योतक हैं तो दूसरी ओर ऐकान्तिक ही नहीं विलक्षण भी लगते हैं। वे वर्तमान भारतीय संस्कृति के विकास के पूर्व लोक-सांस्कृतिक-जीवन के हो सकते हैं और बाद को उन पर आध्यात्मिक प्रतीकत्व का आरोप हुआ होगा। जो हो, उस प्रेम-चेष्टा-व्यापार के माधुर्य को अस्वीकार नहीं किया जा सकता।

पनघट में कृष्ण के व्यवहार में छेड़छाड़ के बीच प्रेम की भी व्यंजना है। गोपिकाएँ कृष्ण के अत्याचार का विरोध करती हैं—

जमुना तल कोउ भरन न पावै।
आपुन बैठ्यो कदम डारि चढ़ि गारी दै दै सबनि बुलावै।
काहू की गगरी गहि फोरै काहू सिर तें नीर ढरावै।
काहू सो करि प्रीति मिलत है नैन सैन दै चितहिं चुरावै।
बनबस ही अंकवारि भरत धरि काहू सों अपनो मन लावै।
सूर स्याम अति करत अचगरी कैसेहुँ काहू हाथ न आवै।।

इस विपरीत व्यवहार और अत्याचार में भी कृष्ण के प्रति गोपिकाओं के मन में प्रेम-भावना ही है—"मन बच कम स्याम सुन्दर तजि और न जानतिं आना।" विलक्षण व्यवहार और विलक्षण मनःस्थिति है।

सोलह हजार गोपिकाओं से परिवेष्टित होकर रासक्रीड़ा करने वाले श्रीकृष्ण की लीला कम विलक्षण नहीं है। लेकिन नृत्यरत गोपिकाओं के हाव-भावों, चेष्टा-व्यापारों, अनुभावों में आत्मविस्मृत करने वाला माधुर्य भरा है—

गति सुधंग नृत्यति ब्रज नारि।
हावभाव नैननि सैननि दै रिझवति गिरिवर धारि।
पग-पग पटकि भुजनि लटकावति फूँदा करनि अनूप।
चंचल चलत झूमका अंचल अद्‌भुत है वह रूप।
ढूरि निरखत अंग रूप परस्पर दोउ मन हीं मन रीझत।
हँसि हँसि बदन बचन रस बरषत अंग स्वेद जल भीजत।
बेनी छूटि लटैं बगरानी मुकुट लटकि लटकानो।
फूल खसत सिर तें भए न्यारे सुभग स्वाति सुत मानो।।

प्रेम सम्बन्धी चेष्टा-व्यापारों में माधुर्य भाव की प्रधानता है। चित्रांकन में सौन्दर्य मूर्त्त होता है। चेष्टा-व्यापार, वात्सल्य और प्रेम दोनों क्षेत्रों में, संयोगकालीन होने के कारण मधुर और आस्वाद्य है। वियोग दशा में यह क्रियाशीलता स्तब्धता में परिणत हो जाती है और रूप, भाव एवं स्थिति के दूसरे प्रकार के चित्र सामने आते हैं।

सामान्य व्यवहार में सौन्दर्य प्रेम का उत्पादक माना जाता है। जब व्यक्ति-मन सौन्दर्य से आकृष्ट होकर उससे प्रभावित होता है, सुन्दर वस्तु या प्राणी के प्रति व्यक्ति के मन में काम और प्रेम का उदय होता है जो बार-बार दर्शन, आकर्षण और प्रभाव से विकसित और पुष्ट होता है। सौन्दर्य के प्रति प्राथमिक आकर्षण को काम कहना ही उचित है। कामना रहित मानसिक प्रेम असम्भव नहीं तो असामान्य है। आलम्बन के सौन्दर्य, स्वभाव, व्यक्तित्व और चरित्र के प्रति आकर्षण बढ़कर प्राथमिक काम-भावना प्रेम के रूप में परिणत हो जाती है।

सौन्दर्य और प्रेम के इस सम्बन्ध पर व्यावहारिक दृष्टि से ऊपर उठकर मनोवैज्ञानिक और दार्शनिक दृष्टि से गहराई में जाकर विचार करते हैं तो सौन्दर्य और प्रेम दोनों का मूल स्रोत कामभाव सिद्ध होता है। मन में काम के प्रादुर्भाव से ही वस्तु जगत सुन्दर प्रतीत होता है। काम बाल्यावस्था में बीज रूप में रहता है और परिवेश एवं परिवार में आकर्षण का केन्द्र होता है। यौवनावस्था में उसका विकास होता है। परिवेश और परिवार के प्रति आकर्षण, रूप बदलकर विशिष्ट नारी या पुरुष के प्रति आकर्षण बन जाता है। जब हम किसी वस्तु या व्यक्ति को देखते हैं, हमारे मन की चेतना का आलम्बन पर प्रक्षेपण होता है, हमारी दृष्टि आलम्बन को चेतना की उज्ज्वलता प्रदान करती है और हम उस वस्तु या व्यक्ति को सुन्दर कहते हैं। उसके बाद की स्थिति प्रेम है। हम मन की चेतना के प्रक्षेपण के द्वारा जिसे उज्ज्वल सौन्दर्यमय मानते हैं, उससे प्रेम करने लगते हैं। यह प्रेम भी काम का उन्नयन या उदात्तीकृत रूप है।

दार्शनिकों का कहना है कि काममूलक प्रेम ही किसी वस्तु का व्यक्ति के आकर्षक और सुन्दर लगने का कारणभूत तत्त्व है। जार्ज सानतायन के अनुसार, "प्रेम वस्तु के भावन को वह उज्ज्वलता प्रदान करता है जिसके बिना वस्तु का सौन्दर्य अभिव्यक्त नहीं होता। हमारा सौन्दर्य-बोध जो वस्तु के आकार-प्रकार के अतिरिक्त उसमें सौन्दर्य का आभास पाता है, वह हमारी

काम-भावना के उद्दीप्त होने के कारण है।" विल डुरंट कहते हैं कि "मन में अभिलाषा के जगने के कारण ही कोई वस्तु सुन्दर है। सुन्दर होने के कारण हम किसी वस्तु की अभिलाषा नहीं करते, बल्कि अभिलाषा उत्पन्न होने के कारण उसे सुन्दर मानते हैं। इसलिए प्रेम सौन्दर्य की जननी है, उसकी सन्तान नहीं है। व्यक्तियों के प्राथमिक सौन्दर्य का यही स्रोत है, जड़ वस्तु-जगत का नहीं।" लेकिन डॉ. आत्रेय व्यक्तियों, वस्तुओं, प्रकृति और कला सभी के सौन्दर्य की जननी प्रेम को मानते हैं और प्रेम का मूल स्रोत काम या यौन आकर्षण।

काव्य के क्षेत्र में प्रायः व्यावहारिक दृष्टि से ही सौन्दर्य और प्रेम का सम्बन्ध-निरूपण होता आया है। दोनों का सम्बन्ध अन्योन्याश्रय माना गया है। आलम्बन के सौन्दर्य का आकर्षण प्रेम में परिणत होता है तो दूसरी ओर आश्रय के प्रेम के रंग में रंगकर रूप-सौन्दर्य और भी आकर्षक लगता है। इसीलिए कहा जाता है कि लैला के सौन्दर्य को देखने के लिए मजनू की आँखें चाहिए। जायसी ग्रन्थावली की भूमिका में शुक्ल जी कहते हैं कि "प्रेम की अनुभूति में आलम्बन का सौन्दर्य कुछ दूसरा ही हो जाता है। प्रेम में सौन्दर्य के ऐसे नये पहलू दिखाई देते हैं जो उसके अभाव में कभी अनुभूत नहीं हो सकते। प्रेम की प्राप्ति से दृष्टि आनन्दमयी और निर्मल हो जाती है, जो बातें पहले नहीं सूझती थीं वे सूझने लगती हैं। चारों ओर सौन्दर्य का विकास दिखाई पड़ने लगता है।"[5]

सौन्दर्य के तीन पहलू हैं—ऐन्द्रिय, मानसिक और आध्यात्मिक। सौन्दर्य के साथ सम्बन्ध में प्रेम के भी वे ही तीन पहलू माने जा सकते हैं। प्रेम के ऐन्द्रिय और कामपरक पहलू को स्वीकार न करना जीवन का सत्य नहीं है। यह सही है कि यौवन के आरम्भ में प्रेम ऐन्द्रिय और वासनामूलक लगता है और कालक्रम में उसकी अनुभूति मानसिक हो जाती है। उसी तरह संयोग में ऐन्द्रियता अधिक होती है और वियोग में सात्विक मानसिक अनुभूति होती है। प्रेम के प्रधान आधार बिन्दु आलम्बन के सौन्दर्य का आकर्षण, उसके प्रति विस्मय की भावना, आलम्बन के साथ आश्रय का रागात्मक सम्बन्ध और आनन्द की अनुभूति है। कवियों ने अपनी दृष्टि और रुचि के अनुसार सौन्दर्य और प्रेम के ऐन्द्रिय, मानसिक और आध्यात्मिक पहलुओं का निरूपण किया है।

सौन्दर्य और प्रेम सूर की भक्ति और रचनाधर्मिता के केन्द्र बिन्दु हैं।

दोनों मानवीय धरातल पर ऐन्द्रिय और मानसिक हैं तो भक्तिपरक धरातल पर आध्यात्मिक हैं। लेकिन आध्यात्मिक धरातल की ओर संकेत मात्र मिलते हैं, प्रधानतः सौन्दर्य और प्रेम की प्रकृति एवं उसका स्वरूप ऐन्द्रिय और मानसिक है। निर्गुण-निराकार की साधना को कठिन मानने वाले कवि ने सहज ही अपनी भक्ति-भावना और प्रेम का, मानवीय सन्दर्भ में मूर्त्त और अनुभववेद्य, ऐन्द्रिय एवं मानसिक रूप में निरूपण किया है।

सूर की दृष्टि में प्रेम सौन्दर्य पर निर्भर करता है। इसीलिए कवि ने कृष्ण के सौन्दर्य का इतने विस्तार के साथ वर्णन किया है। उस सौन्दर्य पर सारी प्रकृति मुग्ध है—"वन, उपवन, सरिता सब मोहे।" गोपिकाएँ उस सौन्दर्य को देखकर इस स्थिति पर पहुँच गयी हैं कि "सूर स्याम बिनु और न भाव, कोउ कितनौ समुझावै।" राधा और गोपिकाओं की भावना कृष्ण के सौन्दर्य में केन्द्रित हो जाती है। गोपिकाएँ कहती हैं—

जब तैं सुन्दर बदन निहार्‌यौ।
तादिन तैं मधुकर मन अटक्यौ, बहुत करी निकरै न निकार्‌यौ।

इस आकर्षण का कारण कृष्ण के सौन्दर्य का वैशिष्ट्य है, उसकी अनन्तता और अपूर्वता है तो दूसरी ओर वह दर्शक की वैयक्तिक रुचि का विषय भी है। गोपिकाएँ उद्धव से कहती हैं—

ऊधो मन माने की बात।
× × ×
सूरदास जाको मन जासों सोई ताहि सुहात।।

सूर ने राधा, गोपिकाओं और कृष्ण के बीच प्रेम-निरूपण के सन्दर्भ में प्रेम सम्बन्धी अपनी अवधारणा और उसके स्वरूप को स्पष्ट किया है। प्रेम सौन्दर्य दर्शन से उत्पन्न है—"मोहन बदन विलोकत अँखियन उपजत है अनुराग।" आँखों का यह आकर्षण ऐन्द्रिय प्रेम है। नेत्रों पर प्रभाव का अनेक रूपों में वर्णन किया गया है, आँखें रूप से हटती नहीं है, बालक की तरह इकटक देखने का हठ करती हैं, देखे बिना क्षण भर के लिए चैन नहीं है और देखकर भी पहचान नहीं पातीं—

कमल नैन कान्हर की शोभा नैननि तैं न टर्‌यौ।
ज्यों बालक जननी खौं अटकत, भोजन कौं कछु माँगे।
त्योहीं ये अतिही हठ ठानत, इकटक पलक न त्यागे।।
द्वै लोचन साबित नहिं तेऊ।

बिनु देखे कल परति नहीं छिनु, एते पर कीन्हीं यह टेऊ।।
कब री मिले स्याम नहिं जानौ।
तेरी सौं करि कहति सखी री, अजहूँ नहिं पहचानौ।

× × ×

नैननि अन्तर होत न कबहूँ, कहति कहाँ री आलि।

सौन्दर्य का आकर्षण बढ़ता जाता है तो तन-मन पंगु हो जाता है–

राधा निरखि भूली अंग।
नन्दनन्दन रूप पर गति मति भई तनु पंग।।

इस सौन्दर्यानुभूति में प्रेम अंकुरित होकर बद्धमूल हो जाती है–

यह कछु भोरेंहि भाइ भई।
निरखत बदन नन्दनन्दन को और हुती सु गयी।
हिरदै जामि प्रेम अंकुर जड़ सप्त पाताल गयी।
सो द्रुम पसरि सिखर अंबर लौं सब जग छाइ लई।

सौन्दर्य प्रेम का उत्पादक है तो प्रेम सौन्दर्य को उज्ज्वल बनाता है। प्रेम में राधा का अंग-प्रत्यंग दीप्त हो उठता है। उसे देखकर स्वयं उसकी माँ विस्मित हो जाती है–

जब प्यारी मन ध्यान धर्‌यो है।
पुलकित उर, रोमोंच प्रगट भये, अंचल टरि मुख उघरि पर्‌यो है।
जननि निरखि रही ता छबि को कहन चहै कछु कहि नहिं आवै।
चकित भई अंग-अंग बिलोकति, दुख-सुख दोऊ मन उपजै।
पुनि मन कहति सुता काह की, कैधों यह मेरी ही जाई।
राधा हरि कै रंगहि राँची, जननि रही जिय मैं भरमाई।।

प्रेम में राधा का रूप इतना बदल गया है कि माँ को ही शंका हो जाती है, क्या यह मेरी ही पुत्री है। प्रेम की अनुभूति में आश्रय का रूप इतना चमक उठता है कि कुरूप भी सुन्दर लगता है।

नारी अपने रूप-सौन्दर्य की सार्थकता प्रियतम को प्रसन्न करने में मानती है। राधा और गोपिकाएँ अपना शृंगार करके कृष्ण को अपनी ओर आकृष्ट करने का प्रयत्न करती हैं। उनका प्रेम पाकर अपने को धन्य मानती हैं। जो रूप-सौन्दर्य प्रियतम को रिझा नहीं सकता, वह व्यर्थ है–

मोइ अति सुलच्छनि नारी, रीझै जाहि भावतौ जी को।।

प्रियतम कृष्ण रूठ जाते हैं तो राधा अलंकार-शृंगार की उपेक्षा करती

है क्योंकि प्रियतम को प्रसन्न कर लेने में असफल सौन्दर्य और शृंगार का क्या मूल्य है?

सूर ने प्रेम में ऐन्द्रिय मधुर अनुभूति, मानसिक विह्वलता और आनन्दानुभूति के अतिरिक्त उसके स्वरूप, महत्त्व और आदर्श की ओर भी संकेत किया है। प्रेम में जीवन रसमय हो जाता है। उसके बिना जीवन नीरस और शुष्क है। भ्रमरगीत का पूरा प्रसंग प्रेम की रसमयता और ज्ञान, योग आदि जीवन के अन्य लक्ष्यों और साधनों की निरर्थकता का प्रतिपादक है। रूप-सौन्दर्य और प्रेम में पगी हुई आँखें और बातों का रस कैसे लें–

अँखियाँ हरि दरसन की भूखीं।
कैसें रहें रूप-रस-राँची ये बतिया सुनि रूखी।।

प्रेम की पराकाष्ठा तन-मन की विवशता है–

प्रेम न रुकत हमारे बूतैं।
किहिं गयंद बाँध्यौ मुनि मधुकर, पद्मनाल के कांचे सूतैं?

ऐसा प्रेम कभी पुराना नहीं पड़ता, नित्य नवीन रहता है–

नेह न होइ पुरानो रे अलि।
दिल दिन बढ़त नीर नलिनी ज्यौं, स्याम रंग मैं नैन रहे अलि।।

प्रेम अनन्य और एकनिष्ठ होता है। प्रेम के रंग में रंगने पर मनुष्य शेष संसार से विमुख हो जाता है। राधा और गोपिकाएँ सदा कृष्ण के प्रेम में ही तन्मय रहती हैं–

स्याम रंग राँची ब्रजनारी, और रंग सब दीने डारी।।

पूर्ण आत्मसमर्पण में ही प्रेम चरितार्थ होता है। राधा और गोपिकाएँ कृष्ण के प्रेम में पारिवारिक-सामाजिक बन्धनों को, कुलमर्यादा को, अपयश के डर को छोड़ देती हैं। कृष्ण को जो भाता है, वे जो चाहते हैं, वहीं करती हैं। कुरुक्षेत्र में अन्तिम भेंट के समय राधा पूर्ण आत्मसमर्पण के बावजूद अनुभव करती है कि वह कुछ नहीं कर पायी है–

करत कछु नाहीं आजु बनी।
हरि आये हौं रही ठगी सी जैसे चित्र घनी।
आसन हरषि हृदय नहिं दीन्हों कमल कुटी अपनी।
× × ×
मुख देखत न्यारी सी रहि गयी बिनु बुधि-मति सजनी।
तदपि सूर मेरी यह जड़ता मंगल माहिं गनी।।

इस जड़ता में भी प्रियतम के प्रति मंगल की भावना है। प्रेम में मनुष्य का हृदय कितना उदार बनता है, किस तरह प्रियतम की शुभकामना होती है और प्रेम करने में ही मनुष्य अपने को धन्य समझता है–इसका भव्य निरूपण भ्रमरगीत प्रसंग में हुआ है। राधा और गोपिकाओं की सहिष्णुता, सहृदयता, उदारता आदि प्रेम की मंगलमयता को व्यक्त करती हैं। सत्य और शिव के साथ जुड़कर ही सौन्दर्य और प्रेम आदर्श रूप ग्रहण करते हैं। गोपियों की सहृदयता और उदारता ऐसी है कि कृष्ण का दर्शन करके आये हुए उद्धव को देखकर अपने को धन्य मानती हैं–

ऊधो हम आजु भईं बड़ भागी।
जिन अँख्यिन तुम स्याम बिलोके, ते अखियाँ हम लागीं।
× × ×
ज्यों दरपन में दरस देखियत दृष्टि परम रुचि-लागी।
वैसे सूर मिले हरि हमकौ, बिरह बिथा तन त्यागी।।
कितनी अल्पसन्तोषी हैं गोपिकाएँ!

उभयनिष्ठ, समतुल्य और एक प्राण होने में ही प्रेम की चरम परिणति है। राधा और गोपिकाएँ प्रेम में अपने को कृष्ण से अभिन्न मानती हैं। राधा-कृष्ण के प्रेम के सम्बन्ध में गोपिका कहती है–

मैं इनको घटि बढि नहिं जानति भेद करै सौ को है।
सूर स्याम नागर इह नागरि एक प्रान तनु दो हैं।।

विद्यापति की तरह सूर ने प्रेम को अद्वैत स्थिति पर पहुँचा दिया है। उस स्थिति में राधा कृष्ण और कृष्ण राधा बन जाते हैं–

राधा माधव भेंट भई।
राधा माधव माधव राधा कीट भृंग गति ह्वै जु गयी।।
माधव राधा के रंग रांचे राधा माधव रंग रई।
राधा माधव प्रीति निरन्तर रसना करि सो कहि न गयी।
विहँसि कह्यो हम तुम नहिं अन्तर कहिकै उन ब्रज पठई।
सूरदास प्रभु राधा माधव ब्रज बिहार, नित नयी नयी।।

राधा-माधव का यह प्रेम अनिर्वचनीय है। कुरुक्षेत्र में अन्तिम भेंट के बाद कृष्ण राधा और गोपिकाओं से विदा हो गये। लेकिन कवि कहते हैं कि राधा-माधव का यह प्रेम नित्य है और ब्रज में उनका सदा विहार होता रहता है। लौकिक दृष्टि से इतना ही कहा जा सकता है कि अलग होने पर भी

उनका प्रेम बना रहा और उस प्रेम का यश अमर रहेगा। लेकिन पुष्टिमार्गीय भक्ति में श्रीकृष्ण की लीलाएँ नित्य हैं, वृंदावन में प्रेमलीला सदा चलती रहेगी। प्रेम की नित्य नूतनता और शाश्वतता का यह आध्यात्मिक रूप है। राधा-कृष्ण और कृष्ण-गोपिकाओं का प्रेम आत्मिक और आध्यात्मिक होने के कारण ही गोपिकाएँ जन्म-जन्मांतर में कृष्ण प्रेमी ही बना रहने की इच्छा प्रकट करती हैं—

जो कोउ यह तन फेरि बनावै।
तौऊ नन्दनन्दन तजि मधुकर, और न मन में आवै।।

राधा-कृष्ण का प्रेम भी नित्य और शाश्वत है। गोपिकाओं के शब्दों में—

सखी री नाहिन नयी सगाई।
सुनि राधिके तोहि माधव सौं प्रीति सदा चलि आयी।।

प्रेम रूप-आकर्षण-जन्य है या साहचर्य-जन्य, यह विवाद का विषय है। लेकिन सूर की दृष्टि में प्रेम रूप-सौन्दर्य के आकर्षण का ही परिणाम है। गोपिकाओं की आँखों पर सौन्दर्य के प्रभाव को लेकर जो सैकड़ों पद रचे गये हैं, वह इस बात को सिद्ध करता है। हरएक लीला में सौन्दर्य के आकर्षण का निरूपण किया गया है। राधा और गोपियाँ बार-बार कृष्ण के सौन्दर्य की नित्य नवीनता, अपूर्वता और अनन्तता का उल्लेख करती हैं। लेकिन रूप के आकर्षण पर आधारित प्रेम को निम्न कोटि का मानते हुए शुक्ल जी ने राधा, गोपिकाओं और कृष्ण के प्रेम को साहचर्य-जन्य सिद्ध करने का प्रयत्न किया है। "वृंदावन के उसी सुखमय जीवन के हास-परिहास के बीच गोपियों के प्रेम का उदय होता है। गोपियाँ कृष्ण के दिन-दिन खिलते हुए सौन्दर्य और मनोहर चेष्टाओं को देख मुग्ध होती चली जाती हैं, और कृष्ण कौमार अवस्था की स्वाभाविक चपलतावश उनसे छेड़-छाड़ करना आरम्भ करते हैं। हास-परिहास और छेड़-छाड़ के साथ प्रेम-व्यापार का अत्यन्त स्वाभाविक आरम्भ सूर ने दिखाया है। किसी की रूप-चर्चा सुन या अकस्मात किसी की एक झलक पाकर हाय-हाय करते हुए इस प्रेम का आरम्भ नहीं हुआ है। नित्य अपने बीच चलते-फिरते, हँसते-बोलते, वन में गाय चराते देखते-देखते गोपियाँ कृष्ण में अनुरक्त होती हैं और कृष्ण गोपियों में। इस प्रेम को हम जीवनोत्सव के रूप में पाते हैं; सहसा उठ खड़े हुए तूफान या मानसिक विप्लव के रूप में नहीं, जिसमें अनेक प्रकार के प्रतिबन्धों और विघ्न-बाधाओं को पार करने की लम्बी-चौड़ी कथा खड़ी होती है।

कृष्ण और गोपियाँ पक्षियों के समान स्वच्छन्द हैं। वे लोक-बन्धनों से जकड़े हुए नहीं दिखाए गये हैं।"[6] सूर के प्रेम की उत्पत्ति में रूप-लिप्सा और साहचर्य दोनों का योग है। बालक्रीड़ा के सखा-सखी आगे चलकर यौवन-क्रीड़ा के सखा-सखी हो जाते हैं। गोपियों ने उद्धव से साफ कहा है—"लरिकाई को प्रेम कहौ, अलि, कैसे छूटे?" केवल एक साथ रहते-रहते भी दो प्राणियों में स्वभावतः प्रेम हो जाता है। कृष्ण एक तो बाल्यावस्था से ही गोपियों के बीच रहे, दूसरे सुन्दरता में भी अद्वितीय थे। अतः गोपियों के प्रेम का क्रमशः विकास दो प्राकृतिक शक्तियों के प्रभाव से होने के कारण बहुत ही स्वाभाविक प्रतीत होता है। बालक्रीड़ा इस प्रकार क्रमशः यौवन-क्रीड़ा के रूप में परिणत होती गयी है कि संधि का पता ही नहीं चलता।"[7]

सूरसागर में कहीं भी गोपिकाओं और कृष्ण का प्रेम साहचर्य-जन्य होने की सूचना नहीं है। भागवत की कथा और लीलाओं के आधार पर शुक्ल जी ने उनके प्रेम को साहचर्य-जन्य घोषित किया है। सूर के आध्यात्मिक भक्तिपरक और सौन्दर्य-सम्बन्धी दृष्टि से इसकी पुष्टि नहीं होती। शुक्ल जी ने सूर की प्रेम भावना की स्वाभाविकता और स्वच्छन्दता को सजीव शब्दों में प्रस्तुत किया है। यह सही है, लेकिन उसका कारण प्रेम का साहचर्य-जन्य होना नहीं है, बल्कि उसका कारण जीवन-परिवेश तथा लोकजीवन एवं संस्कृति है जो उच्च वर्गीय सामाजिक मान्यताओं के प्रतिबन्धों को स्वीकार नहीं करता। ऊपर के प्रथम उद्धरण से ऐसा लगता है कि शुक्ल जी का विरोध फारसी-उर्दू की प्रेमाभिव्यंजना और उसकी शैली से है। सहज मानवीय सन्दर्भों में प्रस्तुत सूर की प्रेम-भावना से उसकी तुलना ही असंगत है। शुक्ल जी ने अपने मंतव्य के अन्त में सूर को उद्धृत करते हुए स्वीकार किया है कि राधा-कृष्ण के प्रेम की उत्पत्ति रूप के आकर्षण द्वारा दी हुई है—

खेलन हरि निकसे ब्रज खोरी।
गये श्याम रवि तनया के तट, अंग लसनि चन्दन की खौरी।
औचक ही देखी तहँ राधा, नैन बिसाल भाल दिये रोरी।
सूर श्याम देखत ही रीझै, नैन नैन मिलि परी ठगोरी।।

यह प्रथम दर्शन में ही प्रेम की उत्पत्ति है। यमुना के तट पर देखना भी अचानक (औचक) हो गया है और तत्क्षण प्रेम का विकास हुआ है। उसके बाद ही दोनों में वार्तालाप और परिचय होता है तथा हास-परिवेश के बीच कृष्ण बातों में भोली राधिका का मन भुला देते हैं—

बूझत श्याम, कौन तू, गोरी?
"कहाँ रहति, काकी तू बेटी? देखी नाहिं कहूँ ब्रज-खोरी।।"
"काहे को हम ब्रज तन आवति? खेलति रहति अपनी पौरी।
सुनति रहति श्रवनन नन्द ढोटा करत रहत माखन दधि चोरी।"
"तुम्हारी कहा चोरि हम लै हैं? खेलन चलौ संग मिलि जोरी।"
सूरदास प्रभु रसिक-सिरोमनि बातन भुरइ राधिका भोरी।।

सूर की प्रेम-भावना के सम्बन्ध में दूसरा प्रश्न प्रेम और विवाह का है। सूरसागर में गन्धर्व विवाह, पाणिग्रहण, दूल्हा-दुलहिन, दम्पत्ति-भाव आदि की ओर कुछ संकेत अवश्य मिलते हैं। उसके आधार पर कुछ समीक्षकों ने राधा को स्वकीया नायिका भी कहा है। लेकिन राधा-कृष्ण का विवाह वैदिक विधि से सम्पन्न नहीं है। इसलिए पति-पत्नी के रूप में धर्मबद्ध प्रेम का प्रश्न ही नहीं उठता। गन्धर्व विवाह सामाजिक अनुमोदन के बिना स्वच्छन्द वरण है। वह, सूर जिस स्वच्छन्द प्रेम का आदर्श सामने रखना चाहते हैं उसमें ज्यादा बाधक नहीं है। हमें यह भी इस सन्दर्भ में स्मरण रखना है कि गोपिकाएँ मुरलीवादन सुनकर पति-पुत्र को छोड़कर रासक्रीड़ा के लिए तुरन्त चल पड़ती हैं। वास्तव में कृष्ण-भक्ति में स्वच्छन्द भाव से और कहीं-कहीं परकीया भाव से प्रेम-साधना का आदर्श स्वीकार किया गया है और सूर ने उसी का अनुसरण किया है। परकीया भाव में लौकिक-पारिवारिक-सामाजिक बन्धनों से मुक्ति और प्रेमानुभूति की तीव्रता को लक्ष्य करके मधुर भक्ति-भावना में उसे स्वीकृति मिली है। सूर के काव्य में परकीया भाव से अधिक प्रेम की बन्धन रहित स्वच्छन्दता का आग्रह ज्यादा दिखाई देता है।

सूर की प्रेम-भावना पर विचार करते समय उनकी रचना में काम, प्रेम और भक्ति को लेकर जो आक्षेप किये जाते हैं, उन पर भी ध्यान देना आवश्यक है। उनके काव्य में शृंगारी भावना, नायिका-भेद, काम क्रीड़ा आदि में रीतिकालीन प्रवृत्तियों का पूर्वाभास माना जाता है। काम भाव का वर्णन करने में सूर ने किसी प्रकार का संकोच नहीं किया—

हम चाहति मृदु-हँसनि-माधुरी जातैं उपज्यौ काम।।
भुजनि धरौं भरि सुदृढ़ मनोहर, बहुदिन का फल पावैं।
लै राखौं कुछ बीच चाँपि करि, तन कौ ताप बिसारौं।।
सूर प्रभु सुख दियो निसि रमि काम कौतुक हार।।
रति बाढ़ी गोपाल सौं।।

जैसे पहले देखा गया है, काम को सौन्दर्य और प्रेम से अलग नहीं कर सकते। काम के बिना दोनों का अस्तित्व ही सम्भव नहीं है। दूसरे, कृष्ण भक्ति में काम और शृंगार को माधुर्योपासना का अंग माना गया है। सूर की रचना पर परम्परा और सम्प्रदाय का अनिवार्य प्रभाव पड़ा है। तीसरे, ध्यान से देखने पर सूर के अनेक संयोग शृंगार सम्बन्धी पदों में आरम्भ सौन्दर्य या शोभा के वर्णन से होता है और अन्त ऐन्द्रिय संयोग पर। यह जीवन में आकर्षण की सहज परिणति है। आधुनिक दृष्टि से देखने पर उसमें वासना या कामुकता की गन्ध अवश्य मिलती है। चौथे, वियोग की स्थिति में संयोगकालीन काम का अंश छूट जाता है और प्रेम भावना-रूप में परिणत हो जाता है।

सूर के काव्य पर ऐन्द्रिय और कामपरक शृंगार का आक्षेप एक हद तक स्वीकार करना ही पड़ता है। लेकिन उसके दूसरे पक्ष के प्रमाण भी सूरसागर में मिल जाते हैं। काम के कारण सौन्दर्य दीप्त हो उठता है—

उलटि काम तनु काम प्रकास्यो अद्भुत रूप धर्‌यो।।

काममूलक होने पर भी प्रेम में अपूर्व माधुर्य और मादकता है—

तरुनी स्याम रस मतवारि।
प्रथम जोबन रस चढ़ायौ, अतिहि भई खुमारि।
दूध नहिं, दधि नहिं, माखन नहीं, रीतौ माट।
महारस अंग-अंग पूरन, कहाँ घर कहँ बाट।।

संयोग का काम वियोग में प्रेम होकर मन में बस गया है—

कमल नैन चित के चैन, निरखि मैन वारौं।
प्रेम अंस उरझि रह्यौ, उर तैं न टारौं।।

शुक्ल जी ने सूर की प्रेम-भावना पर आक्षेप किया है कि वह एकान्तिक है और लोकधर्म का प्रतिपादक नहीं है—"वह भक्ति की एकान्त साधना का आदर्श प्रतिष्ठित करती हुई जान पड़ती है, लोक धर्म के किसी अंग का नहीं।"[8] शुक्ल जी की दृष्टि में ऐकान्तिक प्रेम से धर्मबद्ध वैवाहिक जीवन का प्रेम अधिक सात्विक और श्रेष्ठ है। अन्तर्मुखी प्रेम साधना पर आधारित मधुरभक्ति से शील और शक्ति के प्रति श्रद्धा पर आधारित दास्यभक्ति लोकधर्म की ओर उन्मुख होने के कारण महान है। सूर और तुलसी की भक्ति-भावना के इस अन्तर को स्वीकार कर सकते हैं, लेकिन श्रेष्ठता का निर्णय करना कठिन है। कवि और समीक्षक की जीवन-दृष्टि और रुचि के

अनुसार यह निर्णय किया जाता है। स्वयं शुक्ल जी की परिभाषा है—"श्रद्धा और प्रेम के योग का नाम भक्ति है।"[9] इस परिभाषा के बाद शुक्ल जी ने भक्ति की जो व्याख्या की है, उसमें महत्त्व पर श्रद्धा की ओर ही उनकी उन्मुखता दिखाई देती है। क्योंकि लोकधर्म और कर्म-सौन्दर्य उसी महत्त्व पर श्रद्धा से जुड़े हुए हैं। वास्तव में श्रद्धा और प्रेम भक्ति के दो महत्त्वपूर्ण पहलू हैं। दोनों भक्ति में मिले अवश्य रहते हैं, लेकिन पहले की ओर झुके हुए भक्त या भक्त कवि में दूसरे की सीमित अनुभूति ही होती है। दूसरे की ओर झुकने पर श्रद्धा अन्तर्लीन भावना मात्र रह जाती है। सूर की भक्ति-भावना प्रेम प्रधान है, उसमें लोकधर्म और कर्म-सौन्दर्य का अभाव भक्ति की प्रकृति का स्वाभाविक परिणाम है।

प्रेम-भावना का चरम उत्कर्ष मधुर भक्ति में है। लौकिक और आध्यात्मिक दोनों दृष्टियों से सूर ने प्रेम को जीवन का सार तत्त्व माना है—

प्रेम प्रेम तें होइ प्रेम तें पारहि पाइयै।
प्रेम बंध्यो संसार प्रेम परमारथ लहियै।
साँचौ निहचै प्रेम कौ जीवनन्मुक्ति रसाल।
एकै निहचै प्रेम को जनै मिलै गोपाल।।

इस प्रेम को मूर्त्त रूप देने वाले पात्र श्रीकृष्ण, राधा और गोपिकाएँ हैं। सूर ने उनकी प्रेम-भावना में कुछ अन्तर दिखाया है। आध्यात्मिक दृष्टि से श्रीकृष्ण परमात्मा हैं और राधा एवं गोपिकाएँ आत्मा की प्रतीक हैं। लौकिक दृष्टि से उनमें पुरुष-स्त्री की प्रकृति का अन्तर है। काव्य दृष्टि से श्रीकृष्ण नायक हैं, काव्य में जिसकी भूमिका अधिक महत्त्वपूर्ण होती है। नायिका होने के कारण कवि ने राधा के व्यक्तित्व और प्रेम को अन्य गोपिकाओं के समीष्ट रूप और प्रेम से कुछ भिन्न साँचे में ढाला है।

ब्रज, राधा और गोपिकाओं के प्रति श्रीकृष्ण के मन में जो अनुराग है वह विशिष्टोन्मुख न होकर परम पुरुष का सामान्य प्रेम लगता है। वे उद्धव से कहते हैं—

सुनहु ऊधो मोंहि ब्रज की सुधि नहीं बिसराइ।
रैनि सोवत, दिवस जागत, नाहिने मन आन।
नन्द, जसुमति, नारि नर, ब्रज तहाँ मेरो प्राण।
कहत हरि, सुनि उपंग सुत यह, कहत हौं रस रीति।
सूर चित तें टरति नाहीं, राधिका की प्रीति।।

कुरुक्षेत्र में राधा के मुख से ब्रज की चर्चा सुनकर श्रीकृष्ण की आँखों में आँसू भर आते हैं–

इतनी सुनत नैन भरि आये प्रेम विवस नन्दलालहिं।।

वे राधा और गोपिकाओं के साथ विविध लीलाओं में भाग लेते हैं, संयोग के लिए व्याकुल रहते हैं और भाव-विह्वल भी हो जाते हैं। लेकिन उनके पीछे परम पुरुष की कुछ तटस्थता-निरीहता और पुरुष-प्रकृति की गम्भीरता छिपी रहती है। गोपियाँ जब छिप जाने की, दूर रहने की, समान आतुरता न दिखाने की शिकायत करती हैं, उनको आश्वस्त करके अपने मन की बात कहते हैं–

तब हँसि बोले कृष्ण मुरारी, मैं पति तुम मेरी सब प्यारी।।

सूर ने मथुरा जाने के बाद श्रीकृष्ण को राधा और गोपिकाओं के लिए तड़पते हुए नहीं दिखाया है। पुरुष अपने कर्तव्य कर्म में प्रवृत्त होता है। गोपिकाएँ शिकायत करती हैं कि "हरि हैं राजनीति पढ़ि आये।" सचमुच वे भागवत के प्रेमी श्रीकृष्ण नहीं, महाभारत के राजनीतिज्ञ और भगवद्‌गीता के परम पुरुष हो जाते हैं। मथुरा जाकर श्रीकृष्ण के विमुख हो जाने के सम्बन्ध में गोपिकाओं की विभिन्न शिकायतों को देखकर शुक्ल जी ने भी उनकी अनुभूति की तीव्रता पर शंका प्रकट की है–"कृष्ण यद्यपि गोपियों को भूले नहीं हैं, उद्धव के मुख से उनका वृत्तान्त सुनकर वे आँखों से आँसू भर लाते हैं, पर गोपियों ने जैसा वेदनापूर्ण उपालम्भ दिया है, उससे अनुराग की कमी ही व्यंजित होती है।"[10]

प्रेम से अधिक विविध लीलाओं के द्वारा गोपिकाओं को प्रसन्न करना ही उनका लक्ष्य प्रतीत होता है। परम पुरुष और काव्य के ललित नायक दोनों रूपों में वे सौन्दर्य-मूर्तिमान, राधा और गोपिकाओं के भावों के आलम्बन हैं, उनके सौन्दर्य और प्रेम के आश्रय कम हैं। उनका राग व्यंजित है, अनुराग उससे कुछ कम।

राधा आत्मा की प्रतीक, भारतीय कोमलता की नारी और प्रियतम के लिए प्रेम में भाव-विह्वल नायिका है। वह सहज सुन्दर है और प्रियतम को रिझाने और प्रसन्न करने के लिए अपना शृंगार करती है। वह गोपिकाओं के ही समान श्रीकृष्ण के सौन्दर्य पर आसक्त और मुग्ध है, लेकिन उनसे अधिक भाव-कातर होकर अपने प्रेम में, भावलोक में तल्लीन रहती है। उसका व्यक्तित्व और प्रेम अन्तर्मुखी और आत्मलीन है। वह गोपिकाओं की तरह श्रीकृष्ण के सौन्दर्य को विविध कोणों से देखकर उसके प्रत्येक अंग

और छवि पर मोहित होकर उस सौन्दर्य का विस्तार से वर्णन और चर्चा नहीं करती। अपनी भाव-कातरता में राधा श्रीकृष्ण को पूरा देख भी नहीं पाती, दोनों आँखों से सात्विक आँसू बहते रहते हैं। राधा गोपिकाओं से कहती है—

जो तुम अंग अंग अवलोक्यो, धन्य धन्य मुख अस्तुति गानी।
मैं तो एक अंग अवलोकति, दोऊ नैन गये भरि पानी।।

श्रीकृष्ण का रूप क्षण-क्षण नयी शोभा और नयी भाव-भंगिमा के साथ राधा के मन को भाव-विह्वल कर देती है—

औरै भाव, औरै कछु सोभा, कहौ सखि, कैसें उर आनौं।।

वियोग में उसकी वेदना की सीमा नहीं रह जाती। लेकिन वह गोपिकाओं की तरह मुखर न होकर मौन, अपने प्रेम भाव में लीन रह जाती है। यह वेदना परमात्मा के प्रेम में आत्मा की तड़पन है। इस वेदना की विवृति पर मध्ययुगीन प्रेम-भावना का भी प्रभाव हो सकता है जो नारी की विरह-व्याकुलता में 'रस' पाती थी। विद्यापति की तरह सूर ने भी राधा की वेदना को द्विगुणित कहा है—

जब राधा तब ही मुख माधौ माधौ रटत रहै।
जब माधौ ह्वै जात सकल तन, राधा बिरह दहै।।

राधा के माधव होने और राधा के लिए तड़पने में प्रेम की पराकाष्ठा है। आत्मा-परमात्मा की अद्वैत स्थिति की भी व्यंजना है। गोपिकाओं के शब्दों में राधा के सौन्दर्य, प्रेम और राधा-कृष्ण के समतुल्य होने का पता चलता है—

सुनहु सखी राधा सरि को है।
जै हरि हैं रतिपति मनमोहन, याको मुख सो जोहै।
जैसे स्याम नारि यह वैसी सुन्दर जोरी सैहै।
तैं ही स्याम भले पहिचाने।
साँची प्रीति जानि मनमोहन तेरे ही हाथ बिकाने।।

राधा की तुलना में गोपियाँ अपने को अबोध-अज्ञानी मानती हैं—

धिक-धिक हम, धिक बुद्धि हमारी, धन्य राधिका नारि।
सूर स्याम कौं इहिं पहिचान्यौ, हम भई अन्त गँवारि।।

राधा शुद्ध प्रेम-रूपा आत्मा है जिसने परम तत्त्व को पहचाना है। लौकिक धरातल पर रह जाने पर प्रेम उस परम-प्रेम-तत्त्व को पहचान नहीं सकता। राधा में आलम्बन के रूप में सौन्दर्य तत्त्व की अपेक्षा आश्रय के रूप में श्रीकृष्ण के प्रति सूक्ष्म और गम्भीर प्रेम तत्त्व की अधिक विस्तृत व्यंजना है।

गोपिकाएँ जीव की प्रतीक हैं जो प्रेम-साधना के द्वारा उस परम तत्त्व को प्राप्त करने का प्रयत्न करती हैं। वे प्रेम में पारिवारिक-सामाजिक बन्धनों को तोड़ कर शुद्ध आत्म तत्त्व या चैतन्य रूपा होने की ओर अग्रसर साधिकाएँ हैं। वे लक्ष्य या सिद्धि पर पहुँची नहीं है। नारी के रूप में वे राधा से श्रीकृष्ण के रूप-सौन्दर्य पर अधिक आसक्त हैं। उनके नेत्रों पर सूर की उक्तियों में पता नहीं सौन्दर्यानुभूति की कितनी विशेषताएँ व्यंजित हैं? उनके प्रेम में ऐन्द्रिय काम-तत्त्व और प्रेम-तत्त्व का समन्वय है। नारी के रूप में उनका व्यक्तित्व अबोध है, स्वभाव भोला-भाला है, मन चंचल है। लेकिन वे ही अबोध नारियाँ विरह-वेदना की सीमा पर पहुँचकर अपनी वाणी से उद्धव को अवाक् कर देती हैं। वाणी की यह विदग्धता तर्क-वितर्क के वाग्जाल में अपनी प्रेम-भावना की अभिव्यक्ति मात्र है। वह ज्ञान और योग-मार्गों का कोई शास्त्रीय खण्डन नहीं है। ये भाव-प्रतिमाएँ ऐन्द्रिय अनुभूति के धरातल पर क्रियाशील हैं। गोपिकाओं और राधा की प्रेम-भावना की तुलना में क्रमशः प्रेम के बाह्य और आभ्यन्तर पक्षों का उद्घाटन हो जाता है। गोपिकाओं के आभ्यन्तर प्रेम पक्ष की व्यंजना अवश्य हुई, विशेषतः भ्रमरगीत प्रसंग में, लीलाओं में बहिर्वृत्ति की ही प्रधानता है। गोपिकाओं के प्रेम या गोपी भाव की दूसरी विशेषता उसकी सार्वभौमिकता है। परम पुरुष एक ही है, शेष सब गोपी या नारी मात्र हैं। गोपिकाओं का प्रेम समष्टि का प्रेम है। एक से ही प्रेम करने पर भी उस प्रेम में प्रतियोगिता या ईर्ष्या की भावना नहीं है। एक के प्रेम की सफलता पर दूसरी प्रसन्न हैं। गोपी-भाव में सौन्दर्य की तरह प्रेम भी सार्वजनीन अनुभूति का विषय हो जाता है। काव्य-दृष्टि से गोपिकाएँ नायिका राधा की सखियाँ मात्र हैं, उपनायिकाएँ भी नहीं हैं। उनका अलग नाम और रूप भी नहीं है। लेकिन समष्टि में वे राधा-कृष्ण के प्रेम को, उसके अभिन्न अंग के रूप में पूर्णता प्रदान करती हैं। गोपिकाओं के प्रेम के बिना राधा-कृष्ण का प्रेम अधूरा है, सूर की प्रेम-भावना का पूर्ण रूप प्रकट नहीं होता। इसीलिए सूरसागर में उनके प्रेम का, राधा के प्रेम से बहुत अधिक विस्तार किया गया है। राधा विशिष्ट प्रेम की और गोपिकाएँ सामान्य प्रेम की प्रतीक हैं।

आलम्बन के रूप में गोपिकाओं के सौन्दर्य का विस्तार के साथ वर्णन कम है। आश्रय के रूप में उनकी प्रेम-भावना की व्यंजना ही अधिक महत्त्वपूर्ण है। वे सुन्दर अवश्य हैं, अलंकरण-शृंगार से उस सौन्दर्य को अधिक आकर्षक

बना लेने का प्रयत्न करती हैं। लेकिन यह सौन्दर्य और अलंकरण श्रीकृष्ण को आकृष्ट करने के लिए है, उन्हें प्रसन्न करके उनके प्रेम में आनन्दित होने के लिए है। सौन्दर्य के प्रति गोपियों का चाक्षुष आकर्षण क्रमशः प्रेम की एकनिष्ठता में परिणत हो जाता है। उनके मन में औरों के लिए कोई स्थान ही नहीं है—

मन में रह्यौ नाहिंन ठौर।
नन्दनन्दन अछत कैसैं, आनिये उर और।
चलत चितवत दिवस जागत, स्वप्न, सोवति राति।
हृदय तैं वह मदन मूरति, छिन न इत उत जाति।।

उस प्रेम में गोपिकाएँ कुलमर्यादा और लोक लज्जा को छोड़ देती हैं। गोपियों के प्रेम की अनन्यता को देखकर उद्धव अपने ज्ञानयोग को भूलकर स्तब्ध और मौन रह जाता है—

पूरन प्रेम देखि गौपिन को मधुकर मौन गही।।

गोपिकाओं के प्रेम की उद्धव और स्वयं श्रीकृष्ण दोनों मुक्तकंठ से प्रशंसा करते हैं। उद्धव के वचन—

सब तें परम मनोहर गोपी।
नन्दनन्दन के नेह-मेह जिन लोक लीक लोपी।

श्रीकृष्ण का कथन—

हरष बानी कहत पुनि-पुनि, धन्य-धनि ब्रजबाल।।

सूरसागर में रूप वर्णन की अपेक्षा भाव-व्यंजना का ही विशेष विस्तार है। ऐसी स्थिति में सूर की सौन्दर्य-चेतना के अनुशीलन में भाव-व्यंजना का सौन्दर्य-शास्त्रीय विश्लेषण और मूल्यांकन बहुत महत्त्वपूर्ण हो जाता है। सूर ने जीवन को सौन्दर्यमय, प्रेममय और आनन्दमय माना है। उनकी पुष्टिमार्गीय भक्ति-भावना के आध्यात्मिक दृष्टिकोण से भी इसी का समर्थन होता है। इस दृष्टि के कारण सूर के काव्य में सौन्दर्य और प्रेम सम्बन्धी कोमल भावनाओं का ही निरूपण हुआ है। इनसे भिन्न उग्र-पुरुष भावनाओं के लिए सूर की रचना में कोई स्थान नहीं है। इस कारण भाव-क्षेत्र सीमित हो गया है तो दूसरी ओर सूर की अन्तर्मुखी दृष्टि सौन्दर्य और प्रेम सम्बन्धी भावों की गहराई में जाकर उनका कोना-कोना झाँक आयी है। भाव-क्षेत्र के विस्तार के आधार पर ही काव्य का मूल्यांकन कहना भ्रामक है। भाव के तीन आयाम हैं—सामाजिक, मनोवैज्ञानिक और सौन्दर्यपरक। भाव-विस्तार,

वस्तुगत भाव के सामाजिक आयाम का ही द्योतक है। काव्य का, भाव-व्यंजना का उत्कर्ष मनोवैज्ञानिक और सौन्दर्यात्मक आयामों पर निर्भर करता है। सामाजिक आयाम भाव के औचित्य यथार्थता और शिवत्व के मूल्यों की रक्षा के द्वारा अन्य दोनों आयामों के उत्कर्ष की आधारभूमि प्रस्तुत करता है। सूर ने अपनी रचना में संकीर्ण अर्थ में सामाजिक आयाम की उपेक्षा की है। लेकिन निषेधात्मक रूप में अनौचित्य, काल्पनिकता और अनैतिकता से बचते हुए विधायक रूप में जीवन के पारिवारिक, मानवीय और लोक-सांस्कृतिक आयामों के द्वारा अपनी काव्य-रचना को जीवन की सुदृढ़ आधारभूमि देकर भाव-व्यंजना का मनोवैज्ञानिक और सौन्दर्यात्मक उन्नयन किया है। भाव-विस्तार की प्राथमिकता (Primary) भूमि पर तुलसी क्या हिन्दी के अनेक कवि सूर से बहुत आगे निकल जायेंगे लकिन काव्योत्कर्ष के सच्चे निष्कर्ष पर कोई भी कवि उनके पास फटक नहीं पाता। सामाजिक दृष्टि से भी उनकी भाव-व्यंजना पर आक्षेप सार्वभौमिक मानवीय प्रकृति पर आधारित वात्सल्य भाव या प्रेम पर नहीं, यौवन काल के स्त्री-पुरुष आकर्षण और प्रेम-भाव पर है। उसमें भी सूर ने कितना माधुर्य भरा है और उसे मानवीय प्रकृति और स्वभाव के अनुरूप किस तरह ढाला है, यह द्रष्टव्य है। रही बात धार्मिक दाम्पत्य प्रेम और स्वच्छन्द (कुछ समीक्षकों के शब्दों में एकान्तिक) प्रेम के पारस्परिक मूल्य और महत्त्व की। पहले का मूल्याधार सामाजिक है और दूसरे का मनोवैज्ञानिक। प्रेम के दो रूप दो भिन्न जीवन दृष्टियें के द्योतक हैं।

स्वाभाविकता (मानवीय), गहराई (मनोवैज्ञानिक) और माधुर्य (सौन्दर्यपरक) सूर के भाव-निरूपण के तीन कोण हैं जो तीन भिन्न-भिन्न प्रकार की भावगत मूल्य-चेतना को व्यक्त करते हैं। रूप और भाव का, आलम्बन के सौन्दर्य और आश्रय की भावानुभूति का समष्टि रूप में सामंजस्यपूर्ण प्रस्तुति सूर की भाव-व्यंजना की पूर्णता को प्रकट करती है। भारतीय आचार्यों ने रस-व्यवस्था में विभाव और भाव पक्षों में औचित्यपूर्ण सन्तुलन की आवश्यकता की ओर संकेत किया है। सौन्दर्यशास्त्रीय दृष्टि से भी रूप और भाव का मनोवैज्ञानिक सम्बन्ध-स्थापन आवश्यक है।

सूर के काव्य में भाव-जगत की तरह मानवीय व्यवहार क्षेत्र या कर्म-जगत भी सीमित है। यह भी सूर की भक्ति-भावना और जीवनदृष्टि से उत्पन्न स्थिति है। वात्सल्य और प्रेम सम्बन्धी चेष्टा-व्यापारों का ही सूरसागर में निरूपण हुआ है। वे सौन्दर्य और प्रेम के भाव-जगत से सम्बद्ध हैं और स्वाभाविकता

तथा माधुर्य उनके गुण-धर्म हैं जिससे सारा चेष्टा-व्यापार मनोहर और मादक हो गया है। वात्सल्य के सन्दर्भ में वह रमणीय है और प्रेम के सन्दर्भ में रमणीयता मादकता की स्थिति पर पहुँच जाती है। सूर की समन्वित समष्टि भावना में रूप और भाव के साथ चेष्टा-व्यापार को भी जोड़ना चाहिए। ये चेष्टा-व्यापार या तो भाव के अन्तर्गत अनुभाव हैं या भावोदय और भावानुभूति के सहज परिणाम के रूप में उत्पन्न क्रिया-कलाप हैं। वास्तव में सूर अन्तर्जगत या भावजगत के कवि हैं, बहिर्जगत या कर्मजगत के नहीं। उनका रूप-सौन्दर्य-निरूपण ऐन्द्रिय होते हुए भी भाव या अनुभूति सापेक्ष है।

इसमें कोई सन्देह नहीं है कि सूर के काव्य में मनुष्य के कर्म-जगत को कोई महत्त्व नहीं मिला है, वह प्रायः छूट गया है। इससे उनके काव्योत्कर्ष में कोई कमी नहीं आती, लेकिन कवि और काव्य का महत्त्व घट जाता है। उत्कर्ष या प्रतिभा सौन्दर्यशास्त्रीय धर्म या मूल्य है जबकि महत्त्व सामाजिक मूल्य है। रचना के सौन्दर्यशास्त्रीय मूल्य और सामाजिक सार्थकता या उपादेयता के मूल्य में अन्तर करना चाहिए। तब सूर और तुलसी की श्रेष्ठता को लेकर शुक्ल जी ने जो विवाद खड़ा किया है, उसका अपने आप समाधान हो जाता है।

सूर के भाव-सौन्दर्य के अनुशील और मूल्यांकन में उसके धरातल पर भी ध्यान देना चाहिए। उसके ऐन्द्रिय, मानसिक और आध्यात्मिक आयाम हैं ही, उसकी मूलभूत चेतना द्वन्द्वातीत है। इसी द्वन्द्वातीत धरातल पर उन्होंने सौन्दर्य और प्रेम की व्यंजना की है। काव्य-रचना में सूर के सामने सुन्दर-कुरूप, सत्य-असत्य और अच्छे-बुरे के लौकिक द्वन्द्व नहीं हैं। द्वन्द्वों से परे की स्थिति शुद्ध आनन्दात्मक है। सारा जगत द्वन्द्वातीत सौन्दर्य और प्रेम से भरा है। उसमें विकल्पात्मक-सन्देहात्मक दुखदायी परिस्थितियाँ और मनोभावनाएँ अवश्य उठती हैं। उनको पार करके सौन्दर्य और प्रेम में भाव विह्वल हो जाना ही आनन्दात्मक स्थिति है। सौन्दर्यशास्त्र भी सौन्दर्य और सौन्दर्यानुभूति को निरपेक्ष और अपने में पूर्ण मानता है और उसकी परिणति आनन्दानुभूति है। यह भाववादी और आदर्शवादी सौन्दर्यशास्त्रीय दृष्टि सौन्दर्य और कुरूपता के विरोधी संघर्षात्मक द्वन्द्व को स्वीकार नहीं करती। सूर की सौन्दर्य-चेतना इस प्रकार निरपेक्ष और परिपूर्णतावादी है।

सूरसागर में कुब्जा-प्रसंग इस बात का प्रमाण है कि भाववादी धरातल पर कुरूपता समाप्त हो जाती है और वह सौन्दर्य में परिणत हो जाती है।

श्रीकृष्ण का कुब्जा को सौन्दर्य प्रदान करना एक आध्यात्मिक प्रतीक है। सूर के सौन्दर्यजगत में कुरूप कुछ नहीं है। बाह्य रूप की कुरूपता द्वन्द्वातीत भाव-जगत में रमणीय प्रतीत होती है। कुब्जा की भक्ति एवं सेवाभाव तथा गोपिकाओं की ईर्ष्या प्रेरित व्यंग्य के अतिरिक्त इस प्रसंग में कुरूप का सौन्दर्य में परिवर्तन भी एक मुख्य बिन्दु है–

कूबरी नारि सुन्दरी कीन्ही।
भाव मैं बास बिनु भाव नहिं पाइऐ जानि हिरदै हेत मानि लीन्हीं।।
हौं तो दासी कंसराइ की, देखो मनहिं बिचारी।
फलन माँझ ज्यों करूइ तोमरी, रहत घुरे पर डारी।
अब तो हाथ परी जंत्री के, बाजत राग दुलारी।
तनु तैं टेढ़ी सब कोइ जानत, परस भई अधिकारी।
सूरदास स्वामी करुनामय, अपने हाथ सँवारी।।
छुवत अटपट चाल गयी मिटि।।

भक्त यह प्रभु की महिमा मानेंगे कि स्पर्श मात्र से रूप बदल गया है। कुब्जा का बाह्य रूप सँवर कर सुन्दर हो गया है। लेकिन भावमय होना, माधुर्य और हृदय वीणा का बज उठना–कुब्जा के अन्तःसौन्दर्य को प्रकट करते हैं और उसी रूप में कुरूप भावात्मक सौन्दर्य प्राप्त करता है।

सूर की भाव-व्यंजना को सौन्दर्यमय बनाने वाले अनेक अभिव्यंजना एवं शैलीगत तत्त्व हैं जिन पर आगे विचार होगा। ये तत्त्व भाव को आस्वाद्य, संवेद्य और सम्प्रेष्य भी बनाते हैं।

सन्दर्भ

1. चिन्तामणि-1, आचार्य रामचन्द्र शुक्ल, पृ. 166
2. मध्यकालीन धर्मसाधना, आचार्य हजारीप्रसाद द्विवेदी, पृ. 249
3. हिन्दी साहित्य का वैज्ञानिक इतिहास, डॉ. गणपतिचन्द्र गुप्त, पृ. 298
4. सूरदास, आचार्य रामचन्द्र शुक्ल, पृ. 170
5. जायसी ग्रन्थावली की भूमिका, आचार्य रामचन्द्र शुक्ल, पृ. 87
6. सूरदास, आचार्य रामचन्द्र शुक्ल, पृ. 172-173
7. वही, पृ. 173-174
8. वही, पृ. 166
9. चिन्तामणि-1, आचार्य रामचन्द्र शुक्ल, पृ. 32
10. सूरदास, आचार्य रामचन्द्र शुक्ल, पृ. 174-175

कलात्मक सौन्दर्य विवेचन

कलात्मक चेतना

जीवन-जगत के रूपगत, भावगत और कर्मगत सौन्दर्यात्मक मूल्य की अनुभूति तब तक नहीं होती जब तक कवि अपने काव्य को मूर्त्त रूप प्रदान नहीं करता। सौन्दर्यात्मक मूल्य कहाँ तक कथ्य (Content) पर आधारित है और कहाँ तक रूप (Form) पर, यह विवादास्पद प्रश्न है। लेकिन काव्य में कथ्य की और रूप की दो भिन्न-भिन्न मूल्यानुभूतियाँ नहीं होतीं। समष्टि की एक ही सौन्दर्यात्मक मूल्यानुभूति होती है। समीक्षा की सुविधा के लिए भावपक्ष और कलापक्ष के रूप में विभाजन करके सौन्दर्य का अनुशीलन और विश्लेषण किया जाता है। काव्य में कथ्य का अर्थात् वस्तु-रूप, भाव और कर्म का जितना महत्त्व है, उससे कम उनके रूपायन का नहीं। दूसरे के महत्त्व को व्यापक अर्थ में अधिक भी कहा जा सकता है क्योंकि वस्तु-रूप, भाव और कर्म की सौन्दर्यात्मक प्रकृति एवं उसके स्वरूप का निर्धारक तत्त्व रूपात्मक अभिव्यंजना है और उसके बिना काव्य काव्य नहीं, केवल तथ्य है। प्रस्तुत अध्याय में पहले के अध्यायों में प्रतिपादित विषयों की मूर्त्त रूप-कल्पना पर विचार होगा। कवि के सौन्दर्य-बोध से लेकर उसकी शाब्दिक अभिव्यंजना तक रूपायन के अनेकानेक पहलू हैं। प्रतिभाशाली कवि परिस्थिति, परम्परा और युगीन काव्य-प्रवृत्ति से कुछ आधार-बिन्दुओं को ग्रहण करके विशिष्ट, नवीन और मौलिक रूप-विधान करता है।

सौन्दर्य-बोध (Aesthetic Sense) कलात्मक अभिव्यंजना का आधारभूत तत्त्व है। वह सौन्दर्याभिरुचि है। भारतीय काव्यशास्त्र में उसे सहृदयता और भावयित्री प्रतिभा की संज्ञाएँ दी गयी हैं। काव्यानुशीलन में ग्राहक को इनकी आवश्यकता है तो जीवन-जगत के अनुशीलन में प्राथमिक कल्पना के रूप में

कवि के लिए भी उनकी आवश्यकता पड़ती है। इसके आधार पर कवि के मन में जीवन-जगत के ऐन्द्रिय और मानसिक बिम्बों का संचयन होता है। उसके बाद सर्जनात्मक कल्पना के द्वारा काव्य-बिम्ब की संरचना होती है।

जीवन में कवि के सौन्दर्यात्मक संस्कारों के विकास के तीन स्रोत हैं—प्रकृति-सौन्दर्य, सामाजिक जीवन में अनुभवों से प्राप्त सौन्दर्य-चेतना और व्यक्ति की मानसिक अनुभूति एवं भावना से विकसित सौन्दर्य-दृष्टि। काव्य में रूप-संरचना की प्रौढ़ता कवि के विकसित सौन्दर्य-बोध के अनुरूप होती है। उपर्युक्त स्रोतों के आधार पर कवि के सौन्दर्य-बोध के तीन आयाम निर्धारित होते हैं—प्राकृतिक या नैसर्गिक, सामाजिक या यथार्थोन्मुख और वैयक्तिक। कवि का वैयक्तिक सौन्दर्य-बोध व्यक्तित्व की अन्तर्मुखता और बहिर्मुखता के अनुसार व्यक्तिनिष्ठ और वस्तुनिष्ठ रूप लेता है।

कवि का सौन्दर्य-बोध माध्यम भाषा में अभिव्यक्त होता है। कथ्य और रूप की अनुभूति और अभिव्यक्ति की, अर्थ और शब्द की संगति बिठाकर, दोनों में सेतु-बन्धन करने वाला कवि का सौन्दर्य-बोध है। "काव्य में जो मौलिक अनुभूति की प्रेरणा है, वही सौन्दर्यमयी और संकल्पात्मक होने के कारण अपनी श्रेय स्थिति में रमणीय आकार में प्रकट होती है। वह आकार वर्णनात्मक रचना-विन्यास में कौशलपूर्ण होने के कारण प्रेम भी होता है।"[1] कवि का सौन्दर्य-बोध अनुभूति या भावना के अनुरूप उचित शाब्दिक रूप-विधान करता है। भावना या अनुभूति की नवीनता और सूक्ष्मता के अनुरूप माध्यम का स्वरूप भी बदल जाता है। अन्यथा सफल अभिव्यंजना नहीं हो पाती। आभ्यंतर सूक्ष्म भावों की प्रेरणा बाह्य स्थूल आकार में भी कुछ विचित्रता उत्पन्न करती है। उसकी अभिव्यंजना में प्रचलित पद-योजना असफल रह जाती है। उसके लिए नवीन शैली, नया वाक्य-विन्यास आवश्यक है। उसी में कवि का सच्चा सौन्दर्य-बोध प्रकट होता है। "अपने भीतर से मोती के पानी की तरह आन्तर स्पर्श करके भाव समर्पण करने वाली अभिव्यक्ति कांतिमयी होती है।"[2]

सूर का सौन्दर्य-बोध अत्यन्त नैसर्गिक है। उन्होंने अपनी रचना में प्रत्यक्ष प्रकृति-सौन्दर्य का उद्‌घाटन बहुत कम किया है। लेकिन अप्रस्तुत विधान में उसकी अतिशयता की भरपूर व्यंजना की गयी है। उसके द्वारा मानवीय रूप-सौन्दर्य की अनन्तता और रंगीन छटा का द्योतन हुआ है। कवि का नैसर्गिक सौन्दर्य-बोध प्राकृतिक शोभा की परिधि तक

सीमित नहीं है। कल्पना ने उसमें रंग भरा है और आदर्शीकरण ने उसे असीम कर दिया है। कवि ने ऐसे-ऐसे प्राकृतिक अप्रस्तुतों को चुना है जिनसे अगाधता, अनन्तता, तीव्रता, ऊँचाई, अतिशयता आदि धर्म जुड़े हैं। नैसर्गिक परिवेश में ये धर्म सौन्दर्य-बोध को कृत्रिम या काल्पनिक नहीं होने देते। रचना में कल्पना और आदर्शीकरण के आधिक्य से ये दुष्परिणाम रीति-काव्य और छायावाद दोनों में देख सकते हैं।

प्रचलित अर्थ में सूर का सौन्दर्य-बोध सामाजिक और यथार्थोन्मुख नहीं है। उसका एक कारण कल्पनाशीलता और आदर्शीकरण है। दूसरा कारण कवि की जीवनदृष्टि है जो वैयक्तिक और अन्तर्मुखी है। तथ्यात्मक वस्तुस्थिति में या उसके व्यस्त सामाजिक रूप में सौन्दर्यदर्शन करने वाली मानसिकता सूर की नहीं है। न वे सामाजिक जीवन के आदर्शीकरण में सौन्दर्य देखते हैं। वे जिस आदर्शीकरण में सौन्दर्य देखते हैं वह मन का है, मनोगत भाव का है। जीवन की सापेक्षता में सूर का सौन्दर्य-बोध सामाजिकता और यथार्थता से नहीं, मानवीय प्रकृति, स्वभाव और सम्बन्धों की स्वाभाविकता से सम्बद्ध है। उस स्रोत से विकसित और प्रभावित सूर का सौन्दर्य-बोध स्वाभाविकता में है।

सूर के सौन्दर्यबोध का तीसरा पहलू वैयक्तिक और व्यक्तिनिष्ठ है। वे वस्तु की तथ्यात्मक भौतिक सत्ता में सौन्दर्य नहीं मानते, बल्कि उसकी मानसिक अवधारणा में सौन्दर्य देखते हैं। इस कारण उनकी रचना वस्तुनिष्ठ न होकर अनुभूति-मूलक और मनोभाव (Idea) केन्द्रित है। रूप-सौन्दर्य को इतना अधिक महत्त्व देने वाले कवि ने भी रूप के अस्तित्व की अपेक्षा रूप के भावन पर बल दिया है। लौकिक व्यक्तित्व की तरह कवि का कलात्मक व्यक्तित्व भी दो प्रकार का होता है-अन्तर्मुखी और बहिर्मुखी। बहिर्मुखी व्यक्तित्व वस्तु के अस्तित्व, उसके रूप और उसकी यथार्थता पर केन्द्रित रहता है जबकि अन्तर्मुखी व्यक्तित्व अधिक भावनाशील और कल्पनाशील होकर वस्तु से सम्बन्धित अपनी अनुभूति में तन्मय रहता है। सूर अन्तर्मुखी कवि हैं जो आलम्बन के रूप-सौन्दर्य में आश्रय की तरह तन्मय रहे और आलम्बन के रूप से उत्पन्न आश्रय की भावात्मक प्रतिक्रिया के साथ भाव-तादात्म्य का अनुभव किया है। कवि की कल्पनाशीलता, आश्रय की रंगीन सौन्दर्यानुभूति और भावानुभूति के रूप में व्यक्त हुई है। कवि का अन्तर्मुखी व्यक्ति-मन, उसके सौन्दर्य-बोध का केन्द्र है। प्राकृतिक और मानवीय स्रोतों से अर्जित सौन्दर्य के संस्कार सूर के सौन्दर्य-बोध की आधारभूमि है तो उसे विशिष्ट

रूप में ढालने वाले व्यक्ति-मन के भावात्मक-कल्पनाशील संस्कार हैं। शुक्ल जी ने सूर की आलोचना में उनकी सहृदयता की ओर ध्यान आकृष्ट करके उनकी भाव-व्यंजना की संवेद्यता और आस्वादनीयता को रेखांकित किया है। सौन्दर्यशास्त्रीय शब्दों में यह सूर के अन्तर्मुखी सौन्दर्य-बोध का प्रमाण है जो भाव की व्यंजना को तरल बनाता है।

सूर की अनुभूति और अभिव्यक्ति का सम्बन्ध-सूत्र उनका सौन्दर्य-बोध ही है। श्रीकृष्ण के सौन्दर्य और लीला-माधुर्य तथा गोपिकाओं की सौन्दर्यानुभूति एवं प्रेमभावना को शाब्दिक अभिव्यक्ति देने में सूर का सौन्दर्य-बोध दो रूपों में क्रियाशील दिखाई देता है—(1) जहाँ वस्तु और उसकी अनुभूति में आकर्षण एवं भाव-विह्वलता की व्यंजना करनी है वहाँ अभिव्यक्ति प्रत्यक्ष, ऋजु और सीधी है, जो उचित ही है। यहाँ सौन्दर्य का बोध प्रवाहशील है। (2) जहाँ वस्तु और उसकी अनुभूति में अधिक गहराई और सघनता है, अभिव्यक्ति में चुस्ती (Precision), गठन, केन्द्रीकरण, अन्तर्मुखी गहराई और गम्भीरता है। नेत्र-प्रसंग में अनुभूति चिर अतृप्त व्याकुलता में परिणत हो गयी है और भ्रमरगीत में वेदना व्याकुलता से बहुत आगे बढ़कर आर्त कातरता में परिवर्तित हो गयी है। दोनों प्रसंगों में सूर का सौन्दर्य-बोध पहले के प्रसंगों से अधिक गहन है। उनमें जो वचनवक्रता है वह अनुभूति को उचित शाब्दिक अभिव्यक्ति देने के प्रयत्न में विकसित प्रौढ़ सौन्दर्य-बोध का द्योतक है। नेत्र प्रसंग से भ्रमरगीत में अधिक वाग्वैदग्ध्य है तो वह अनुभूति की अधिक तीव्रता और अनुरूप गहन सौन्दर्य बोधात्मक अभिव्यंजना के कारण है।

काव्य में कथ्य की अभिव्यंजना कलात्मक होनी चाहिए। कलात्मकता के तीन बिन्दु हैं—सर्जनाशीलता, सौन्दर्य और विशिष्टता। जब अभिव्यंजना में सौन्दर्य पर बल दिया जाता है, यह मानकर चलते हैं कि कवि में रचनात्मक प्रतिभा या कल्पना का अभाव नहीं है, रचना व्यक्ति-सापेक्ष है तथा कथ्य का विशिष्ट रूप में प्रतिपादन हुआ है। काव्य या कला की विज्ञान के साथ तुलना करते हैं तो दूसरा तथ्यात्मक व्यक्ति-निरपेक्ष और सामान्योन्मुख है। उसकी प्रतिपादन-पद्धति मूर्त्त और सौन्दर्यात्मक नहीं है। उच्चतम स्तर पर विज्ञान भी कला की तरह सर्जनाशील है। लेकिन विज्ञान की सर्जनाशीलता नवीन भौतिक-वस्तु-सत्य का उद्‌घाटन करने वाली है जबकि कला या काव्य की सर्जनाशीलता भौतिक वस्तु का मानसिक भावपरक मूर्त्त रूप की सृष्टि में है।

भारतीय रस-सिद्धान्त काव्य में भाव को महत्त्व देता है, लेकिन अलंकार,

रीति और वक्रोक्ति सम्प्रदाय (एक हद तक ध्वनि सम्प्रदाय भी) रूप या अभिव्यक्ति के सौन्दर्य को। अलंकार सम्प्रदाय ने शोभा, अतिशयोक्ति, वक्रोक्ति और औपम्य में सौन्दर्य ढूँढ़ने का प्रयत्न किया है। वामन ने भावनानुरूप पद-संघटना या रीति का आग्रह करते हुए "सौन्दर्यमलंकारः" कहकर वस्तु के रचनाविधान या अलंकार में सौन्दर्य माना है। कुन्तक ने वार्ता और स्वाभावोक्ति से भिन्न "विदग्ध भंगी भणति" या वचनवक्रता में सौन्दर्य देखा है। "बन्ध सौन्दर्य सम्पदा" कहकर उन्होंने उक्ति गठन के महत्त्व का भी प्रतिपादन किया है। व्यापक सामान्य अर्थ में ध्वनि सिद्धान्त अभिव्यक्ति की प्रौढ़ता में काव्य का मूल्य स्वीकार करता है। पाश्चात्य विद्वानों में भी सौन्दर्य कथ्यगत है या रूपात्मक अभिव्यंजनागत है, इस बात को लेकर विवाद है।

इस सम्बन्ध में और एक विवाद काव्य और कला की समान और भिन्न प्रकृतियों को लेकर है। पहले में भाव की और दूसरे में रूप-सौन्दर्य की प्रधानता तथा पहले को प्रतिभाजन्य और दूसरे को कौशलजन्य मानने वाले आचार्य भी हैं। काव्य सहित समस्त ललित कलाएँ सर्जनाशील हैं। उनमें अन्तर माध्यम की भिन्नता और उससे उत्पन्न सीमाओं के कारण हैं। भाषा सामाजिक सम्प्रेषण का साधन होने के कारण काव्य-साहित्य में अभिव्यक्ति की अनन्त सम्भावनाएँ हैं। फिर उसी भाषा को लेकर काव्य में रूप-सौन्दर्यांकन की अपनी सीमाएँ भी हैं। जो हो, जब काव्य के सन्दर्भ में कलात्मक चेतना की चर्चा करते हैं, ज्ञान-विज्ञान से भिन्न उसकी विशिष्ट प्रकृति के आकलन का प्रयत्न कर रहे हैं।

काव्य का उत्कर्ष उसकी कलात्मक चेतना के धरातल पर निर्भर करता है। अर्थात् वह कितना सर्जनाशील है, सौन्दर्यमय है और विशिष्ट है। कलात्मक चेतना की प्रकृतिगत विशेषताएँ रचना की प्रकृति और उसके सौन्दर्य के स्वरूप को निर्धारित करती हैं।

रूप वर्णन में कल्पना की अतिशयता और प्रेम भावना में रंगीन छटा के बावजूद सूर की कलात्मक चेतना की प्रकृति सामान्यतः नैसर्गिक है। यह नैसर्गिकता कथ्य और अभिव्यक्ति के विविध पहलुओं में अन्तर्लीन दिखाई देती है। तुलसी की भाव-व्यंजना की गम्भीरता और शाब्दिक अभिव्यक्ति के सुगठित प्रौढ़ रूप के साथ तुलना में सूर की भाव-व्यंजना एवं शाब्दिक संरचना नैसर्गिक और सीधी लगती है। वाल्मीकि और कालिदास की कलात्मक

चेतना में सहजता और सुसंस्कृत प्रौढ़ता का जो अन्तर है वही अन्तर सूर और तुलसी की कलात्मक चेतना में है।

सूर की कलात्मक सर्जनाशीलता प्रसंगों की मौलिक उद्‌भावना और नवीन भावोन्मेष में दिखाई देती है। वस्तु-विवेचन में पहले पर विचार हो चुका है। संयोग लीलाओं में नवीन भावोन्मेष अपूर्व रूप-सौन्दर्य के उद्‌घाटन, अनुभूति की तन्मयता तथा उसके अनुरूप शाब्दिक विधान तक सीमित है। लेकिन भ्रमरगीत में वेदना की विवृत्ति में भावोन्मेष अत्यन्त व्यापक और मनोवैज्ञानिक है। शुक्ल जी के शब्दों में "वियोग की जितनी अन्तर्दशाएँ हो सकती हैं, जितने ढंगों से उन दशाओं का साहित्य में वर्णन हुआ है और सामान्यतः हो सकता है, वे सब उसके भीतर मौजूद हैं।"[3] "यदि हम केवल विप्रलम्भ श्रृंगार को ही लें, अथवा इस भ्रमरगीत को ही देखें, तो न जाने कितने प्रकार की मानसिक दशाएँ ऐसी मिलेंगी जिनके नामकरण तक नहीं हुए हैं।"[4]

सूर की कलात्मक चेतना का प्रधान धर्म सौन्दर्य है जो उनकी रचनाधर्मिता की मूल प्रेरणा है। उनकी प्रेम-भावना भी सौन्दर्याश्रित है। रूपवर्णनगत और भावगत सौन्दर्य पर पहले विचार किया गया है। कलात्मक अभिव्यंजना के सौन्दर्य का विश्लेषण आगे प्रस्तुत किया जायेगा।

सूर की कलात्मक चेतना की विशिष्टता को कवि की सृजनशीलता और काव्य-स्वरूप के दोनों सन्दर्भों में देखना चाहिए। अन्य भक्तकवियों की तरह काव्य-रचना में सूर के लौकिक व्यक्तित्व का प्रतिफलन दिखाई नहीं देता। भगवान के प्रति भक्तकवि के आत्मसमर्पण में पहली शर्त लौकिकता के बन्धनों से मुक्त होना है। सूर की भक्ति भावना में आराध्य और भक्तकवि का पूर्ण भावयोग है। पूरी तन्मयता के साथ सूर श्रीकृष्ण की मधुर लीलाओं का गायन करते हैं और आश्रय के साथ यशोदा, राधा या गोपिकाओं के साथ भाव-तादात्म्य का अनुभव करते हैं। उनकी कलात्मक चेतना में इस तन्मयता के साथ द्रष्टा का एक-दूसरा पहलू भी लक्षित होता है। कवि गाता है कि स्वर्ग के देवी-देवता कुतूहल और विस्मय के साथ श्रीकृष्ण की लीलाओं को देख रहे हैं। स्वयं कवि के मन में भी अद्‌भुत-लीला-दर्शन का विस्मय है। एक ओर कवि अपने मन में लीलाओं को प्रत्यक्ष कर रहा है और दूसरी ओर उनमें तन्मय हो रहा है। इन दोनों क्रियाओं में सौन्दर्य और माधुर्य की अनुभूति सूर के कलात्मक व्यक्तित्व और कलात्मक चेतना

का वैशिष्ट्य है। सूर की कलात्मक चेतना में उनके आत्मानन्द का उन्मुक्त प्रकाशन हुआ है।

जिस रूप में सूर ने श्रीकृष्ण की लीलाओं को ढाला है, पात्रों के स्वभाव और व्यक्तित्व में सहृदयता, कोमलता, माधुर्य और भोलापन भरा है या उनके भावों की व्यंजना में एकनिष्ठता, एकाग्रता, तीव्रता और तन्मयता दिखाई है, वह एक ओर भागवत से सूर की रचना को अलग कर देता है तो दूसरी ओर मधुरभक्ति से प्रेरित अन्य कृष्णभक्त कवियों के लीलागायन से भी सूर के कृतित्व की भिन्नता को घोषित करता है। सूर की रचनाधर्मिता और रचनात्मक धरातल उनका अपना है।

सूर की कलात्मक चेतना में अनुभूति की तीव्रता, वस्तु, भावोन्मेष और अभिव्यंजना–तीनों में चरम सीमा पर पहुँचकर प्रकट हुई है। इस तीव्रता का एक मात्र कारण लीला गायन में उनका मनोनिवेश है। आध्यात्मिक दृष्टि से यह कह सकते हैं कि सूर ने साधनावस्था से सिद्धावस्था पर पहुँचकर लीलाओं की प्रत्यक्ष अनुभूति प्राप्त की है। या लौकिक दृष्टि से यह स्वीकार कर सकते हैं कि लीलाओं में उनका पूर्ण मनोनिवेश तादात्म्य (Empathy) की स्थिति पर पहुँच गया है। इसी कारण वात्सल्य और प्रेम की अभिव्यंजना में सूर को ऐसी अभूतपूर्व सफलता मिली है। प्रसाद जी ने अपने निबन्ध ''काव्य और कला'' में रचना के उत्कर्ष के लिए अनुभूति की तीव्रता और अनुरूप अभिव्यक्ति का प्रश्न उठाते हुए तुलसी और सूर के वात्सल्य वर्णन पर विचार किया है। क्या कारण है कि तुलसी के द्वारा वात्सल्य-रस की अभिव्यंजना उतनी प्रभावशाली नहीं है जितना सूर का? यह तो नहीं कह सकते कि तुलसी जैसे प्रतिभाशाली कवि में वात्सल्य निरूपण की क्षमता और कौशल नहीं था। तुलसी और सूर में दृष्टि-भेद और लक्ष्य-भेद के कारण तुलसी की वास्तविक अनुभूति रामचन्द्र की भक्त-रक्षण-समर्थ दयालुता और न्यायपूर्ण ईश्वरता में है, वात्सल्य के आलम्बन में नहीं है। दूसरी ओर सूर की अनुभूति पाप-पुण्य-रहित शुद्धाद्वैत अवस्था में वात्सल्य और प्रेम की ओर उन्मुख है, लोकरक्षक रूप की ओर नहीं। अनुभूति की तीव्रता कवि के मनोनिवेश पर निर्भर करती है और कलात्मक चेतना की प्रकृति, दिशा तथा धरातल को निर्धारित करती है। सूर के वात्सल्य और प्रेम निरूपण में आत्मानुभूति की तीव्रता है।

भाषा में सौन्दर्य

अभिव्यंजना के अन्तर्गत माध्यम में कवि के भाव को मूर्त्त करने वाली सभी विशेषताएँ आ जाती हैं। शुक्ल जी के शब्दों में वह काव्य का कलापक्ष है। शुक्ल जी कलापक्ष को भावपक्ष से बिल्कुल अलग मानते हैं और उसे भाव-व्यंजना का साधन मात्र स्वीकार करते हैं, जबकि सौन्दर्यशास्त्र में भावपक्ष और कलापक्ष अभिन्न हैं। अभिव्यंजना में भाव अन्तर्भुक्त है। काव्य या कला के आन्तरिक और बाह्य पक्षों को अलग नहीं किया जा सकता। माध्यम में कलात्मक भावना की अभिव्यक्ति भी सौन्दर्यशास्त्रीय अर्थ में अभिव्यंजना नहीं है। माध्यम केवल साधन है। उसका कार्य कलात्मक अभिव्यंजना को स्थूल रूप देकर उसे संक्रमित करना या सम्प्रेषण है। काव्य के सन्दर्भ में भाषिक रूप अभिव्यंजना का एक पहलू मात्र है। प्रस्तुत अध्याय में कलात्मक अभिव्यंजना के विभिन्न तत्त्वों का अलग-अलग शीर्षकों में विचार किया गया है। इस शीर्षक में अभिव्यंजना के अन्तर्गत केवल शाब्दिक रूप और संरचना में व्यंजित सौन्दर्य चेतना का अनुशीलन होगा।

अभिव्यंजना के दो प्रकार्य हैं—सौन्दर्य को मूर्त्त करना और उसका सम्प्रेषण। शुद्ध कलावादी और सौन्दर्यशास्त्री दूसरे प्रकार्य को स्वीकार नहीं करते। कलाकार सम्प्रेषण का सचेत प्रयत्न नहीं करता, उस स्थिति में कला किसी-न-किसी बात का प्रचार हो जाने की सम्भावना है। लेकिन कलाकार की आत्माभिव्यंजना को अन्ततः प्रसाद गुण युक्त, स्पष्ट और ग्राह्य होना है और उस रूप में अभिव्यंजना अपने आप सम्प्रेष्य हो जाती है। सौन्दर्यात्मक अभिव्यंजना के सम्बन्ध में दूसरा जटिल प्रश्न माध्यम के उपयोग और प्रयोग को लेकर है। काव्य की लम्बी परम्परा में शाब्दिक-विधान का एक ढाँचा तैयार हो जाता है जिससे कवि लाभ उठाता है। उस सामान्य ढाँचे में अपनी विशिष्ट भावना की अभिव्यंजना का प्रयत्न करता है। काव्य में भाषिक सामान्य ढाँचे का मूल्य तकनीकी होता है जो विशिष्ट मूर्त्त अभिव्यंजना के सौन्दर्यात्मक मूल्य से भिन्न है। तकनीकी मूल्यों और सौन्दर्यात्मक मूल्यों का अन्तर रीतिबद्ध काव्य में स्पष्ट देख सकते हैं जहाँ अनेक कवियों ने काव्य रीति या ढाँचे का आधार लेकर सामान्योन्मुख रचनाएँ की हैं।

सूर के पूर्व काव्य के क्षेत्र में शुद्ध ब्रजभाषा का प्रयोग बहुत कम था। सूर ने ब्रजभाषा को काव्य भाषा का रूप ही नहीं दिया, बल्कि काव्य भाषा

में प्रौढ़ता के नाम पर कृत्रिमता से भाषा को बचाने का पूरा प्रयत्न भी किया है। उनकी भाषिक अभिव्यंजना लोक भाषा और प्रौढ़ काव्य भाषा के बीच सहज और स्वाभाविक रूप में है। उनके पूर्व गीतात्मक कृष्णकाव्य की रचना में जयदेव और विद्यापति ने कोमलकान्त-पदावली के प्रति विशेष आग्रह दिखाया। काव्य में कोमलता या लालित्य कलात्मक भावना का धर्म है, शब्द-रूप की कोमलता से सौन्दर्य का कोई सम्बन्ध नहीं है। बहुत करके शब्दों की कोमलता आस्वादन की भूमिका तैयार करती है। सूर की काव्य भाषा के सम्बन्ध में शुक्ल जी के ये विचार ध्यान देने योग्य हैं—''सूर में चलती भाषा की कोमलता है, वृत्ति-विधान और अनुप्रास की ओर झुकाव कम है। इससे भाषा की स्वाभाविकता में बाधा नहीं पड़ने पायी है। भावुक सूर ने अपना 'शब्द-शोधन' दूसरी ओर दिखाया है। उन्होंने चलते हुए वाक्यों, मुहावरों और कहीं-कहीं कहावतों का बहुत अच्छा प्रयोग किया है। कहने का तात्पर्य यह है कि सूर की भाषा बहुत चलती हुई और स्वाभाविक है।''[5] इसी स्वाभाविकता में भावना और भाषा की संगति बैठकर काव्य में स्वाभाविक सौन्दर्य का उन्मेष हो सका है।

सहजता या स्वाभाविकता के अतिरिक्त सूर की भाषा के अन्य गुण हैं, प्रवाह माधुर्य, प्रसाद और गाम्भीर्य। ये शब्द रूप पर आश्रित धर्म नहीं हैं। वे भावना की तीव्रता, आस्वाद्यता, स्पष्टता और गरिमा को व्यक्त करते हुए प्रसंग के अनुसार भाव और भाषा का, अर्थ और शब्द का सामंजस्य स्थापित करते हैं। ये गुणधर्म शब्द-चयन, शब्द के स्वरूप और शब्दों के विन्यास पर निर्भर करते हैं। दो उदाहरण लें—

मधुकर काके मीत भये।
दिवस चारि की प्रीति सगाई रस ले अनत गये।
प्रेम बिनस सब ग्वालि भई।
उरहन देन चलीं जसुमति कों मनमोहन के रूप रई।।

वाक्य-विन्यास गद्य का-सा है। लेकिन दोनों उदाहरणों में भाव का प्रवाह ''अनत गये'' और ''रूप रई'' तक तीव्र रूप धारण करता है। उस प्रवाह में विरोध का रंग भी भरा है—इसे लेकर छोड़ देने में और मन में प्रेम-तन्मय होकर प्रकट रूप में उलहना देने में। वियोग में ''प्रीति'' मानसिक है और संयोग में ''प्रेम'' रंगीन है। एक में कोमलता है, दूसरे में माधुर्य।

सूर की भावाभिव्यंजना में कहीं भी दुरूहता नहीं है—न भावगत, न शब्द और

शब्द-विन्यासगत। रचना में प्रसाद गुण के कारण भावों की स्पष्ट व्यंजना है। रूपवर्णन में कल्पना की अधिक क्रियाशीलता है और उपालम्भ के प्रसंगों में वचनवक्रता है। लेकिन उन सन्दर्भों में भी भाषा-शैली की क्लिष्टता नहीं है। प्रसाद गुण भाव को स्पष्ट ही नहीं, तरल भी बनाकर उसके सम्प्रेषण में सहायक है। संयोग वर्णन में भाषा का प्रधान गुण माधुर्य है और वियोग वर्णन में गांभीर्य। दूसरा प्रसंग प्रेमपरक होने के कारण गांभीर्य के साथ माधुर्य भी अन्तर्लीन है। अमरगीत में शब्द-चयन, शब्द-विन्यास और उचित-गठन इतना गम्भीर है कि भाषा की प्रौढ़ता, प्रेम-भाव की तन्मयता के अनुरूप गहरी अनुभूति देने वाली है। कोमलता या लालित्य की तरह सूर के काव्य में माधुर्य शब्दगत न होकर भाव का धर्म है जो उचित शब्द विधान के द्वारा मधुर अनुभूति का कारण है। प्रसाद, माधुर्य और गांभीर्य सूर की भाषा में कवि की भावना को व्यंजित करने वाला सौन्दर्यशास्त्रीय धर्म हैं।

सूर की भाषा सर्जनात्मक है जो विभिन्न प्रकार की शाब्दिक अभिव्यंजना में सौन्दर्य की सृष्टि करती है। भाषा का सौन्दर्य भावानुरूप गुणात्मक संरचना के अतिरिक्त उक्ति-गठन, वचनवक्रता और व्यंजकता में भी दर्शनीय है। यहाँ रचना की प्रौढ़ता में सूर की भाषिक सर्जनात्मक प्रतिभा प्रकट होती है। (1) सूर के सैकड़ों पदों की टेक में ही उक्ति-गठन की चुस्ती देखी जा सकती है जैसे ''अपने स्वारथ के सब कोऊ'', ''काहे को गोपीनाथ कहावत'', ''ऊधो मन माने की बात'' आदि में उक्ति-गठन में कसावट के अतिरिक्त अर्थ-गांभीर्य, व्यापक अनुभव और भाव-व्यंजना की प्रौढ़ता भी द्रष्टव्य है। सूर ने भाषा की स्वाभाविकता की रक्षा के लिए ही मुहावरों और लोकोक्तियों का प्रयोग नहीं किया है, उनके द्वारा प्रस्तुत भाव-व्यंजना को सजीव और सशक्त बनाया है। सूर की अनेक पंक्तियाँ लोकोक्तियों के समान व्यापक अनुभव से भरी हुई और भाषिक दृष्टि से कसी हुई हैं, जैसे ''प्रीति करि दीन्हीं गरे छुरी'', ''काहे को रोकत मारग सूधो'', ''ऊधो मन न भए दस बीस'' आदि में। कभी-कभी एक ही सार्थक शब्द के प्रयोग से उक्ति में अपूर्व सौन्दर्य आ गया है, जैसे ''लोचन जल कागद मिल के ह्वै गयी स्याम स्याम की पाति'', ''हरि काहे के अन्तर्यामी?'' आदि में।

(2) सूर की वचनवक्रता के विविध रूपों, उसमें अनुभूति की गहराई और अर्थवत्ता पर आगे अलग से विस्तार में विचार होगा। यहाँ इतना ही कहना पर्याप्त है कि भ्रमरगीत-प्रसंग को लेकर पता नहीं कितने कवियों ने

रचना की है, लेकिन उनमें सूर की सी विदग्धता नहीं है। सर्जनाशील प्रतिभा के बिना भाषा को उस तरह ढाला और मोड़ा नहीं जा सकता।

(3) सूर की भाषा की व्यंजकता भी अत्यंत प्रौढ़ हैं। काव्यशास्त्रीय शब्दों में इसे लक्षणा और व्यंजना कह सकते हैं। लेकिन सूर की भाषा की व्यंजकता इससे बहुत व्यापक है। मन के आकर्षण और प्रेम को छिपाकर गोपिकाएँ जो उलहना देती हैं या व्यंग्य करती हैं, तब अर्थ का दूसरा ही अर्थ हो जाता है। भाषा के लाक्षणिक और व्यंजक प्रयोगों में चित्रात्मकता भी दर्शनीय होती है, जैसे "अँखियाँ हरि दरसन की भूखी", "नैना नैननि माँझ समाने" आदि में। "कवि की भाषा का उत्कर्ष देखना है तो देखना चाहिए कि वह कितने कम शब्दों में, कितनी छोटी सीमा में बैठकर, किस असीम की ओर इशारा कर सकता है।"[6] सूर की भाषा की व्यंजकता व्यक्त में ही अव्यक्त की ओर, ससीम में ही असीम की ओर संकेत करने में है। रूप-सौन्दर्य-वर्णन और प्रेमलीला-निरूपण दोनों में यह बात देखी जा सकती है। यह शुद्ध काव्यशास्त्रीय व्यंजना न होकर भाव-संकेत मात्र है। गोपिकाओं के उलहनों को व्यंजना गर्भित मान सकते हैं, विपरीत लक्षणा के आधार पर। लेकिन अनेक अवसरों पर शाब्दिक-संरचना में व्यंजना बिल्कुल व्यक्त नहीं है। दूसरी बात, यहाँ सौन्दर्य व्यक्त उपालम्भ और अव्यक्त प्रेम के विरोध के अनुमान में है। दो उदाहरण लीजिए—पहला माखनचोरी का है और दूसरा, पनघट पर छेड़छाड़ का है।

दिन प्रति हानि होत गोरस की यह ढोटा, कौनैं ढ़ंग ढ़ायौ।
सूर स्याम कौं हटकि न राखै, तूं ही पूत अनोखौ जायौ।।
ब्रज घर घर यत बात चलावत।
जसुमत कौ सुत करत अचगरी जमुना जल कोउ भरन न पावत।
× × ×
मानत काहु न करत अचगरी, गागर धरि जल भुँइ ढरकावत।
सूर स्याम कौं मात-पिता दोउ ऐसे ढ़ंग आपुनहिं पढ़ावत।।

दोनों कथन विरोधात्मक हैं। प्रेम कहीं व्यक्त नहीं है। दूसरी ओर शिकायत तीव्रतम शब्दों में, सहज और सीधी भाषिक अभिव्यंजना के साथ चित्रवत रूप में भी है।

सूर ने ध्वनि-चित्रों में भी भाव को मूर्त्तता प्रदान की है। ध्वन्यर्थक व्यंजना में भाव की अनुभूति सजीव हो उठती है। भाव के अनुरूप शब्दों

का प्रयोग करते हुए शब्द-रूप को ध्वनित करने के कुछ उदाहरण प्रस्तुत हैं। आँसुओं के ढलकने का चित्र—

आज स्याम सपने मैं देखे, भरि आये नैन ढ़रकि गयौ कजरा।।

मेघों का गर्जन और चपला की चमक—

गगन मेघ घहरात थहरात गाता।
चपला चमचमाती चमकि नभ भहरात...।।

माता यशोदा के द्वारा श्रीकृष्ण को चलना सिखाने का ध्वनिचित्र—

सिखवति चलन जसोदा मैया।
अरबराइ कर पानि गहावत, उगमगाइ धरनी धरै पैया।।

ध्वनिचित्रों में अनुकरणात्मक या अनुरणनात्मक शब्दों का भी सजीव प्रयोग हुआ है—

ललित आँगन खेलै, ठुमकि ठुमकि डोलै,
झुनक झुनक बोलै पैंजनी मृदु मुखर।।
भहरात झहरात दवानल आयौ।।

"कृष्णभक्त कवियों की भाषा की सबसे मूल्यवान सम्पत्ति है उनके द्वारा प्रयुक्त अनुकरणात्मक शब्द, जिनके द्वारा उन्होंने लीला पुरुष कृष्ण की मनोरम लीलाओं में प्राण भर दिये हैं, उन्हें साकार बना दिया है।"[7] सूरसागर में सार्थक शब्दों के द्वारा और अनुरणनात्मक शब्दों के द्वारा ध्वनिचित्रों के अनेकानेक उदाहरण मिल जाते हैं।

शैली की दृष्टि से सूरसागर को चार वर्गों में बाँटा जा सकता है। पहली, लीला निरूपण में प्रयुक्त भावात्मक शैली है जो भावानुरूप तरल, मधुर और लयात्मक है। दूसरी भाव प्रेरित वैचारिक शैली है जो गम्भीर है। इसका प्रयोग दास्य भक्ति के आत्मनिवेदन के पदों में है। तीसरी कथावाचन शैली है जिनमें भागवत के कुछ कथा-प्रसंगों की रचना की गयी है। चौथी दृष्टिकूट शैली है जो प्रतीक-प्रयोग और श्लेष पर आधारित है। साहित्य-लहरी के अतिरिक्त सूरसागर के कुछ पदों में भी दृष्टिकूट शैली का प्रयोग दिखाई देता है। प्रथम दोनों शैलियाँ भाव के अनुरूप प्रौढ हैं। उनमें प्रवाह, तरलता, माधुर्य, चैतन्य और गम्भीरता सौन्दर्यानुभूति को जीवंत बनाते हैं। अन्तिम दो प्रकार की शैलियों में भाषिक संरचना की कोई उल्लेखनीय सौन्दर्य-चेतना दिखाई नहीं देती।

सूर की भाषा के ऐतिहासिक और काव्य-सौन्दर्यात्मक महत्त्व को द्विवेदी

जी के इन शब्दों में अभिव्यक्त कर सकते हैं-"सबसे बड़ी विशेषता सूरदास की यह है कि उन्होंने एक इतःपूर्व काव्य में अप्रयुक्त भाषा को इतना सुन्दर, मधुर और आकर्षक बना दिया कि लगभग चार सौ वर्षों तक उत्तर-पश्चिम भारत की कविता का सारा राग-विराग, प्रेम-प्रतीति, भजन-भाव उसी भाषा के द्वारा अभिव्यक्त हुआ।"[8]

कुंतक के अनुसार वक्रोक्ति "विदग्धभंगी भणति" है। सामान्य से भिन्न कथन में यह विदग्धता या वक्रता होती है। (कुंतक के शब्दों में वक्रोक्ति वार्ता या स्वभावोक्ति का विरोधी या विपरीत तत्त्व है।) विदग्धता भावगत और रचना-विधानगत दोनों प्रकार की हो सकती है। संकीर्ण अर्थ में उसे केवल रचना-विधानगत मानकर शुक्ल जी ने क्रोचे के अभिव्यंजनावाद और कुंतक के वक्रोक्ति-सिद्धान्त का विरोध किया है। काव्य की विदग्धता भावगत हो या रूपगत, अन्ततः वह शाब्दिक कथन या वाणी-विन्यास के द्वारा ही प्रकट होती है। वह सौन्दर्य का पर्यायवाची नहीं तो, उसे मूर्त्तरूप देने वाला आधार है। प्रश्न उठता है कि कलाकार की वह क्या मानसिकता है जो भाव और रूप को विदग्ध बनाने का प्रयत्न करता है? सौन्दर्य के प्रति आकर्षण, भाव-रूप में अधिकाधिक सौन्दर्य भरने का प्रयत्न, जीवन में वस्तु-भावगत सौन्दर्य से सन्तुष्ट न होकर उसे और अधिक आकर्षक और दीप्त बनाने की इच्छा आदि में से एक या अधिक रचना में विदग्धता के प्रेरक हो सकते हैं। संयोग और वियोग, सुख और दुख दोनों स्थितियों में वचन विदग्ध हो सकता है। पहले में वह हर्षातिरेक को प्रकट करने का साधन है और दूसरे में वेदना को भूल जाने या वेदना में कुछ सांत्वना और शांति (Relief) पाने का प्रयत्न है। प्रस्तुत शीर्षक में वचन-विदग्धता के लिए काव्य की आलोचना में प्रचलित वचन-वक्रता शब्द को ग्रहण किया गया है।

सूरसागर में माखनचोरी, पनघट पर छेड़छाड़, मुरली-माधुरी, गोपिका-नेत्रवर्णन और भ्रमरगीत प्रधान प्रसंग हैं जिनमें वचन-विदग्धता अधिक खुलकर सामने आयी है। माखनचोरी में श्रीकृष्ण का नटखटपन और भोलेपन के बहाने, यशोदा से गोपिकाओं की शिकायत और उलहना, श्रीकृष्ण की सफाइयाँ, वाणी की विदग्धता को प्रकट करती हैं। पनघट पर श्रीकृष्ण की ढिठाई और गोपिकाओं के द्वारा खरी-खोटी सुनाना, यशोदा को उलहना देना, माता यशोदा का श्रीकृष्ण को अभी अबोध बालक समझकर गोपिकाओं की बातों पर विश्वास न करना—वाणी-विन्यास में अपूर्व चमत्कार भर देते हैं।

दोनों प्रसंगों में गोपिकाओं के मन में श्रीकृष्ण के प्रति प्रेम, प्रसंग को विलक्षण रूप देता है। मुरली-माधुरी में गोपिकाएँ मुरली को श्रीकृष्ण के अधर-रस पान करने वाली सौत मानकर ताना देती हैं। लेकिन उनके मन में ईर्ष्या नहीं, कुतूहल और विनोद की भावनाएँ हैं। श्रीकृष्ण के सौन्दर्य के प्रति मोह के लिए जब गोपिकाएँ अपने ही नेत्रों का उपालम्भ और व्यंग्य करती हैं, डांटती-डपटती हैं, समझाती-बुझाती हैं और अन्त में खीझकर निन्दा करती हैं, उनकी वाणी में अद्‌भुत वचनवक्रता दिखाई देती है। इन सब प्रसंगों में वचनवक्रता वस्तु-भावगत अधिक और शब्द-विन्यासगत कम है। भ्रमरगीत में भाव और रूप दोनों मे वचन-विदग्धता है। उपर्युक्त प्रसंगों की तुलना में भ्रमरगीत-प्रसंग में भावगत तीव्रता, गहराई और गम्भीरता के कारण अनुरूप वाणी-विन्यास में वचनवक्रता अधिक वैविध्यपूर्ण और हृदयस्पर्शी है।

भ्रमरगीत की वचनवक्रता भावगत और भाषिक संरचनागत दोनों प्रकार की है। भाषिक संरचना में उक्तिगठन विदग्धतापूर्ण है। जैसे पहले कहा जा चुका है उक्तिगठन लोकोक्ति के समान भावपूर्ण होकर अनुभूति को विलक्षण मूर्त्त रूप देता है। पद की टेक में यह बात देखी जा सकती है। आगे की पंक्तियों में टेक का भाव धीरे-धीरे खुलकर सामने आता है। कभी-कभी कवि ने मुहावरों और लोकोक्तियों को वाणी की विदग्धता का अंग बना दिया है। गोपिकाएँ उद्धव के वचनों की व्यर्थता को इन शब्दों में घोषित करती हैं–

कमश्रम करत, सुनत कों ह्याँ है? होत ज्यों बन को रोयो।
सूर इते पै समझत नाहीं, निपट दई को खोयो।।

अपनी स्थिति से समझौता करती हुई गोपिकाओं की यह उक्ति है–

अब हमरे जिय बैठ्‌यो यह पद "होनी होउ सो होऊ"।
मिटि गयो मान परेखो, ऊधो! हिरदय हतो सो होऊ।।

भ्रमरगीत में वाग्वैदग्ध्य (Wit) शब्दार्थ पर ही नहीं, शाब्दिक उक्ति-गठन पर भी निर्भर है। उचित शब्द-प्रयोग और सुगठित रूप के बिना वाग्वैदग्ध्य चुभने वाला नहीं होता, जैसे–

उर में माखनचोर गढ़े।
अब कैसहु निकसत नहिं ऊधो! तिरछे ह्वै जो अड़े।।

कृष्णांकित पदों की सार्थकता और उनके समष्टि रूप में उक्ति-गठन ध्यान देने की है। शब्द-विन्यास में एक और विशेषता टेक की पंक्ति का

प्रश्नवाचक, निषेधात्मक, आश्चर्यार्थक या दृढ़ विधायक रूप है जो विशेष सार्थक और भावव्यंजक है।

भाव की दृष्टि से भ्रमरगीत की वचनवक्रता को वाग्वैदग्ध्य, हास-परिहास, उपालम्भ और व्यंग्य—चार वर्गों में बाँट सकते हैं। (1) वाग्वैदग्ध्य शब्द-प्रयोग और उसके अर्थ पर आश्रित, शुद्ध आह्लादकारी है। वह हास-परिहास से अधिक तीखा और चुभने वाला है। गोपिकाएँ राधा से कहती हैं—

मोहन माँग्यो अपनो रूप।
या ब्रज बसत अँचै तुम बैठी, ता बिनु तहाँ निरूप।।

निरन्तर ध्यान से श्रीकृष्ण का रूप हृदयंगम हो गया, इसलिए वे निराकार हो गये! राधा की भावना, निर्गुण-निराकार का परिहास भी वचन बिदग्धता में व्यंजित है।

(2) किसी विशेष परिस्थिति में समाज, वर्ग या व्यक्ति के रूप, गुण-धर्म, भाव-विचार आदि को लेकर हास-परिहास किया जाता है। परिस्थिति में कुरूपता, असंगति या विरोध उसका आधार होता है। हास-परिहास के पात्र के प्रति उपालम्भ और व्यंग्य की तरह मन में ईर्ष्या, कटुता, प्रतियोगिता, विरोध आदि भावनाएँ नहीं रहतीं। वाग्वैदग्ध्य की तरह हास-परिहास भी आनन्ददायी भावना है। हास-परिहास में मज़ाक करने वाला कभी हँस देता है और कभी तटस्थ रह जाता है। पाठक या श्रोता के लिए प्रसंग मनोविनोद का विषय होता है। भ्रमरगीत में परिहास के पात्र उद्धव और उनकी निर्गुण-निराकार विचारधारा एवं ज्ञान-योग मार्ग हैं। गोपिकाएँ उपदेश की परिस्थिति को ही हास्यास्पद समझती हैं, या हास्य की बातें। नहीं तो, कल तक सौन्दर्य और प्रेम की मूर्ति आज निर्गुण-साधना की बातें क्यों करते? गोपिकाएँ उद्धव से पूछती हैं कि "स्याम जब तुम्हैं पठाए तब नेकहु मुसकाने?" या उद्धव को टालने के लिए ही श्रीकृष्ण ने उन्हें नहीं भेजा?—"या ही तें तुम्हैं नन्दनन्दन जूँ यहाँ पठाए टारि।" गोपिकाएँ स्वयं अबोध-अज्ञानी होने का बहाना करती हुई उद्धव के ज्ञानोपदेश का परिहास करती हैं कि वह उनकी समझ में नहीं आ रहा है—

हम सों कहत कौन की बातें।
सुनि, ऊधो! हम समझति नाहि, फिर बूझति हैं तातें।।
ऊधो! जो तुम हमहिं सुनायो।
सो हम निपट कठिनाई करकै या मन कों समझायो।।

जुगति जतन करि हमहुँ ताहि गहि सुपथ-पंथ लौं लायो।
भटकि फिर्‌यो बोहित के खग ज्यों, पुनि फिरि हरि पै आयो।।

स्वयं अबोध बनकर आगे गोपिकाएँ उद्धव और उनके विचारों का प्रत्यक्ष परिहास करती हैं। उद्धव का परिहास–

ऊधो! भली करी तुम आये।
ये बातें कहि कहि या दुख में ब्रज के लोग हँसाए।।

उद्धव को व्यापारी कहकर उसे बेवकूफ बनाने का प्रयत्न–

ऊद्धव! जोग बिसरि जनि जाहु।
बाँधहु गाँठ, कहूँ जनि छूटै, फिरि पाछे पछिताहु।।

ज्ञानोपदेश का विरोध करती हुई परिहास करती हैं–

अटपटि बात तिहारी ऊधो सुनै सो ऐसी को है?
काहे को रोंकत मारग सूधो?
हम तौ निपट अहीरि बावरी जोग दीजिए ज्ञानिन।।

श्रीकृष्ण और कुब्जा के प्रेम को लेकर भी एकाध स्थान पर गोपिकाएँ शान्तचित्त होकर परिहास करती हैं–

बरू वै कुबजा भलो कियो।
सुनि सुनि समाचार, ऊधो! मो कछुक सिरात हियो।
जाको गुन, गति, नाम, रूप हरि हर्‌यों फिरि न दियो।
तिन अपनो मन हरत न जान्यो, हँसि हँसि लोग जियो।।

कुब्जा के प्रसंग में गोपिकाओं ने हास-परिहास नहीं, प्रायः व्यंग्य ही किया है।

(3) अनुचित गुण-धर्म और व्यवहार को लेकर उपालम्भ होता है। गोपिकाएँ विमुखता और लंपटता के लिए श्रीकृष्ण को, श्रीकृष्ण को अपने वश में करके मथुरा में बाँध रखने के लिए कुब्जा को और युवतियों को ज्ञान और योग का उपदेश देने के लिए उद्धव को उलाहना देती हैं। गोपिकाएँ श्रीकृष्ण को सन्देश भेज-भेज कर परेशान हैं, लेकिन कोई उत्तर नहीं है। श्रीकृष्ण की ऐसी उपेक्षा है–

सन्देशनि मधुबन कूप भरे।
जो कोउ पथिक गये हैं ह्याँ तें फिरि नहिं गवन करे।।

श्रीकृष्ण और उद्धव दोनों के गुण सब जानते हैं–

मधुकर! जानत है सब कोऊ।
जैसे तुम औ मीत तुम्हारे, गुननि निपुन हौ दोऊ।
पाके चोर, हृदय के कपटी, तुम कारे ओ बोऊ।।

श्रीकृष्ण में मधुकर का कालापन और कपट प्रेम है ही, मित्र होने के नाते उद्धव को भी वे दोष लग गये। उद्धव और कुब्जा को लेकर उपालम्भ—

ऊधो! जान्यो ज्ञान तिहारो।
× × ×
हम सबै अयानी, एक सयानी कुबजा सों मन मान्यो।।

कृष्ण को "लोग कहत कुब्जा-रस माते" और उनका दूत उद्धव युवतियों को योग का उपदेश दे रहे हैं—

ऐसेई जन दूत कहावत।
ऐसी परकृति परति छाँह की, जुबतिन जोग बुझावत।।

(4) उपालम्भ में व्यंग्य अन्तर्निहित रहता है। लेकिन जब वह स्पष्ट सामने आ जाता है, व्यंग्य करने वाले के मन की कटुता और वाणी का तीखापन खुलकर व्यक्त होता है। उपालम्भ और व्यंग्य दोनों अनुचित व्यवहार की प्रतिक्रिया को प्रगट करते हैं। लेकिन व्यंग्य में विरोध की भावना के साथ खरी-खोटीन सुनाने की नौबत आ जाती है। गोपिकाएँ पूरे मथुरा नगर को ही काला बना देती हैं—

वह मथुरा काजर की कोठरि जे आवहिं ते कारे।
तुम कारे, सफलक सुत कारे, कारे धूप भँवारे।।

कृष्ण की कृष्णता पूरे नगर में छा गयी! उद्धव और उपदेश पर व्यंग्य—

आयो घोष बड़ो व्यापारी।
लादि खेप यह ज्ञान-जोग की ब्रज में आय उतारी।
फाटक दै कर हाटक माँगत भोरी निपट सुधारी।।
× × ×
नफा जानिकै ह्याँ लै आये सबै वस्तु अकरी।।

कुब्जा-प्रसंग में श्रीकृष्ण और कुब्जा पर व्यंग्य—

ऊधो जानी रे मैं जानी।
राजा भए तिहारे ठाकुर अरु कुबिजा पटरानी।।
ऊधो उनकी बात हम जानी।
कोऊ हुती कंस की दासी कृपा करी भई रानी।

कुबिजा नाउँ मधुपुरी बैठी लै सुबास मनमानी।
कुटिल कुचील जन्म की टेढ़ी सुंदरि करि घर आनी।
अब वह नवल वधू है बैठी ब्रज की कहति कहानी।
सूर स्याम अब कैसें पैऐं जिनसों मिली सयानी।।

गोपिकाओं के व्यंग्य में वेदना है, आक्षेप है, निन्दा है, ईर्ष्या है और आक्रोश है। 'कोऊ हुती' में अनादर की पराकाष्ठा है।

शुक्ल जी का कहना है कि "वचन की जो वक्रता भाव प्रेरित होती है, वही काव्य होती है।"[9] वचन की वक्रता को भाव से अलग अभिव्यक्ति की एक पद्धति मानना ठीक नहीं है। वह भावना का अभिन्न अंग है। परिस्थिति और पात्र की मनःस्थिति के कारण कभी-कभी वाणी विदग्ध रूप धारण करती है। वह विदग्धता केवल बाह्य रूप की विशेषता न होकर भावगत है, भावभंगिमा है। कुंतक तो विदग्धता को काव्यत्व या काव्यसौन्दर्य का आधारभूत तत्त्व मानते हैं। काव्य की तथाकथित सीधी अभिव्यंजना भी सामान्य व्यवहार के कथन से भिन्न विदग्ध रूप में ही होती है। यहाँ भावाभिव्यंजना की मनःस्थिति दूसरे प्रकार की है। हमें काव्य में अभिव्यक्ति की विभिन्न शैलियों के विश्लेषण से सन्तुष्ट न होकर भाव-प्रेरक मनःस्थितियों को समझने का प्रयत्न करना चाहिए। जहाँ वचनवक्रता परिस्थितिजन्य और भावात्मक मनःस्थिति का अनिवार्य परिणाम न होकर ऊहात्मक है वहीं वह आरोपित और केवल वाणी-विन्यास की विशेषता है। ऐसी स्थितियों में काव्य का सौन्दर्य अवश्य ही निम्न कोटि का है। यहाँ कल्पना नहीं, ललित कल्पना या फैंसी क्रियाशील है। सूरसागर में भ्रमरगीत ही नहीं, और भी ऐसे प्रसंग हैं जहाँ परिस्थिति में पात्र की अनुभूति विलक्षण है और पाठक की सौन्दर्यानुभूति अपूर्व है। इस बात की ओर सूर ने गोपिकाओं की वाणी में स्वयं संकेत किया है—

ऊधो! कोकिल कूजत कानन।
तुम हम को उपदेश रत कहौ भस्म लगावत आनन।।

यह सूर का सौन्दर्य जगत है जिसमें विरोधी तत्त्वों के लिए कोई स्थान नहीं है। यह ज्ञान और योग पर सौन्दर्य और प्रेम की विजय है। सूर का वाग्वैदग्ध्य उसी सौन्दर्य की शाब्दिक आभा है।

•

सौन्दर्य-निरूपक पद्धतियाँ

काव्य में सौन्दर्य को मूर्त्त करने के लिए भाषिक संरचना साधन है तो उसकी अभिव्यंजना की विशेष पद्धतियाँ भी हैं, जिनमें उल्लेखनीय सादृश्य, साहचर्य

और विरोध है। इनसे सौन्दर्य मूर्त्त ही नहीं होता, अधिक उज्ज्वल या दीप्त भी होता है। इनका सम्बन्ध कथ्य या भाव और अभिव्यक्ति दोनों से है।

सादृश्य : श्रीकृष्ण के अपूर्व रूप-सौन्दर्य के साथ और किसी की समता का कोई प्रश्न ही नहीं उठता। उनसे अभिन्न राधा को ही कवि ने वह सम्मान दिया है–

सुनहु सखी राधा सरि को है।
जै हरि हैं रति पति मनमोहन, याको मुख सो जोहै।
जैसे स्याम नारि यह तैसी सुन्दर जोरी सोहै।।

इस समता में ही राधा-कृष्ण की जोड़ी का सौन्दर्य अपूर्व है। माता यशोदा अवश्य कहती हैं कि "त्रिभुवन मन-मोहन हरि हलधर की जोटी" और "जीवहु जुग हरि हलधर की जोटी", लेकिन दोनों भाइयों में कोई तुलना ही नहीं है। श्रीकृष्ण के सौन्दर्य की व्यंजना में सूर ने प्रकृति सौन्दर्य के साथ सादृश्य के आधार पर अच्छी संगति बिठाई है–

सोभा सिन्धु न अन्त रही री।
नन्द भवन भर पूरि उमंग चलि ब्रज की वीथिनि फिरत बही री।।
मुख छबि कहौं कहाँ लगि माई।
भानु उदै ज्यौं कमल प्रकासित, रवि ससि दोऊ जोति छपाई।।

गोपिकाएँ अपनी सारी बुद्धि लगाकर श्रीकृष्ण के सौन्दर्य के सदृश अप्रस्तुतों की कल्पना करती हैं–

करति बिचार परस्पर जुबती, उपमा आनतिं बुद्धि बनाई।

लेकिन कवि अन्ततः श्रीकृष्ण के सौन्दर्य के साथ प्रकृति की समता स्वीकार नहीं करता और सादृश्य विषमता में परिणत हो जाता है–

उपमा नैन न एक रही।।
उपमा हरि तनु देखि लजानी।।

आलम्बन और आश्रय में भावात्मक संगति और भावों का सादृश्य सौन्दर्यानुभूति को प्रोज्ज्वल करता है। बालकृष्ण का अद्भुत रूप यशोदा और गोपिकाओं में अनुरूप विस्मय और हर्ष के भावों का संचार करता है। उनके मनोभाव और चेष्टाएँ भी आनन्द उत्पन्न करती हैं। यहाँ भाव और भाव का नहीं, रूप और भाव या चेष्टा और भाव की अनुरूपता है जो सच्चे अर्थ में सादृश्य के अन्तर्गत नहीं आती। लेकिन यह पाठक की सौन्दर्यानुभूति को सजीव बना देती है–

चलत देखि जसुमति सुख पावै।
ठुमुकि ठुमुकि पग धरनी रेंगत जननी देखि दिखावै।।
मोह्यो बाल विनोद मोद अति नैननि नृत्य दिखाई।
चितवनि चलनि हर्‌यो चित चंचल चितै रही चित लाई।।

बाल मनोभाव और प्रौढ़ के भावों में सादृश्य सम्भव नहीं है। लेकिन दोनों के मन में एक भावात्मक सम्बन्ध सूत्र स्थापित होने पर वात्सल्य-भावना अत्यन्त मधुर हो जाती है।

बाल्यावस्था के विपरीत यौवनावस्था में प्रेम का मनोभाव परस्पर आकर्षण में उभयनिष्ठ और समान होती है। प्रेम की पराकाष्ठा पर मनोभावों में सादृश्य ही नहीं, बिल्कुल एकरूपता आ जाती है। संयोग में श्रीकृष्ण के साथ राधा और गोपिकाओं का ऐसा ही भाव-तादात्म्य स्थापित हुआ है। दोनों भावविभोर और तन्मय हो जाते हैं। इस भावानुभूति में सौन्दर्य और रस की पूर्णता है—

राधा स्याम सनेहिनी हरि राधा नेही।
राधा हरि कें तन बसैं हरि राधा देही।
राधा हरि कें नैन में हरि राधा नैननि।।
राधा स्याम स्याम राधा रंग।
पिव प्यारी कों हृदय राखत प्यारी रहति सदा हरि कें संग।।

और वियोग में "साची प्रीति जानि हरि आये, पूरन नेह प्रगट दरसाए"। कहा जाता है कि सौन्दर्य सौन्दर्य के साथ चमकता है और भाव अनुरूप भाव के साथ। सादृश्य-योजना में सौन्दर्य और सौन्दर्यानुभूति की दीप्ति का यही रहस्य है। शाब्दिक रूप में बार-बार न दुहराने पर भी सूरसागर में संयोगकालीन सौन्दर्य और प्रेम निरूपण में यह सादृश्य भावना अन्तर्निहित है।

साहचर्य—मानवीय रूप-सौन्दर्य अपने परिसर को सुन्दर बनाता है और परिसर का सौन्दर्य मानवीय रूप को दीप्त करता है। उसी तरह मानवीय भावों के प्रक्षेपण के द्वारा प्रकृति सजीव सौन्दर्य से भर जाती है और प्रकृति सौन्दर्य में मानवीय भाव उद्दीप्त हो उठते हैं। साहचर्य में सौन्दर्य के उत्कर्ष का श्रेष्ठ उदाहरण रासक्रीड़ा का प्रसंग है जिसमें प्रकृति और मनुष्य समान रूप से स्पन्दित होते हुए पूरे वातावरण को सौन्दर्यमय और रसमय बनाते हैं। रास में सोलह हजार गोपिकाओं के साथ श्रीकृष्ण की शोभा का वर्णन—

रास मंडल मध्य स्याम स्यामा।
मानौं घन बीच दामिनी कौंधति सुभग एक है रूप, द्वै नाहिं बाधा।
नायिका अष्ट अष्टहु दिसा सोहहीं, बनी चहु पास सब गोपकन्या।
मिले सब संग नहिं लखत कोउ परसपर, बने षट-दस सहज कृष्न सेन्या।
सजे सिंगार नव सात जगमगि रहे अंग भूषन, रैनि बनी तैसी।
सूर प्रभु नवल गिरिधर, नवल राधिका, नवल ब्रज-नारि मंडली जैसी।।

रास में सब सुन्दर है—रास की योजना, राधा-कृष्ण, अष्ट नायिकाएँ, सोलह हजार गोपिकाएँ और वैसी रात। फिर साज-सज्जा की चमक। सब मिलकर साहचर्य में मानवीय शोभा अपूर्व हो जाती है। उसमें प्रकृति का योग और मन का हर्षोल्लास भी मिल गया तो रूप, प्रकृति और भाव के सामंजस्यपूर्ण साहचर्य में सौन्दर्य का पूर्ण प्रकाशन हो जाता है—

मानौ माई घन घन अन्तह दामिनी।
घन दामिनि दामिनी घन अन्तर, सोभित हरि ब्रज-भामिनी।
जमुन पुलिन मल्लिका मनोहर, सरद सुहाई जामिनी।
सुन्दर ससि गुन रूप-राग-निधि, अंग अंग अभिरामिनी।
रच्यौ रास मिलि रसिक राइ सौं, मुदित भई गुन ग्रामिनी।
रूप-निधान स्याम सुन्दर घन, आनन्द मन बिस्रामिनी।
खंजन-मीन-मयूर-हंस-पिक, भइ-भेद गज-गामिनी।
को गति गने सूर मोहन संग, काम विमोह्यो कामिनी।।

रास के आयोजन में जहाँ प्रकृति अंग-अंग को अभिराम बना रही है, कवि ने शेष सृष्टि पर रास के प्रभाव को भी सूचित किया है। उस वातावरण में सारी सृष्टि की गतिविधि बदल गयी है—

उलटी जमुनाधार बहायो, सुनि धुनि चंचल पवन थकायो।।
तिहँ भुवन भरि नाद प्रकास्यौ गगन धरनि पाताल।
थकित थये तारागन सुनिकै, चन्द भयौ बेहाल।।
मुरली सुनत अचल चले।।

सूर ने सादृश्य और साहचर्य के आधार पर सौन्दर्य निरूपण में जो अप्रस्तुत योजना की है वह प्रायः रूप-वर्णन के सन्दर्भ में है। रासक्रीड़ा में सौन्दर्य और सौन्दर्य के साहचर्य में अप्रस्तुत विधान बिजली की तरह चकाचौंध उत्पन्न करने वाली है।

विरोध—यह कहना कठिन है कि सौन्दर्य सादृश्य और साहचर्य में ज्यादा

चमकता है या विरोध में। इतना अवश्य है विरोध मन को चमत्कृत कर देता है, चाहे वह सुन्दरता और कुरूपता का हो, चाहे एक दूसरे से भिन्न प्रकृति के भावों का हो या उन दोनों की अभिव्यक्ति में अप्रस्तुत योजना एवं रचना-विधानगत हो। लेकिन जब विरोध ईर्ष्या प्रेरित है और तीव्र संघर्ष में परिणत हो जाता है तो प्रसंग का सौन्दर्य समाप्त हो जाता है। इसलिए विरोध में ईर्ष्या, क्रोध, संघर्ष आदि या तो बहाने होते हैं या वेदना और हानि न करने वाले।

सूर सागर में कुरूपता के विरोध में रूप-सौन्दर्य को अधिक आकर्षणमय सिद्ध करने का प्रयत्न कहीं नहीं हुआ है। उमड़ते हुए पूर्ण रूप-सौन्दर्य के प्रवाह में कुरूप-विरूप बह गया है या ढँक गया है। कुब्जा-प्रसंग में कुरूपता सौन्दर्य में परिणत हो गयी है, दोनों की विरोधात्मक स्थिति की ओर संकेत भी नहीं है। भ्रमरगीत में गोपिकाओं के वचनों में कुब्जा की कुरूपता की जो एक झलक मिलती है वह केवल उलाहना देने के लिए है। लेकिन सूरसागर में भागवत विरोध की कुछ झाँकियाँ मिल जाती हैं। वे सौन्दर्य और प्रेम के सागर में हलकी हलचल की लहरें पैदा करके भावानुभूति की एकतानता को दूर करती हैं। भारतीय जीवन-दर्शन और साहित्य आनन्दवादी हैं, पाश्चात्य दृष्टि और साहित्य-रचना की तरह यथार्थोन्मुख संघर्षमय नहीं हैं। इसलिए सूरसागर में विरोध और संघर्ष को आनन्द की साधना में व्यवधान के रूप में या आनन्द को अधिक क्रियाशील, रसमय और सौन्दर्यमय बनाने वाले रूप में ही ग्रहण करना चाहिए। मुरली प्रसंग में उसके प्रति गोपिकाओं की ईर्ष्या और उपालम्भ तथा गोपिकाओं के नेत्रों के व्यवहार का स्वयं उन्हीं के द्वारा विरोध, उपालम्भ और निन्दा-नाद-माधुर्य और सौन्दर्य-दर्शन में आनन्द के प्रकाशन की भंगिमाएँ मात्र हैं। विरोध आनन्द प्रकाशन का आवरण मात्र है। माखनचोरी और पनघट-लीला में गोपिकाओं का विरोध—इससे कुछ अधिक तीव्र लगता है, लेकिन वह भी दिखावा ही है। गोपिकाओं के मन में प्रेम है जो व्यवहार के विरोध में कभी प्रकट हो जाता है और कभी अव्यक्त रह जाता है।

माखन चोरी—

मुख तन चितै, विहँसि हरि दीन्हीं, रिस तब गयी बुझाइ।
लियौ स्याम उर लाइ ग्वालिनी, सूरदास बलि जाइ।।
बात विनोद बिलोकि सूर प्रभु सिथिल भई ब्रजनारि।
फुरै न बचन बरजिवै कारन, रहीं बिचारि बिचारि।।

पनघट लीला—

करत अचगरी नन्द महर को।

× × ×

कोउ खीझौ कोऊ किन बरजौ जुबतिनि कें मन ध्यान।
मनर्बच कम स्याम सुन्दर तजि और न जानतिं आन।
मोहन मन मोहिनी लगाई सखिनि संग पहुँची घर जाइ।
सूरदास प्रभु सौं मन अँटक्यौ देह नेह की सुधि बिसराइ।।

यहाँ विरोध मन के क्रोध और प्रेम का है, एक व्यक्त है दूसरा अव्यक्त है। गोपिकाओं के मन में दोनों को लेकर बीच-बीच में कुछ संघर्ष रहा हो तो भी वह दूसरे ही क्षण में समाप्त हो जाता है। यशोदा से पनघट पर अत्याचार का उलाहना भी अन्ततः गोपिकाओं के लिए विनोद का विषय हो जाता है। दोनों प्रसंगों का सारा सौन्दर्य मन के बाहर-भीतर के विरोध में हैं। चोरी की कला और छेड़छाड़ का माधुर्य, गोपिकाओं के विरोध और उस समय उनकी मानसिक स्थिति के सन्दर्भ में ही अधिक आकर्षक और सजीव हो उठते हैं।

भ्रमरगीत में विरोध तीव्र और गम्भीर है। प्रेमविवश गोपिकाएँ सगुण-साकार के बदले निर्गुण निराकार और प्रेम के स्थान पर ज्ञान-योग स्वीकार करने के लिए तैयार नहीं हैं। गोपिकाओं के मन में कोई संघर्ष नहीं है, वे अपने विश्वास पर दृढ़ हैं। विरोध और संघर्ष बाहरी हैं—गोपिकाओं और उद्धव के भाव-विचारों में। गोपिकाएँ हास-परिहास और व्यंग्य में उद्धव की बातों को उड़ा देती हैं। लेकिन उनके मन की वेदना में श्रीकृष्ण का सन्देश और उद्धव के वचन कुढ़न उत्पन्न करके एक विरोधी मनःस्थिति उत्पन्न करते हैं, जो उनके वचनों में प्रकट होती है। भ्रमरगीत में भावात्मक स्तर पर साकार-निराकार और प्रेम-योग का विरोध, सौन्दर्य एवं प्रेम की अनेक भाव-भंगिमाओं को व्यक्त करता है, जो वेदना के आँसुओं से गीली हैं।

साकार और निराकार में सौन्दर्यात्मक अन्तर—

रेख न रूप, बरन जाके नहिं ताको हमें बतावत।
अपनी कहौ, दरस वैसे को तुम कबहुँ हौ पावत?
रसना बारि फेरि नव खण्ड कै दैं निरगुन के साथ।
इतनी तनक बिलग जनि मानहु, अँखियाँ नाहीं हाथ।।

गोपियों की दृष्टि में योग और प्रेम का अन्तर—

आयें हैं ब्रज के हित ऊधौ जुवतिनि कौ लै जोग।
आसन ध्यान नैन मूँदि सखि, कैसे कढ़ै वियोग।
हमरे कौन जोग व्रत साधै?
मृगत्वच, भस्म, अधारि, जटाको को इतनो अवराधै?
ऊधौ मन नाहीं दस बीस।
एक हुतौ सो गयौ स्याम संग, को अवराधै ईस।।

गोपिकाओं को अपना प्रेमी कृष्ण ही चाहिए, मोहन यह अमूल्य ज्ञान-योग कुब्जा को दें—

पा लागौं कहियौं मोहन सों जोग कूबरी दीजै।
सूरदास प्रभु रूप निहारैं, हमरे सम्मुख कीजै।।

रूप-सौन्दर्य की भूखी गोपिकाओं के लिए ज्ञान-योग की बातें असह्य हो जाती हैं—

अँखियाँ हरि दरसन की भूखी।
कैसे रहैं रूपरस राँची ये बतियाँ सुनि रूखी।
अवधि गनत हकटक मग जोवत तब एती नहीं झूखी।
अब इन जोग सन्देसन ऊधौ अति अकुलानी दूखी।।

मन की भावना के विरुद्ध व्यवहार और उपदेश से गोपिकाएँ दीन होकर उद्धव से प्रार्थना करती हैं—

ऊधो! हम हैं तुम्हारी दासी।
काहे को कटु बचन कहत हौ, करत आपनी हाँसी।।

क्रोध, उपालम्भ और व्यंग्य की उग्रता अन्त में दीनता में परिणत हो जाती है। प्रेम और योग को लेकर उद्धव का मजाक करने वाली गोपिकाएँ हार मानकर अपनी स्थिति से समझौता कर लेती हैं। लेकिन इसी हार में उनके प्रेम की जीत है। भ्रमरगीत में विरोधी तत्त्वों को सामने रखकर सूर ने सौन्दर्य और प्रेम की महानता को ही प्रकट नहीं किया, ज्ञान योग के विरोध में सौन्दर्य-प्रेम को अपूर्व आभामय भी बनाया है।

भ्रमरगीत में ब्रज के लोक जीवन और मथुरा के नागरिक जीवन तथा रागात्मक सम्बन्धों में अन्तर की ओर भी कुछ संकेत मिलते हैं। यहाँ विरोध भावमूलक है। गोपिकाओं की दृष्टि में "वह मथुरा काजर की कोठरि जे आवहिं ते कारे" हैं और वहाँ का प्रेम भी कपटी व्यवहार है। इसीलिए वे

श्रीकृष्ण और कुब्जा पर व्यंग्य करती हैं। श्रीकृष्ण मथुरा पहुँचकर वहाँ के ऐश्वर्य से ब्रज के स्नेहमय जीवन में अधिक सुख देखते हैं–

यह मथुरा कंचन की नगरी मनि-मुक्ताहल जाहीं।
जबहिं सुरति आवति वा सुख की जिय उमगत, तनु नाहीं।
× × ×
सूरदास प्रभु रहे मौन है, यह कहि कहि पछिताहीं।।

जहाँ तक विरोधमूलक अभिव्यंजना का प्रश्न है, उसके तीन रूप मिलते हैं। एक, रूप-सौन्दर्य वर्णन के सन्दर्भ में प्रस्तुत से अप्रस्तुत प्राकृतिक उपमानों को व्यतिरेक, प्रतीप आदि अलंकारों के रूप में हीन या अनुपयुक्त घोषित करना है। इस विरोध के द्वारा सौन्दर्य की अपूर्वता को व्यंजित करने का प्रयत्न हुआ है–

राधे तेरे रूप की अधिकाई।
जो उपमा दीजै तेरे तनु ता मैं छबि न समाइ।।

दो, श्रीकृष्ण की ओर आकृष्ट और विवश गोपिकाओं के नेत्रों के लिए लोभी, लंपट, चोर, ठग आदि नीच उपमाएँ देकर उनका अवमूल्यन हुआ है तो उसी के द्वारा श्रीकृष्ण के रूप-सौन्दर्य का अपूर्व आकर्षण व्यक्त हुआ है। तीन, भाव की व्यंजना में विरोधी विधान भ्रमरगीत के प्रसंग में है। गोपिकाओं की वियोग-वेदना के विरोध में बसन्त और शरद ऋतुओं के सौन्दर्य की व्यंजना है। विरह-वेदना के उद्दीपन से खीझकर गोपिकाएँ कहती हैं कि प्रकृति का यह सौन्दर्य वृन्दावन वालों को व्यथित करने के बदले मथुरा में क्यों न खिल उठता, जहाँ श्रीकृष्ण आनन्द मंगल मना रहे हैं–

मानौ, माई, सबन्ह इतै ही भावत।
अब वहि देस नन्दनन्दन को कोउ न समौ जनावत।।

वियोग वेदना में प्रकृति की सार्थकता केवल उद्दीपन रूप में नहीं है। सूर ने भ्रमरगीत में प्रकृति को तीव्र भावानुभूति का व्यंजक रूप दिया है। प्रकृति की गतिविधि कभी सादृश्य के द्वारा और कभी विरोधी रूप में भाव का उत्कर्ष करती है। गोपिकाओं की यह विरोधमूलक तीव्र भावाभिव्यंजना है–

हम ते भली जलचरी बापुरी अपनो नेम निबाहै।
जल तें बिछुरत ही तन त्यागे जल ही जल को चाहै।
अचरज एक भयो सुनो ऊधो! जल बिन मीन जियो।
सूरदास प्रभु आवन कहि गये मन विस्वास कियो।।

कल्पना

कल्पना कलाकार की सर्जनात्मक शक्ति है जो उसके भाव को, काव्य के कथ्य को मूर्त्त रूप देता है। वह भौतिक यथार्थ का मानसिक बिम्ब-रूप प्रस्तुत करता है। हीगल के अनुसार, काव्य वस्तु मूर्ति और चित्रकला की तरह भौतिक जगत का दृष्टिगोचर सम्मूर्त्तन नहीं कर सकता, इसलिए काव्य का रचना-विधान मनोगोचर और भावोद्‌बोधक रूप में होता है। कल्पना के काव्यबिम्ब में यथार्थ का आधार ग्रहण, एकता और अन्विति होती है, जो अभीष्ट प्रभाव सृष्टि करती है। इसके विपरीत ललित कल्पना या फैंसी साहचर्य (Association) के आधार पर जो रूप सृष्टि करती है वह ऊहात्मक है, उसके रूप-विधान या सम्मूर्त्तन में काव्यबिम्ब की तरह यथार्थ के आभास, एकता और अन्विति का बोध न होकर प्रभाव बिखरा होता है। शुक्ल जी ने इसे अपनी आलोचना में दूरारूढ़ कल्पना कहा है। जहाँ कल्पना अपनी रूपात्मक सर्जना के द्वारा सौन्दर्यानुभूति देती है, ललित कल्पना का रूप-विधान केवल कुतूहल या विस्मय को जगाता है। कालरिज ने इन दोनों के अन्तर पर विस्तार से विचार करते हुए काव्य-कल्पना के द्वारा ही उत्कृष्ट काव्य रचना सम्भव माना है।

काव्य में कल्पना का प्रकार्य बहुमुखी है। वह नवीन उद्‌भावना शक्ति है। जीवन-जगत के अन्तर्दर्शन में वह उसके भौतिक व्यक्त रूप में निहित तात्त्विक भाव का प्रकाशन करती है। वह अगोचर-अमूर्त्त को गोचर-मूर्त्त रूप में प्रत्यक्ष करती है। इस प्रक्रिया में वह कभी-कभी भौतिक यथार्थता के आधार पर अतीन्द्रिय कल्पित वस्तुभाव-समुदाय को सामने रखती है जैसे ईश्वर, स्वर्ग-नरक आदि। काव्य में कल्पना का मुख्य कार्य सम्मूर्त्तन या गोचर रूप या दृश्य की सृष्टि है। काव्य के शब्द-विन्यास के द्वारा वस्तु-रूप, भाव, चेष्टा या कर्म का रूप विधानक भी प्रत्यक्ष होता है तो कभी अप्रस्तुतों की सहायता लेकर। शुक्ल जी ने कल्पना के वास्तविक स्वरूप से अभिज्ञ होते हुए भी अपनी व्यावहारिक आलोचना में उसे अप्रस्तुत, बिम्ब, प्रतीक आदि के द्वारा रूपविधायिनी माना है और हिन्दी आलोचना में वही परम्परा चली आ रही है। कल्पना शब्द के व्यवहार में कल्पित का भाव निहित होने के कारण कल्पना के रूप विधान को प्रस्तुत से भिन्न कल्पित अप्रस्तुत समुदाय से जोड़ा जा रहा है। अंग्रेजी एमैजिनेशन शब्द के लिए कल्पना की अपेक्षा संस्कृत का भावन या भावना शब्द अधिक समीचीन है।

कल्पना के आधारभूत तत्त्व प्रत्यक्ष अनुभव के ऐन्द्रिय संवेदन, उनके आधार पर मन में संचित स्मृति बिम्ब और दोनों को गलाकर-मिलाकर नूतन रूप में ढालने वाली मन की चेतना की क्रियाशीलता है। सार्वे के अनुसार इस चेतना के बिना कल्पना का आविर्भाव नहीं हो सकता। कल्पना और चेतना सहवर्तिनी है। कल्पना की क्रियाशीलता में अन्य तत्त्वों का केवल अप्रत्यक्ष योग रहता है। संवेगात्मक अनुभूति की तीव्रता, कल्पना को उत्तेजित करती है। जीवन-जगत के अनुशीलन में कल्पना भावयिनी प्रतिभा और स्पंदनशील सहृदयता पर आधारित होती है। रूप-विधान में वह कभी-कभी सन्दर्भ के अनुसार अनुमान, प्रत्यभिज्ञा, अचेतन के भाव-विचार आदि का सहयोग लेती है। यहाँ तक कि स्वप्न के साथ भी उसका सम्बन्ध जोड़ा गया है। आखिर कल्पना-जगत एक प्रकार का स्वप्नलोक है जिसमें प्रत्यक्ष जीवन और मानसिक शक्तियों का एक्र अपूर्व सम्मेलन हो जाता है और उनके सम्बन्ध में यह कहना कठिन है कि कितना यथार्थ है और कितना मनगढ़न्त।

कल्पना को लेकर तीन महत्त्वपूर्ण प्रश्न उठ गये हैं। (1) पाश्चात्य आलोचना में काव्य में कल्पना और यथार्थ के पारस्परिक महत्त्व को लेकर विवाद है। जब कल्पना यथार्थ का आधार छोड़कर ऊहापोह पर उतर आती है और काल्पनिकता (Fictiousness) का रूप लेती है तो काव्य प्रभावोत्पादक नहीं रह जाता। (2) सौन्दर्यशास्त्री कल्पना की रूप-सृष्टि में सौन्दर्यानुभूति और भावानुभूति का प्रश्न उठाकर दूसरे को लौकिक और आनुषंगिक मानते हैं। काव्य में वस्तु, भाव और कर्म की भावात्मक प्रतिक्रिया भी अनिवार्य रूप से होती है। इसे अस्वीकार नहीं किया जा सकता। फिर काव्य-सौन्दर्य-भावन में भी अनेक भावनाएँ जगकर सौन्दर्यानुभूति के अंग बन जाती हैं। "कल्पना एक ऐसी मानसिक सृष्टि है, जिसमें सौन्दर्यबोध के साथ सम्मूर्त्तन की क्षमता और भावोद्‌बोधन का गुण रहता है।"[10] तीसरा प्रश्न शुक्ल जी ने उठाया है जो काव्य में कल्पना को साधन और भाव को साध्य मानते हैं। "जब भाव की उमंग ही कल्पना को प्रेरित करती है, तब कवि का मूलगुण भावुकता, अर्थात् अनुभूति की तीव्रता है। कल्पना उसकी सहयोगिनी है। पर ऐसी सहयोगिनी है जिसके बिना कवि अपनी अनुभूति को दूसरे तक पहुँचा ही नहीं सकता।"[11] "कल्पना काव्य का बोध पक्ष है। कल्पना में आयी हुई रूप-व्यापार-योजना का कवि या श्रोता को अन्तःसाक्षात्कार या बोध होता है। पर इस बोध पक्ष के अतिरिक्त काव्य का भावपक्ष भी है। कल्पना को

रूप-योजना के लिए प्रेरित करने वाले और कल्पना में आयी हुई वस्तुओं में श्रोता या पाठक को रमाने वाले रति, करुणा, क्रोध, उत्साह, आश्चर्य इत्यादि भाव या मनोविकार होते हैं। इसी से भारतीय दृष्टि ने भावपक्ष को प्रधानता दी और रस के सिद्धान्त की प्रतिष्ठा की।''[12] स्पष्ट ही शुक्ल जी कल्पना को सर्जनाशील शक्ति के रूप में नहीं, सीमित अर्थ में भाव की रूपविधायिनी मानते हैं। काव्य में कल्पना और भाव के पारस्परिक महत्त्व की समस्या सौन्दर्य और भाव के सम्बन्ध का है। कल्पना और सौन्दर्य के बिना काव्य का काव्यत्व ही नहीं है। दूसरी बात काव्य की अनुभूति से सम्बद्ध है कि वह संवेगात्मक है या सौन्दर्य का भावन मात्र।

सूर की सर्जनात्मक कल्पना ने पता नहीं कितने नवीन और मौलिक प्रसंगों और सन्निवेशों की कल्पना की है और उनमें सौन्दर्य और रस भर दिया है। प्रेमलीला की अपेक्षा बाललीला में ऐसे प्रसंग अधिक हैं। शायद इसलिए कि वात्सल्य का क्षेत्र काव्य परम्परा में अधिक अछूता है। लेकिन वात्सल्य और प्रेम दोनों क्षेत्र में कल्पना ने भावों में रंग भरकर नवीनता और अपूर्वता का परिचय दिया है। ज्ञात भाव-क्षेत्र को इस तरह विदग्ध रूप देने में कवि की कल्पना की महानता है। स्वप्न-मिलन के आनन्द और वेदना का यह नया रूपांकन है—

हम को सपने हूँ में सोच।
जा दिन तें बिछुरे नन्दनन्दन ता दिन तें यह पोच।।
मनौ आये गोपाल मेरे घर, हँसि करि भुजा गही।
कहा करौं वैरिनि भइ निंदिया, निमिष न और रही।।
ज्यों चकई प्रतिबिम्ब देखि कै आनन्दी पिय जानी।
सूर पवन मिलि निठुर बिधाता चपल कियो जल आनि।।

सूर ने स्वप्न और स्वप्न-विघ्न की आशा-निराशा के सौन्दर्य को मूर्त्त कर दिया है। सूर की कल्पना में काल्पनिक प्रसंग बहुत कम हैं। बीच-बीच में अवतारवादी दृष्टि से देवी-देवताओं के आनन्द-विभोर हो जाने के प्रसंग को छोड़कर। मानव-जीवन की सहज प्रवृत्तियों की सापेक्षता में मानव-मन का अनावरण भाव-जगत के अद्‌भुत होने का भ्रम पैदा करता है। ऐसा लगता है कि रचना में कवि और पात्र के मन की चेतना सौन्दर्य और प्रेम के सन्दर्भ में अनायास आविष्कृत और प्रवाहित होती जा रही है।

सूर जितने भावनाशील कवि हैं उतने ही कल्पनाशील। भ्रमरगीत के

प्रसंग को छोड़कर कवि की कल्पना ने ऐन्द्रिय संवेदना में सौन्दर्य और माधुर्य की सृष्टि की है। यह ऐन्द्रियता रूपगत ही नहीं भावगत भी है। भ्रमरगीत में ऐन्द्रिय कल्पनाओं का अभाव नहीं है, पर अनुभूति की तीव्रता में कल्पना की व्यंजना अधिक सूक्ष्म और मानसिक है। ऐन्द्रियता के अतिरिक्त सूर की कल्पना की अन्य विशेषताएँ अतिशयता, रंगीन छटा और अपूर्वता या अद्‌भुतन हैं। कल्पना की ऐन्द्रियता से ही ये विशेषताएँ सम्बद्ध हैं। रूपवर्णन और भावव्यंजना दोनों की अभिव्यक्ति के ये गुणधर्म हैं। रूप-सौन्दर्य अगाध सागर है, शोभा राशि है, रूप की खान है और उसमें अनन्त आभा और रंग भरा है। इसी कारण वह अपूर्व या अद्‌भुत है। गोचर रूप की इन विशेषताओं की व्यंजना प्रायः अप्रस्तुतों के माध्यम से हुई है। सौन्दर्य की अनुभूति और प्रेम-भावना के भी ये ही धर्म हैं। लेकिन भावगत इन विशेषताओं को अप्रस्तुतों के द्वारा नहीं, तन-मन पर गहरे प्रभाव के माध्यम से, तन-मन की विभिन्न गतिविधियों के द्वारा साकार किया गया है। सूर की कल्पना ने अनुभूति की गहराई और प्रभाव की व्यापकता में सौन्दर्य-सृष्टि का प्रयत्न किया है। कुछ स्थानों पर कल्पना ने चमत्कारी रूप लिया है—

अद्‌भुत कौतुक देख सखी री बृंदावन नभ होड़ परी।
उत घन उदित सहित सौदामिनी, इतहिं मुदित राधिका हरी।
उत बग पाँति सु इतहिं स्वाति-सुत-दाम, बिलास सुदेश खरी।

सूर की कल्पना का व्यापक प्रसार मुरली-माधुरी, नेत्र वर्णन और भ्रमरगीत में दिखाई देता है। मुरली-माधुरी में कल्पना का प्रसार भावमय और मधुर है। श्रीकृष्ण के सौन्दर्य के प्रति गोपिकाओं के नेत्रों के आकर्षण पर उक्तियों में प्रस्तुत के पक्ष में नवीन भावोन्मेष है तो अप्रस्तुत विधान में अनेकानेक प्राकृतिक एवं सामाजिक उपमानों के द्वारा उसकी व्यंजना है। दोनों प्रसंगों की उक्तियों में कल्पना बहिर्मुखी है, भाव और अभिव्यंजना का समान महत्त्व है और कथन का चमत्कार है। भ्रमरगीत में कल्पना अन्तर्मुखी है। वेदना की तीव्रता में यह पता नहीं चलता कि अनेक मानसिक गतिविधियों, दशाओं और भावनाओं का स्फुरण और प्रसार हो रहा है। अप्रस्तुत, अनुभूति की तीव्रता में अन्तर्लीन हो गये हैं। वाणी की विदग्धता तो लक्षित होती है, लेकिन वह वेदना की विवृति में उसी का व्यंजक अंग बन गया है।

कवि की कल्पना ने एक अपूर्व सौन्दर्य और प्रेम-जगत की सृष्टि की है जिसमें मादकता और आत्मविस्मृति के साथ एक नये स्पंदन और चैतन्य की

भी अनुभूति होती है। वह एक मधुर स्वप्न है तो वह स्वप्न केवल विभ्रम न होकर जीवन में उसे यथार्थ करने का प्रयत्न हुआ है।

सूर की कल्पना ने रूप, भाव और चेष्टा-व्यापार को जो मूर्त्त रूप दिया है, उसे दो वर्गों में बाँट सकते हैं। एक, पद में समन्वित रूपायन है, जैसे निर्गुण से प्रेम की कठिनाई के भाव का—

कहाँ लौं कीजै बहुत बड़ाई।

× × ×

ता निर्गुन सों प्रीति निरन्तर क्यों निबहै री माई?

इसमें भाव का समग्र समन्वित काव्य बिम्ब है। भाव की यथार्थता, जिसके आधार पर रूपविधान किया गया है, स्पष्ट है। कभी-कभी एक-दो पंक्तियों में भाव का रूप खड़ा करके बाद की पंक्तियों में उसका पल्लवन या प्रसार हुआ है। चेष्टा-व्यापारों की योजना में भी इसी तरह कभी एक का अंकन है और कभी अनेक का गुम्फन है। पालने में झुलाने की स्वाभाविक क्रिया को लेकर कवि ने निम्नलिखित पद में अनेक व्यापारों को समन्वित रूप दिया है—

यशोदा हरि पालनैं झुलावै।
हलरावै, दुलराइ मल्हावै, जोइ-जोइ कछु गावै।
मेरे लाल कौ आउ निन्दरिया, काहैं न आनि सुवावै।

× × ×

इहिं अन्तर अकुलाइ उठे हरि, जसुमति मधुरैं गावै।

इसमें अनेक क्रियाशील बिम्बों के द्वारा समन्वित काव्य-बिम्ब की रचना हुई। प्रत्येक पद में इस तरह समन्वित काव्य-बिम्ब की संरचना नहीं है, मार्मिक स्फुट रूप-विधान भी सामने आता है। यह धातव्य है कि उपर्युक्त पदों में भाव का कल्पना द्वारा सम्मूर्त्तन अप्रस्तुत योजना के आधार पर नहीं है। लेकिन गोचर-रूप-निरूपण में अप्रस्तुत का आधार लेना एक तरह से अनिवार्य हो जाता है। तब भी पूरी सफलता नहीं मिलती। सूर ने सहज ही रूप-वर्णन की अपेक्षा उसकी अनुभूति और उसके प्रभाव को मूर्त्त करने का प्रयत्न किया है जैसे 'चितवनि रोकैं हू न रही' या 'स्याम सों काहे की पहचानि में'। प्रत्यक्ष रूप-वर्णन में रूपक बाँधकर सौन्दर्य का सफल सम्मूर्त्तन हुआ है जैसे 'सोभा सिन्धु न अन्त रही री' या 'देखौ माई सुन्दरता कौ सागर' में। लेकिन जब सांगरूपक को बहुत दूर तक खींचा गया है या अंग-विशेष के

वर्णन में अप्रस्तुतों की झड़ी लगाई गयी है, सुसमन्वित काव्यबिम्ब प्रस्तुत नहीं होता, भले ही कुछ पंक्तियों में रूप-सौन्दर्य का बिम्बांकन हुआ हो। कल्पना के सम्मूर्त्तन की दृष्टि से समष्टि रूप और अंग-विशेष के वर्णन में सफल सौन्दर्य निरूपण के भी उदाहरण मिल जाते हैं, जैसे 'सखी री सुन्दरता को रंग' (समष्टि रूप), 'देख री हरि के चंचल नैन' आदि। अप्रस्तुत-योजना के साथ कथ्य को मूर्त्त बनाते समय सूर ने एक ओर रंगीन छटा का ध्यान रखा है तो दूसरी ओर उसे भावमय, अनुभूति-तरल रूप में ढाला है।

कल्पना की मूर्त्त रंगीन छटा—

कनक भूमि पर कर-पग छाया, यह उपमा इक राजति।
करि करि प्रति पद प्रतिमनि वसुधा कमल बैठकी साजति।।

भावमय मूर्तिमत्ता—

नैना नैननि माँझ समाने।
हारें टरत न इक पल मधुकर ज्यों रस में अरुझाने।।
खंजन नैन सुरंग रसमाते।
अतिसय चारु विमल, चंचल ये, पल पिंजरा न समाते।।

सूर ने कल्पना की जो अनेक भंगिमाएँ दिखाई हैं, उनमें सबसे अधिक सजीव, दृश्य-रूप में रूप-सौन्दर्य की अनेक छवियों और चेष्टा-व्यापारों का गुंफित अंकन तथा भाव के प्रसार एवं प्रभाव का चित्रण है।

सूरसागर में कुछ स्थानों पर कल्पना ऊहापोह या ललित कल्पना के धरातल पर उतर आयी है। उत्प्रेक्षा, सन्देह आदि में साम्य-विधान को दूर तक खींचने पर सौन्दर्य से चमत्कार की अनुभूति अधिक होती है। अप्रस्तुत बिम्ब बिखरकर समन्वित काव्य-बिम्ब को खड़ा नहीं कर सकते। यह सही है कि अप्रस्तुत योजना में कल्पना यथार्थता से कुछ दूर तक चली जाती है, लेकिन अधिक उड़ान भरने में कल्पना, काव्य की अनुभूति में आवश्यक यथार्थ का भ्रम उत्पन्न नहीं कर सकती। सूर की ललित कल्पनाएँ बिल्कुल सौन्दर्यरहित हों, ऐसी बात नहीं है—

आजु सखी अरुनोदय, मेरे नैननि कौ धोख भयौ।
की हरि आजु पंथ इहि गबने, स्याम जलद की उनयौ।
की बगपाँति भाँति, उर पर की मुकुतामाल बहु मोल।
की धौं मोर मुदित नाचत, की बरह मुकुट की डोल।।

सूर की कल्पना ने वृन्दावन की मधुर लीलाओं में अपूर्व सौन्दर्य और

माधुर्य भर दिया है तो उसकी स्मृति में भी भावन का आनन्द है। वियोग में श्रीकृष्ण और गोपिकाएँ स्मरण में भाव-विभोर हो जाते हैं–

ऊधो! मोहिं ब्रज बिसरत नाहीं।
हँससुता की सुन्दर कगरी अरु कुंजन की छाहीं।
वै सुरभि, वै बच्छ दोहिनी, खरिक दुहावन जाहीं।
ग्वाल बाल सब करत कुलाहल नाचत गहि गहि बाहीं।।

वृन्दावन की प्रकृति और जीवन के स्मरण में भावना और कल्पना उत्तेजित हो जाती है और मन चाहता है-"यह चित होत जाउँ मैं अबही, यहाँ नहीं मन लागत।" प्रेम विह्वल गोपिकाएँ उड़ जाना चाहती हैं और उनके नेत्र श्रीकृष्ण के सौन्दर्य की स्मृति में वहीं चंचल दौड़ पड़ती हैं। कवि स्वयं अनुभव करता है–"कहाँ सुख ब्रज की सौं संसार।" यह स्मृति उद्दीपन और संचारी भाव ही नहीं है, उसमें कल्पना की उत्तेजना और सौन्दर्य की गहरी अनुभूति भी है।

सूर की कल्पना में जीवन की यथार्थता आधारमात्र है। उस यथार्थ की जमीन से ऊपर उड़कर वह आदर्श सौन्दर्य और भाव लोकों में विहार करने लगती है। यह जीवन की यथार्थता नहीं है तो उसका सौन्दर्यमय रूप अवश्य है। सौन्दर्य जीवन का सत्य है, अर्द्धसत्य है अथवा असत्य या भ्रान्ति है, यह विवादास्पद है। सूर की कल्पना में वस्तु-जगत के समान भाव-जगत भी सौन्दर्यमय है और उसी सौन्दर्यमयता में भाव का सत्य निहित है। रूप-सौन्दर्य पर आधारित प्रेम क्या सत्य और स्थायी है, चार कोस दूर पर रहने वाले प्रियतम के वियोग में गोपिकाओं की अपार वेदना क्या असंगत नहीं है–ये प्रश्न यथार्थवादी दृष्टि में ही उठते हैं। कल्पना के सौन्दर्य से अभिभूत मन, सौन्दर्य और प्रेम के प्रश्नों को भाववादी दृष्टि से देखता है। सूर की कल्पना में सौन्दर्य और भाव की अनुभूति जुड़ी हुई है, इसलिए उसमें सौन्दर्य और भाव के सापेक्ष मूल्य का प्रश्न भी नहीं उठता। यह प्रश्न तब उठता है, जब रचना में एक पलड़ा हलका हो जाता है।

प्रस्तुत-योजना

भारतीय अलंकार-सम्प्रदाय के आचार्यों ने औपम्य, चारुता, शोभा, अतिशयता या अत्युक्ति, सौन्दर्य और वक्रोक्ति को अलंकार-प्रयोग के आधारभूत तत्त्व माने हैं, जिनके कारण काव्य का आकर्षण बढ़ जाता है। सौन्दर्यशास्त्रीय

दृष्टि से हम कह सकते हैं कि काव्य में प्रयुक्त भाषा शैली के ऐसे अनेक गुण-धर्म हैं, जिनके कारण काव्याभिव्यंजना में सौन्दर्य का उन्मेष होता है। उपर्युक्त तत्त्वों में चारुता और शोभा व्यापक अर्थ में सौन्दर्य के पर्यायवाची हैं। अतिशयता और वक्रता अभिव्यंजना पद्धति, शैली या कथन की विशेषताएँ हैं जिनके कारण काव्य सौन्दर्यमय होता है। ये गुण काव्य के कथ्य के भी हो सकते हैं। औपम्य प्रस्तुत के अनुरूप अप्रस्तुत विधान का द्योतक है। उसका लक्ष्य रूप को मूर्त्त करना और भावानुभूति की तीव्रता की व्यंजना है। दोनों काव्य में सौन्दर्य और उसकी अनुभूति के निर्धारक तत्त्व हैं। कवि तीव्र भावावेश में अप्रस्तुतों का प्रयोग करता है। इसलिए कविता में ही उनका प्रयोग अधिक होता है। गद्य की विधाओं में कहीं-कहीं कथ्य को स्पष्ट करने और सम्प्रेषण के लिए वे प्रयुक्त होते हैं। कविता में भी उनको सम्प्रेषण का साधन मान सकते हैं, जब भावावेश अपनी चरमस्थिति में अभिव्यक्त नहीं हो पाता या जब भाव-विचार अत्यन्त सूक्ष्म होकर बोधगम्य नहीं होते। सौन्दर्य-निरूपक या वर्धक रूप में अप्रस्तुतों की योजना करने वाली कवि की कल्पना है। इस कार्य में सिद्धान्ततः यह माना जाता है कि प्रस्तुत से अप्रस्तुत या उपमान अधिक सुन्दर और श्रेष्ठ है। अप्रस्तुतों के विरोधमूलक प्रयोग में बात उलटी हो जाती है।

यद्यपि सभी अलंकारों में सौन्दर्य का कुछ न कुछ अंश रहता है, कल्पना और सौन्दर्य के साथ घनिष्ट और आन्तरिक सम्बन्ध के कारण औपम्यमूलक या अप्रस्तुत विधायिनी अलंकारों का विशेष महत्त्व है। जहाँ अलंकार अप्रस्तुत विधान पर आधारित न होकर प्रस्तुत के कथन की शैली, उसकी वक्रता, या अन्य किसी तत्त्व या तथ्य पर निर्भर करते हैं, वहाँ भी शाब्दिक अभिव्यंजना की चारुता कवि-कल्पना की ही ऋणी है। लेकिन उन अलंकारों में सौन्दर्य और भावानुभूति की अपेक्षा कौशल और चमत्कार की प्रधानता होती है।

सूर के अप्रस्तुतों में व्यापकता और वैविध्य दोनों दिखाई देते हैं। जीवन-जगत के, विशेषतः प्रकृति के कोने-कोने से असंख्य उपमान जोड़े गये हैं। शुक्ल जी के शब्दों में "प्रस्तुत रूप में लाए हुए पदार्थों की संख्या सूर में कम, पर अलंकार-रूप में लाए हुए पदार्थों की संख्या बहुत अधिक है।"[13] वैविध्य की दृष्टि से सूर के अप्रस्तुतों को प्राकृतिक, पौराणिक, खगोलिक, सामाजिक और लोक-व्यावहारिक पाँच वर्गों में बाँट सकते हैं। रूप-सौन्दर्य निरूपण में प्राकृतिक अप्रस्तुतों का प्रयोग किया गया है। सामाजिक और

लोक-व्यावहारिक अप्रस्तुत भावानुभूति की तीव्रता को व्यक्त करते हैं। पौराणिक और खगोलिक अप्रस्तुत अवतारवादी दृष्टि तथा व्यापक चेतना से परिचालित हैं, लेकिन उनमें उदात्त सौन्दर्यबोध की अपेक्षा चमत्कार की झलक अधिक मिलती है। कुछ उदाहरण देखें। नेत्रों के आकर्षण को व्यक्त करने वाला सामाजिक अप्रस्तुत–

नैना ओछे चोर अरी री!
स्याम रूप निधि नोखें पायी देखत गये भरी री।
अंग अंग छबि चित्त चलायो सो कछु रहति परी री।।

लोक-व्यवहार पर आधारित अप्रस्तुत–

नैन मिले हरि कों ढ़रि भारी।
जैसें नीर नीर मिलि एकै कौन सकै निरूबारी।
वातचक्र ज्यों तृनहिं उड़त लै देह ज्यों छाहिं।।

पौराणिक अप्रस्तुत–

केस सिर बिन पवन के चहुदिशा छिटके झारि।
सीस पर धरि जटा मनु सिसु रूप कियो त्रिपुरारि।।

खगोलपरक व्यापक अप्रस्तुत–

नील स्वेत पर पीत लाल मनि लटकन माल रूराई।
सनि गुरु असुर देव गुरु मिलि मनोभौम सहित समुदाई।।

अप्रस्तुतों में अधिकांश प्रकृति से लिए गये हैं। इन सब प्रकार के अप्रस्तुतों में सूर की सहृदयता, भावनाशीलता, कल्पना और सौन्दर्य झलकते हों, ऐसी बात नहीं है। रूढ़, काव्य-परम्परा के निर्वाह के रूप में भी कई अप्रस्तुतों की योजना की गयी है। अप्रस्तुतों को प्रस्तुत-अप्रस्तुत की तुलना की पद्धति के आधार पर साम्यमूलक और विरोधमूलक वर्गों में विभाजित किया जाता है। पहले में कवि की दृष्टि सौन्दर्य पर है और दूसरे में चमत्कार पर। जहाँ कवि ने विरोधमूलक अप्रस्तुत-योजना के द्वारा सौन्दर्य की अपूर्वता या अद्‌भुतपन को व्यंजित करने का प्रयत्न किया है, वहाँ अप्रस्तुत भावमूलक है। अनेक स्थानों पर वे काव्य-परम्परा के अनुसरण में कवि के कौशल को व्यक्त करने वाले चमत्कारी रूप में हैं। विरोधमूलक अप्रस्तुत उपमेय से उपमान की श्रेष्ठता को सिद्ध करते हैं, कहीं-कहीं उपमेय को देखकर लज्जित हैं या कवि की दृष्टि में उपमेय के लिए उपयुक्त कोई उपमान ही नहीं है–

उपमा नैन न एक रही।

कवि जन कहत कहत सब आये सुधि करि नाहिं कही।।

यद्यपि सूर ने अप्रस्तुतों को परम्परा से ही लिया है, उनमें नवीन सौन्दर्य भरा है। कवि की सौन्दर्यदृष्टि और भावनाशीलता ने अप्रस्तुतों को सौन्दर्यात्मक रूप दिया है। शुक्ल जी के शब्दों में "यद्यपि उपमान अधिकतर साहित्य-प्रसिद्ध और परम्परागत ही है, पर स्वकल्पित नये-नये उपमानों की भी कमी नहीं है। कहीं-कहीं तो जो प्रसिद्ध उपमान भी लिए गये हैं, वे प्रसंग के बीच बड़ी ही अनूठी उद्‌भावना के साथ बैठाए गये हैं।"[14] परम्परागत अप्रस्तुत का नवीन भावात्मक रूप में प्रयोग–

तन घन श्याम सेइ निसि बासर, रटि रसना छिजई।

सूर विवेकहीन चातक-मुख बूँदौ तौ न सई।।

प्रसिद्ध अप्रस्तुतों को लेकर, उनमें सम्बन्ध स्थापित करके कल्पित रूप में सौन्दर्य की व्यंजना–

सूर स्याम किलकत द्विज देख्यो, मनौ कमल पर बिज्जु जमाई।।

कुलही लसति सिर स्याम सुन्दर कै बहुबिध सुरंग बनाई।

मानौ नव घन ऊपर राजत मधवा धनुष चढ़ाई।।

नवीन कल्पना का सौन्दर्य–

कनक भूमि पर कर पग छाया यह उपमा इक राजति।

प्रतिकर प्रतिपद, प्रतिमनि वसुधा कमल बैठकी साजति।।

लेकिन जहाँ अप्रस्तुत विधान करने वाली कल्पना दूरारूढ़ और ऊहात्मक है, वहाँ सौन्दर्य से चमत्कार अधिक है–

दूर करहु बीना कर धरिबो।

मोहे मृग नाहीं रथ हाँक्यो, नाहिंन होत चन्द की ढ़रिबो।।

जहाँ सूर ने रूपसाम्य और गुणसाम्य के आधार पर विभिन्न अंगों के लिए अलग-अलग अप्रस्तुतों का उल्लेख मात्र किया है, वहाँ कोई विशेष सौन्दर्य की व्यंजना नहीं है। लेकिन प्रभाव साम्य के आधार पर अप्रस्तुत की दृश्य-योजना या चित्रांकन अत्यन्त रमणीय और प्रस्तुत के सौन्दर्य की व्यंजना में सफल है। संयोग में आँखों में आँख समाने का चित्र–

नैना नैननि माँझ समाने।

टारें दरत न इक पल मधुकर ज्यों रस में अरुझाने।।

गोकुल में गोपिकाओं की वेदना और उधर मथुरा में श्रीकृष्ण के आनन्द मनाने का चित्रांकन—

सागर कूल मीन तरफत है, हुलसि होत जल पीन।।

अप्रस्तुत-योजना के तीन प्रकार्य माने गये हैं—रूप सौन्दर्य का सम्मूर्तन, भाव का प्रकर्ष और सम्प्रेषण। रूप-सौन्दर्य को मूर्त्त बनाने और उसकी गहरी अनुभूति की व्यंजना में सूर ने अप्रस्तुत प्रयोग में कुछ विशेष प्रविधियों को अपनाया है—अप्रस्तुत से प्रस्तुत को श्रेष्ठ सिद्ध करना, भिन्न-भिन्न अप्रस्तुतों का कल्पना के द्वारा सम्बन्ध स्थापन, अप्रस्तुतों को जोड़कर चित्रांकन या उनको दृश्य रूप में प्रस्तुत करना, अतिशय सौन्दर्यमय और उज्ज्वल प्राकृतिक अप्रस्तुतों का चयन और अप्रस्तुतों के गुण-धर्मों की अपेक्षा प्रभाव पर बल देना। प्रकृति के क्षेत्र से इतना अधिक सौन्दर्य जुटाकर भी सूर का मन भरा नहीं है। एक प्रस्तुत अंग-विशेष के लिए अनेकानेक अप्रस्तुतों का प्रयोग किया गया है। कभी-कभी करोड़ों अप्रस्तुतों को एक प्रस्तुत के समान घोषित किया गया है—

चन्द्र कोटि प्रकाश मुख अवतंस कोटिक भान।
कोटि मन्मथ वारि छबि पर निरखि दीजत दान।।

दूसरे प्रकार्य के अन्तर्गत भावना को मूर्त्त करने के अतिरिक्त उसकी अनुभूति की तीव्रता भी व्यंजित हुई है। रूप-निरूपण और भाव-व्यंजना दोनों में अभीष्ट अनुभूति के लिए सम्प्रेषण का ध्यान अयत्नज रूप में ही सही, अनिवार्य है। वियोग और प्रेम की तीव्र अनुभूति की अभिव्यक्ति में अप्रस्तुत विशेष सम्प्रेष्य भी हैं। उदाहरणार्थ तीनों प्रकार्यों के तीन उद्धरण दिये जा रहे हैं—

अप्रस्तुत के द्वारा नेत्रों की चंचलता का मूर्त्तीकरण और उसका सौन्दर्य—

खंजन नैन सुरंग रस माते।
अतिसय चारु बिमल, चंचल ये पल पिंजरा न समाते।।

अप्रस्तुत के द्वारा वियोग में वेदना की तीव्रता की व्यंजना और उसका सम्मूर्त्तन—

ब्रजलोचन बिनु लोचन कैसे? प्रतिछिन अति दुख बाढ़त।
सूरदास मीनता कछू इक, जल भरि संगन छाँड़त।।

प्रेम में राधा-कृष्ण के एक-दूसरे के रंग में रंग जाने, भावन में रूप-परिवर्तन और अद्वैत भावना का अप्रस्तुत के द्वारा स्पष्टीकरण और पुष्टि जो सम्प्रेषण में सहायक है—

राधा माधव माधव राधा कीट भृंग गति है जु गयी।
माधव राधा के रंग राँचे राधा माधव रंग रई।।

सूर ने प्राकृतिक अप्रस्तुतों के कल्पनाशील प्रयोग के द्वारा एक नये सौन्दर्य का द्वार खोल दिया है। उससे जो हवा बहती है, उसमें ताज़गी है, लेकिन कभी-कभी साँस का घुटन भी होता है।

काव्याभिव्यंजना में अप्रस्तुत-प्रयोग और चित्रांकन बहिर्मुखी तत्त्व हैं जबकि बिम्ब-योजना और प्रतीक-विधान अन्तर्मुखी तत्त्व हैं। काव्य में अलंकार प्रयोग की तरह शब्दों के माध्यम से चित्र खींचने की प्रवृत्ति अत्यन्त प्राचीन है। लेकिन मध्ययुग के बाद, भाव-निरूपण की कठिनाइयों को पार करने के लिए चित्रकला के क्षेत्र में बिम्बात्मक, प्रतीकात्मक, प्रभावात्मक नयी-नयी शैलियों या पद्धतियों का प्रयोग होने लगा तो उनका असर काव्य पर भी पड़ा और काव्य में चित्रात्मक प्रवृत्ति बहुत बढ़ गयी। मध्ययुग में काव्यकला और चित्रकला का साथ-साथ विकास हुआ और उनका पारस्परिक प्रभाव स्वाभाविक था। सूर की रचना में अप्रस्तुतों का बहुल प्रयोग हुआ तो उससे कम चित्रांकन की प्रवृत्ति नहीं थी। प्रस्तुत को सजीव बनाने के ये दो प्रमुख साधन थे। कलामर्मज्ञ श्री रामकृष्ण दास जी का कहना है कि मध्ययुग में चित्रकला और काव्यकला का ऐसा पारस्परिक प्रभाव था कि भक्ति-काव्य की भाव-व्यंजना को पूर्ण रूप से समझने के लिए मध्ययुगीन भारतीय चित्रकला का आकलन आवश्यक है। दूसरी ओर मध्ययुग में भक्तिकाव्य के पदों का चित्रांकन भी हुआ। "सूरसागर को चित्रित करने में मेवड शैली की प्रमुख देन रही है। सूर के पदों पर आधारित चित्र राजकीय संग्रहालय, जयपुर में हैं, जिनमें पद के भाव को चित्रांकित"[15] किया गया है। यह इस बात का प्रमाण है कि सूर के पदों में चित्रांकन की क्षमता विद्यमान है।

सूर के चित्रांकन को समझने के लिए चित्रकला की उन विशेषताओं पर ध्यान देना चाहिए, जिन्होंने रचना को प्रभावित किया है। चित्रकला नेत्रेन्द्रिय का विषय है जबकि काव्य श्रवणेन्द्रिय और मन का। मुद्रित काव्य रूप के पठन में भी जब तक मन के कान शब्द-रूप को सुनते नहीं हैं, काव्य का पूर्ण भावन नहीं हो सकता। सूर ने अपनी रचना को श्रवण और मन के साथ नेत्र का भी विषय बनाया है। मन की अनुभूति और भावनाओं के साथ-साथ रूप और भावगत सौन्दर्य पर भी उनकी दृष्टि रही हैं। पंत जी ने कविता को चित्रभाषा कहा है। अर्थात कवि अपनी माध्यम भाषा को दर्शनयी

रूप देने का प्रयत्न करता है। यह दूसरी बात है कि रूप को साकार बनाने में वाणी चित्रकला की रंग-रेखा की समता नहीं कर सकती। फिर भी कवि अपनी वाणी में चित्रकला से माध्यम, रेखा और रंग को लेकर रेखाचित्र या वर्णचित्र प्रस्तुत करता है।

चित्रकला में चित्रांकन तीन रूपों में किया जाता है—वस्तु या व्यक्ति का चित्र, पृष्ठभूमि पर उनका चित्र और विविध वस्तुओं और व्यक्तियों को समान महत्त्व देते हुए सामूहिक दृश्य। उनमें भाव-व्यंजना और क्रियाशीलता जोड़ने की चित्रकला की अपनी प्रविधियाँ भी हैं। जब कवि किसी वस्तु, व्यक्ति या दृश्य को अपने काव्य में शब्दरूप देने का प्रयत्न करता है, चित्रकला की प्रविधि को अपनाता है। सामाजिक सन्दर्भों में प्रयोग के कारण भावना और क्रियाशीलता को अभिव्यक्त करने की सहज क्षमता वाणी में है। यहाँ भी कवि चाहे तो भाव और कर्म को उनके अपने सहज गुण धर्मों के साथ रूप भी दे सकता है।

काव्य में चित्रांकन पर विचार करते समय सबसे बड़ी कठिनाई चित्र और बिम्ब के अन्तर को लेकर होती है। दोनों काव्य में वस्तु, भाव या कर्म को गोचर बनाते हैं। चित्र केवल नेत्रेन्द्रिय का विषय है जबकि बिम्ब सभी इन्द्रियों के विषयों को लेकर खड़े किये जा सकते हैं। दोनों भावप्रेरित और भावोद्दीपक होते हैं। चित्र में प्रधानतः बाह्य रूप का अंकन किया जाता है, यद्यपि उसमें भावात्मक शैली भी प्रचलित है। काव्य में चित्रांकन बहिर्मुखी है—वह बाह्य रूप का शब्द चित्र है। बिम्ब बहिर्जगत की मानसिक मूर्त्त अवधारणा है। लेकिन कवि की रचना में जीवन-जगत का बहिर्मुखी रूपायन और अन्तर्मुखी मानसिक अवधारणा मिल-जुलकर ही सामने आती है। इसलिए रूप की बहिर्मुखी और अन्तर्मुखी अवधारणाओं की प्रधानता के आधार पर ही काव्य में चित्रांकन और बिम्ब-योजना का अन्तर कर पाते हैं। कभी-कभी काव्य में मानसिक बिम्बों को जोड़कर चित्रवत रचना होती है, जिसे समग्र काव्यबिम्ब कह सकते हैं।

अप्रस्तुत योजना के साथ सूर ने श्रीकृष्ण के अंगांग-सौन्दर्य का जो वर्णन किया है, उसमें चित्रांकन-पद्धति का प्रयोग कम हुआ है। लेकिन संयोग लीलाओं में हाव-भावों के साथ रूप के कुछ गतिशील चित्र मिलते हैं और वियोग में कृशगात राधा के रूप का। राधा के दो रूप चित्र—

मन्द मन्द गति चलत अधिक छबि, अंचल रह्यौ फहरि कै।।

× × ×

अति मलीन वृषभानु कुमारी।

× × ×

अधमुख रहति, अनत नहिं चितवति...।
छुटे चिकुर, बदन कुम्हिलाने...।।

प्रकृति वर्णन प्रायः विश्लिष्ट रूप में है। षट् ऋतु वर्णन में प्राकृतिक वस्तुजगत की चित्रात्मक प्रस्तुति कुछ ही पंक्तियों में मिलती है। दावानल और गोवर्धन धारण के प्रसंग में बादलों के उमड़ने का चित्रात्मक वर्णन सजीव है—

भहरात झहरात दवानल आयो।
घेरि चहुँ ओर सोर अंदोर बन धरनि आकास चहुँपास छायो।।
बादर बहु उमड़ि घुमड़ि बरसत ब्रज आये।
चढ़ि कारे धौरे धूमरे धारे अति ही जल।।

उपर्युक्त चित्रों में रूप के साथ गतिशीलता या क्रियाशीलता का भी योग है।

प्राकृतिक पृष्ठभूमि पर मानवीय रूप का चित्रांकन कम मिलता है। रासक्रीड़ा, प्रबोधगीत आदि में प्रकृति का वर्णन अलग पृष्ठभूमि के रूप में है। यह दूसरी बात है कि चित्रकार 'जागिये ब्रजराज कुंवर कमल कुसुम फूले', 'जागिये गुपाल लाल ग्वाल द्वार ठढ़े' आदि के चित्र बनाया जा सकता है, प्रकृति की पृष्ठभूमि पर या गोपवृन्द को पृष्ठभूमि में रखकर। वैसे सूर के सैकड़ों पदों में चित्र खींचने की अनुकूलता है।

सूरसागर में प्रकृति-वर्णन दृश्यात्मक न होकर अलग-अलग वस्तुओं को एक पद में गूँथा हुआ है। लेकिन पर्व-त्योहारों के अवसर पर मानवीय दृश्य का चित्रांकन अवश्य मिलता है। जन्म और होरी के दृश्य—

आजु नन्द के द्वारै भीर।
इक आवत इक जात बिदा है इक टाढ़े मन्दिर कै तीर।।
नन्दनन्दन वृषभानु किसोरी मोहन राधा खेलत होरी।
श्री वृंदावन अतिहिं उजागर बरन-बरन नव दम्पति भोरी।
एकनि कर है अगरु कुमकुमा एकनि कर केसरि लै घोरी।
एक अर्थ सों भाव दिखावति नाचति तरुनि बाल बृध भोरी।
स्यामा उतहिं सकल ब्रजबनिता इतहिं स्याम रस रूप लहोरी।।

अमूर्त्त भाव का गोचर चित्रांकन असम्भव है। भावनाएँ शारीरिक अनुभावों और चेष्टा-व्यापारों के द्वारा ही मूर्त्त और व्यक्त होते हैं। सहज ही सूर ने उन्हीं के द्वारा, गोचर सम्बद्ध रूप में भावों का चित्रांकन किया है। वियोग में श्रीकृष्ण की भावना का यह रूपात्मक चित्रांकन है—

कहुँ मुरली, कहुँ लकुट मनोहर, कहुँ पट कहुँ चन्द्रिका मोर।
खन बूड़त, खन ही खन उछरत, बिरह सिन्धु कैं परै झकोर।
प्रेम सलिल भीज्यौ पीरौ पट, फट्यो निचोरत अंचल छोर।
फुरै न बचन, नैन नहिं उघरत, मानहुँ कमल भये बिन भोर।।

यहाँ शारीरिक स्थिति और क्रियाशीलता के द्वारा विरह-वेदना की व्यंजना ही नहीं हुई, प्रथम दो पंक्तियों के द्वारा दृश्यांकन भी हुआ है। दूसरी और चौथी पंक्तियों में अप्रस्तुत योजना क्रमशः भाव और रूप को व्यंजक चित्र बनाती है। (ध्यातव्य है कि वे दोनों पंक्तियाँ मन में दो बिम्बों का स्फुरण करते हुए समग्रचित्र के अंग बन गये हैं।)

चित्रांकन में सूर की सर्वाधिक सफलता चेष्टा-व्यापारों के निरूपण में हैं, विशेषतः बाललीला के सन्दर्भ में। अप्रस्तुतों की सहायता लिए बिना ही कवि ने कभी किसी एक चेष्टा या व्यापार का चित्र प्रस्तुत किया है और कभी अनेक चेष्टा-व्यापारों का एक साथ गुंफन करते हुए समन्वित चित्र खींचा है। इस गुंफन में सारे चेष्टा-व्यापार किसी मनोभाव या मानसिक स्थिति से सम्बद्ध होते हैं। इसलिए बहिर्मुखी चेष्टा-व्यापार का चित्रण मानसिक बिम्ब को भी जगाता है—

बलि गयी बाल रूप मुरारि।
माई पैंजनि रटति रुनझुन नचावति नन्दनारि।
कबहुँ हरि को लाइ अंगुरी चलन सिखवति ग्वारि।
कबहुँ हृदय लगाइ हित करि लेत अंचल डारि।
कबहुँ हरि कौ चितै चूमति कबहुँ गावत गारि।
कबहुँ लै पाछें दुरावति ह्यां नहीं बनवारि।
कबहुँ अंग भूषन बनावति राइ लोन उतारि।
सूर सुर नर सबै मोहे निरखि यह अनुहारि।।

ये यशोदा के वात्सल्य और हर्ष में गुँथी हुई विभिन्न चेष्टाएँ हैं। हर एक अपने में एक स्वतन्त्र चित्र है और सब मिलकर मन में एक समन्वित चित्र भी बनाते हैं, जो यशोदा का भाव-प्रतिमा है।

सूर ने चित्रकला के आधार पर रेखाचित्र खींचने का प्रयत्न नहीं किया है। ऐन्द्रिय रूप-सौन्दर्य का कवि रेखाचित्रों से सन्तुष्ट नहीं होता। सूर ने रेखाओं में रंग भरकर सौन्दर्य को ऐन्द्रिय रूप दिया है। इस वस्तून्मुख चित्रण में तीन आयामों की स्थूलता है, रेखा की सूक्ष्मता नहीं। बहुत करके एक ही पद में विविध चेष्टा-व्यापारों के गुंफन को पात्र के मनोभाव की विविध रेखाएँ कह सकते हैं।

चित्रकला में रंग भरने की कला का प्रभाव सूर की रचना पर अवश्य दिखाई देता है। चित्रकला की रंग-योजना का लक्ष्य रूप या भाव को उज्ज्वल और प्रभविष्णु (Striking) बनाना है। सूर ने प्रस्तुत और अप्रस्तुत दोनों सन्दर्भों में रूप की उज्ज्वलता, कान्ति या चकाचौंध का उल्लेख किया है। उसे और चमकाने के लिए काले-नीले के विरोध में दिखाया है। श्रीकृष्ण के श्याम शरीर पर पीताम्बर है तो गोरी राधा नीला वस्त्र पहनी हुई है। रंग की वास्तविक उज्ज्वलता वहाँ दिखाई देती है जहाँ श्याम और गौर वर्ण मिल जाते हैं। राधा और कृष्ण की संयोग लीलाओं में यह बात द्रष्टव्य है। रंगों की अनुरूप और विरोधी योजना तथा उनके संगम के सौन्दर्य के कुछ उदाहरण प्रस्तुत किये जा रहे हैं।

संयोग के बाद श्रीकृष्ण के रूप-वर्णन में रंगों की अनुरूपता में शोभा–

पीताम्बर पर कहा भयौ।
नीलांबर ओढ़े ही आये, अति डहडही नयी।
तैसौइ अंग, बसन रंग तैसोइ कहा कहौं यह सोभा।।

अप्रस्तुत के साथ श्रीकृष्ण के सहज रंग की संगति में रमणीयता–

नील जलद अभिराम श्याम तन।।

श्रीकृष्ण के रूप-वर्णन में रंग-विरोध की चमक–

स्याम सुभग तनु, पीत बसन जनु, नील जलद पर तड़ित सुछन्दन।।

गोरे-श्याम राधाकृष्ण के संयोग में विरोधी रंगों के सामंजस्य का सौन्दर्य–

लपटे अंग सौं सब अंग।
सुरसरी मनु कियौ संगम, तरनि तनूजा संग।।

नेत्र-वर्णन में तीन रंगों के संगम की अपूर्व छवि–

अरुन स्वेत सित झलक पलक प्रति को बरनै उपमाई।
मनु सुरसति गंगा जमुना मिलि आश्रम कीन्हौ आयी।।

पृष्ठभूमि, सामंजस्य और विरोध में रंग-योजना के चमत्कार की ओर संकेत–

मोर मुकुट स्रवननि मनिकुंडल उर बनमाल पिछौरि।
दसन चमक अधरन अरुनाई देखत परी उगौरि।।

इस रूप-वर्णन में रंगों की छटा का डॉ. सावित्री सिन्हा ने इस तरह आख्यान किया है–"मोरमुकुट के अनेक वर्णों के साथ मणिकुंडल की आभा तथा सतरंगी बनमाल के साथ पीताम्बर के एक पीतवर्ण की योजना में अनुपम वर्णों का विन्यास है ही, ऐसा विश्वास नहीं होता कि सूर की अंधी आँखों को बहुरंगी वर्णों के सौन्दर्य को निखारने के लिए उसे एक वर्ण की पृष्ठभूमि में रखने का रहस्य भी ज्ञात था। शीश पर शोभित मोर मुकुट का सौन्दर्य कुंडल की एकवर्णीय आभा में निखर उठा है। इसी प्रकार पीताम्बर के साथ बनमाला के विभिन्न रंग भी मानो और चटक हो उठे हैं। दाँतों की श्वेत आभा अपने प्रतिरूप लाल वर्ण की पृष्ठभूमि में और भी चमक उठी है।"[16]

किसी तरह की योजना के बिना रंग-बिरंगी छिड़काव जो होली आदि पर्वों में दर्शित होता है–

चोबा चन्दन छिरकाहीं हो उड़त अबीर गुलाल।।
उड़त गुलाल अबीर कुमकुमा छबि छाई जनु साँझ।।
उड़त गुलाल लाल भए बादर, रंगि गये सिगरे अटा अटारी।।

रंगों के प्रभाव में सूर ने सारे वातावरण को रंगीन बना दिया है।

अलंकरण में भी सूर ने रंग-सौन्दर्य का ध्यान रखा है, रंग-मैत्री और रंग-विरोध के द्वारा रूप-सौन्दर्य को चमका दिया है–

गोरै भाल लाल सेंदुर छबि, मुक्ता बर सिर सुभग मंग कौ।।

कवि ने शृंगार लीलाओं के वर्णन में कभी-कभी सहज रूप-रंग और रति के बाद रूप-रंग का अन्तर जो रंग-योजना के अनौचित्य को प्रकट करता है, उसे भी रंगीन एवं आकर्षक बना दिया है–

देखिएत लाल उनींदे भर।
राजत हैं रतनारे नयना मानहु नलिन नये।
पीक कपोल, ललाट महाउर बन्दन बलित खए।।

शब्दों के चित्रकार के रूप में सूर ने भावपूर्ण और गतिशील चित्रांकन किया है, रंगों का अपूर्व सौन्दर्यबोध प्रकट किया है तथा चेष्टा-व्यापारों की गुंफित चित्र-योजना और सामूहिक दृश्यांकन में अपनी प्रतिभा का परिचय दिया है।

बिम्ब-प्रतीक विधान

कल्पना द्वारा किसी वस्तु, भाव या क्रिया का सम्मूर्त्तन, जिसके द्वारा वह इन्द्रियों और मन के सम्मुख प्रत्यक्ष होता है, बिम्ब कहलाता है। यदि कल्पना मानसिक व्यापार है तो उसकी क्रियाशीलता में प्रस्तुत बिम्ब भी भौतिक न होकर मानसिक है। समीक्षकों ने काव्यबिम्ब का अनेक कोणों से विस्तार के साथ विवेचन किया है जिसके आधार पर बिम्ब के ये लक्षण निर्धारित होते हैं–(1) सम्मूर्त्तन वह है, जो कथ्य को इन्द्रिय गोचर और मनसा-ग्राह्य रूप देता है। कथ्य ऐन्द्रिय रूप के माध्यम से मानसिक बिम्ब हो जाता है। (2) बिम्ब के साथ भावनाएँ और संवेग जुड़े रहते हैं या उसमें अन्तर्लीन रहते हैं। अर्थात् बिम्ब भावोद्‌बोधक होता है। (3) बिम्ब पाठक के मन में अनुरूप भावनाओं और संवेगों को जगाता है। (4) कभी-कभी बिम्ब सम्मूर्त्तन की प्रक्रिया में अप्रस्तुतों की सहायता लेता है, यद्यपि अप्रस्तुत-योजना बिम्ब का अनिवार्य धर्म नहीं है। बिम्ब के मुख्य तत्त्व रूप की मूर्त्तिमत्ता, भावात्मकता और भाव-संचार-क्षमता है।

पिछले शीर्षक में चित्रांकन और बिम्ब-विधान में अन्तर करने का प्रयत्न किया गया है। काव्य के शब्दचित्र में बिम्ब से भिन्न, भावतत्त्व का अन्तर्भुक्त होना अनिवार्य नहीं है, यद्यपि अन्ततः चित्रांकन भी पाठक के मन में किसी भाव या अनुभूति को जगाता है, जो काव्य-रचना का लक्ष्य है। शब्दचित्र में वस्तु, भाव या क्रिया के बाह्य आकार-प्रकार को व्यक्त करने का प्रयत्न होता है। वह बहिर्मुखी दृष्टि से भौतिक रूप की शब्दों के माध्यम से अभिव्यक्ति है। इसके विपरीत बिम्ब भौतिक जगत का कल्पना के द्वारा मानसिक रूप है, जो शब्दों के द्वारा व्यंजित होता है। प्राथमिक कल्पना के द्वारा जीवन-जगत के अनुशीलन में तथा काव्य कल्पना के द्वारा बिम्ब की संरचना में कवि के मन की भावनाएँ क्रियाशील होकर शाब्दिक बिम्ब के अंग बन जाती हैं। भौतिक जगत का मानसिक भावरूप में बिम्बांकन उसे शाब्दिक चित्रांकन से अलग कर देता है। लेकिन भावरूप में बिम्ब-विधान भी आखिर भौतिक-ऐन्द्रिय तत्त्वों को लेकर ही होता है और उन भौतिक-ऐन्द्रिय तत्त्वों या क्रिया-व्यापारों के निरूपण में चित्रात्मकता आ जाती है। भावरूप में प्रस्तुति और भाव-स्फुरण, सफल बिम्ब-योजना की ही विशेषता है। यहाँ इस बात पर भी ध्यान देना है कि चित्रकला में भी रंग-रेखाओं के

द्वारा भौतिक-ऐन्द्रिय रूप की ही नहीं, बिम्बांकन की भी शैली प्रचलित है। इस शैली में वस्तु-जगत का भाव-रूप में ही चित्रण होता है। जैसा डॉ. केदारनाथ सिंह ने कहा है, ''नयी समीक्षा में बिम्ब स्थूल शब्द-चित्र-मात्र का बोधक न रहकर, मनुष्य की सम्पूर्ण जटिल मानसिक-प्रक्रिया का बोधक बन गया है।''[17]

काव्य में भाषा का प्रयोग बिम्ब-विधान की दृष्टि से होता है। ''काव्य में अर्थग्रहण से काम नहीं चलता, बिम्ब-ग्रहण अपेक्षित होता है।''[18] सार्थक संज्ञा, विशेषण और क्रिया बिम्ब-विधान के साधन हैं। उनके द्वारा रूप, भाव और क्रियाशीलता का द्योतन होता है। शब्दों की उचित समन्वित व्यवस्था बिम्ब का स्वरूप निश्चित करती है।

काव्य बिम्बों का अनेक रूपों में वर्गीकरण किया गया है। बिम्बों के लक्ष्य के आधार पर स्थूल ऐन्द्रिय रूप विधायक, भावोद्‌बोधक और सूक्ष्म सत्य के व्यंजक तीन रूपों में विभाजन किया जा सकता है। विषय-वस्तु के अनुसार प्राकृतिक शृंगारी, करुण, ओजस्वी, यथार्थोन्मुख आदि वर्ग बनते हैं। संरचना की दृष्टि से बिम्ब चुस्त, व्यंजक, प्रसारगामी या शिथिल होते हैं। अप्रस्तुत योजना रहित बिम्ब प्रत्यक्ष है और उसके माध्यम से प्रस्तुत बिम्ब अप्रत्यक्ष (Indirect) है। कभी-कभी किसी छन्द या पद में अनेक बिम्बों की समन्वित योजना में एक व्यापक काव्य बिम्ब भी लक्षित होता है। सौन्दर्यशास्त्रीय दृष्टि से मूर्त्तता, गतिशीलता, व्यापकता और उदात्तता बिम्ब-सृष्टि की विशेषताएँ हैं।

काव्य और आलोचना में बिम्बों और प्रतीकों की चर्चा आधुनिक काल में छायावादी युग के साथ आरम्भ हुई है। पाश्चात्य देशों में भी उन सिद्धान्तों पर विचार विमर्श मध्ययुग के बाद ही आरम्भ हुआ। प्राचीन एवं मध्ययुगों में ऐसे अनेक श्रेष्ठ कवि हो गये हैं, जिनमें बिम्बों और प्रतीकों को ढूँढ़ने के लिए खींचातानी करनी पड़ती है। आधुनिक सिद्धान्तों के आधार पर मध्ययुगीन रचना के आख्यान और विश्लेषण में सावधानी बरतनी चाहिए। मध्ययुग के प्रतिभाशाली सूर की रचना में भाव-रस-व्यंजना के दौरान बिम्बों का पर्याप्त प्रयोग मिलता है।

बिम्बों के प्रकार्य को ध्यान में रखकर सूर की रचना पर विचार करते हैं, तो मध्यकालीन कवियों में उनका इतना सजीव और बहुल प्रयोग और किसी कवि के काव्य में नहीं मिलता। चित्रांकन और बिम्ब-विधान में सूर

की सफलता का मूल कारण, भक्ति की तन्मयता में कवि के द्वारा अपने मानस में श्रीकृष्ण के रूप-सौन्दर्य और उनकी लीलाओं का प्रत्यक्षीकरण है। हार-जीत का अर्थ न समझने वाले श्रीकृष्ण के बालभाव का यह बिम्ब है—

सखा कहत हैं स्याम खिसाने।
आपुहिं आपु बलकि भये ठाढ़े अब तुम कहा रिसाने।।

खिसाना, बलकना और रिसाना तीन क्रियाओं के द्वारा बालभाव का मूर्त्तीकरण हुआ है। अपने से बड़े लड़कों के साथ खेलने में छोटा अपने को 'फिट' नहीं कर पाता। उपर्युक्त क्रियाओं के द्वारा क्रमशः भाव का चढ़ाव भी सूचित होता है। श्रीकृष्ण के भावमय रूप के इस बिम्ब में एक विशेष बाल मनोवृत्ति भी व्यंजित है। पाठक के मन में उनके रूप और खीजने के भाव का ही नहीं, बाल-मनोभाव का एक व्यंजक बिम्ब भी रूप लेता है। कवि कर्म की दृष्टि से बिम्ब की संरचना जितनी कठिन है, उतना ही कठिन उसकी व्यंजकता का बोध और ग्रहण है। एक और उदाहरण लें—

आलस भरि सोभित सुभागिनी।
राजत सुभग नयन रतनारे, हरि संग जागत गयी जामिनी।
बाह उचाइ जोरि जमुहानी, ऐंड़ाई कमनीय कामिनी।।

रूप और ऐन्द्रिय क्रिया-व्यापारों के द्वारा ही बिम्ब की रचना हो सकती है बिम्ब जागरण की अलसता का है। नेत्रों का रूप-रंग लाल है। बाँहें ऊँचा करके जोड़कर जुम्हाई लेना और अंगों को इतराते हुए मरोड़ना शारीरिक चेष्टा-व्यापार है। नेत्रों का रूप और शरीर की गतिविधि अलसता के सूचक हैं। सार्थक विशेषण और क्रियाएँ अलसता को मूर्त्त करती हैं। सार्थक संज्ञा "सुभागिनी" और विशेषण "रतनारे" भाव के सौन्दर्य को व्यक्त करते हैं। अलसता के बिम्ब के मूल में उद्दीपक भाव अनुराग हैं। बिम्बगत अलसता की भावना स्पष्ट व्यंजित है। इस बिम्ब में मूर्त्तीकरण और सौन्दर्य का विशेष ध्यान रखा गया है। उपर्युक्त दोनों उदाहरणों से स्पष्ट हो जाता है कि बिम्ब गोचर ऐन्द्रिय माध्यम ग्रहण करके अन्ततः मानसिक भाव का रूप लेता है।

बिम्ब-संरचना में भावना और क्रियाशीलता के अतिरिक्त ऐन्द्रिय अनुभावों का आधार भी लिया जाता है। कुछ समीक्षक गोचर और अधिक मूर्त्त होने के कारण बिम्बों की ऐन्द्रियता पर बल देते हैं। लेकिन वे प्रायः स्थूल होते हैं, भाव प्रेरित होने पर भी ज्यादा व्यंजक नहीं होते। भाव और क्रियाशीलता पर आधारित बिम्ब अधिक सूक्ष्म और व्यंजक होते हैं। सूर ने वात्सल्य और

प्रेम की अनुभूति में सात्विक एवं कायिक अनुभावों का विस्तार से वर्णन किया है। उनमें कुछ वर्णन बिम्बात्मक हैं। वर्षा में भीगे राधाकृष्ण की ऐन्द्रिय अनुभूति का बिम्ब–

अति जल भींजि चीर वर टपकत और सबै टपकत अँबराई।
कांपत तन तिय को पिय हँसि कै भुज भरि अपनें कंठ लगाई।।

भावप्रेरित चेष्टा-व्यापारों के साथ ऐन्द्रिय बिम्ब अधिक संवेगात्मक और सौन्दर्यमय हो जाता है–

वै हँसि ओट करत पीताम्बर ये चुनरी उढ़ावत।
भींजे राग रागिनी दोऊ भीजे जल छबि पावत।।

बिम्बांकन में सूर की विशेषता भावात्मक और गत्यात्मक बिम्ब-सृष्टि है जो अत्यंत सजीव और प्रचुर मात्रा में है। वेदना के आँसुओं का भावात्मक बिम्ब–

राखि छबि दुराइ हिरदै में तिनको हिय भरि ढ़ारत।।

बिम्ब आकर्षण या प्रेम और वेदना दोनों का एक साथ व्यंजक है। रोम-रोम से आँसू चूने का यह बिम्ब अप्रस्तुत पर आधारित है–

रोम रोम है नैन गये री।
ज्यों जलधर परबत पर बरसत, बूँद-बूँद है निचटि द्रुए री।।

प्रतीक्षा का गत्यात्मक बिम्ब जिसमें क्रियाशीलता मन की चंचलता का व्यंजक है–

कबहुँ स्याम जमुना तट जात।
कबहुँ कदम चढ़त मग देखत राधा बिनु अति ही अकुलात।
कबहुँ जात बन कुँज धाम कों देखि रहत नहिं कछू सुहात।।

जब गत्यात्मक बिम्ब प्रतिक्रियात्मक भावों के साथ संयुक्त रूप में अभिव्यक्त होता है, तब समग्र काव्य-बिम्ब अत्यन्त प्रभावोत्पादक बनता है। यमलार्जुन-निपात का बिम्ब, भय और विस्मय की भावनाओं के साथ–

तरू दोउ धरनिगिरे भहराइ।
जर सहित अरराइ कै, आघात सब्द सुनाइ।
भए चकित लोग ब्रज के, सकुचि रहे डराइ।
कोउ रहे आकास देखत, कोउ रहे सिर नाइ।
घरिक लौं जकि रहे जहँ तहँ, देह गति बिसराइ।।

सूरसागर में सन्दर्भ के अनुसार विराट-व्यापक, सामूहिक और मिथकीय बिम्बों का अंकन भी हुआ है। दावालन का व्याप्ति, प्रलयकारी वर्षा के वर्णनों में गोचर चित्रांकन के साथ भावोद्बोधक विराट बिम्ब भी प्रस्तुत किये गये हैं। श्रीकृष्ण की लीलाओं की अलौकिकता को व्यंजित करने के लिए इन व्यापक-विराट बिम्बों का आयोजन किया गया है। उनका आधार पौराणिक प्रसंग हैं। अंगूठा चूसने की लीला में—

उछरत सिन्धु, धराधर काँपत, कमल पीठ अकुलाइ।
सेष सहसफन डोलन लागे, हरि पीवत जब पाइ।।
बढयौ वृच्छ बट, सुर अकुलाने, गगन भयौ उतपात।
महाप्रलय के मेघ उठे करि जहाँ तहाँ आघात।।

हरिजी की आरती में प्रत्यक्ष भगवान का विश्वरूप—

हरिजू की आरती बनी।
× × ×
रवि-ससि-ज्योति जगत परिपूरन, हरति तिमिर रजनी।
उड़त फूल उड़गन नभ अन्तर, अंजन घटा घनी।।

निर्गुण से सगुण के, असीम से ससीम के सौन्दर्य और माधुर्य का प्रतिपादन करने के लिए सूर ने व्यापक-विराट के बिम्ब को प्रस्तुत करने के बाद लीला में भाग लेने वाले पात्रों के भाग्य की प्रशंसा की है, जो विश्वरूप को अपने वश में करके संकेतों पर नचा रहे हैं—

कोटि ब्रह्मांड करत छिन भीतर, हरत विलम्ब न लावै।
ताको लिए नन्द की रानी, नाना खेल खिलावै।।

असीम और ससीम, महानता और अल्पता के विरोध में कवि ने अद्भुत सौन्दर्य की सृष्टि की है। व्यापक विराट के बिम्बांकन में श्रद्धा, भय, आतंक आदि भावों से युक्त होकर सौन्दर्य उदात्त हो जाता है। दास्य भक्ति के पदों में भी कहीं-कहीं भगवान के महात्मय और आत्मा की अल्पता के विरोध में उदात्त की कुछ झाँकियाँ मिल जाती हैं।

अवतारवादी दृष्टि से भगवान की लीलाओं की ओर सूर ने कई बार संकेत किया है। सूरसागर में भगवान की महिमा के अनेक प्रसंगों का उल्लेख किया गया है। लेकिन वे सब न बिम्ब रूप में हैं और न उनके द्वारा सौन्दर्यशास्त्रीय उदात्त की अनुभूति होती है। वाद को लिखे जाने पर भी पौराणिक प्रसंग अत्यंत प्राचीन हैं। उनका मिथकीय अर्थ किया जा सकता है।

समीक्षकों ने पौराणिक बिम्बों को मिथकीय बिम्बों की संज्ञा भी दी है। लेकिन मिथकीय आख्यान करने से ही हर एक पौराणिक प्रसंग मिथकीय बिम्ब नहीं हो जाता। दूसरी ओर यह भी ध्यान रखना है कि सूर की दृष्टि अवतारवादी है, मानवतावादी दृष्टि से मिथक के द्वारा मानव-विकास की व्याख्या करने वाली नहीं है जैसे कामायनी या नयी कविता के कुछ काव्यों में देखते हैं।

सूर ने लीलावर्णन के कुछ प्रसंगों में, विशेषतः पर्व-त्योहारों के अवसर पर कुछ सामूहिक चित्रों और बिम्बों की भी सृष्टि की है। आध्यात्मिक दृष्टि से सामूहिक चेतना परमात्मा के प्रति आत्माओं की भावना है तो सामाजिक दृष्टि से जीवन के सुख-आनन्द में सब का समभागी होना है। वैयक्तिक स्तर पर सब लोग जीवन के सौन्दर्य और आनन्द को अपने-अपने ढग से ग्रहण करते हैं तो सामाजिक स्तर पर सब मिलकर। मानसिक चेतना की भिन्नता के बावजूद पहले की अनुभूति भी सामूहिक या सामाजिक ही है क्योंकि एक ही व्यक्ति, परिस्थिति या प्रसंग को लेकर सबकी अनुभूति है। श्रीकृष्ण के बाल-सौन्दर्य और युवा-सौन्दर्य को गोपिकाएँ अपने-अपने ढंग से देखती हैं, अनुभव करती हैं, कल्पना करती हैं और विचार करती हैं। गोपिकाएँ बालकृष्ण पर मुग्ध होकर बारी-बारी से उसे हाथ में लेती हैं–

नैंकु गोपालहिं मो कौं दै री।
देखौं बदन कमल नीकैं करि ता पाछें तू कनियाँ लै री।।

गोपिकाएँ श्रीकृष्ण की युवाछवि को अपने-अपने ढंग से ग्रहण करती हैं। अंग-विशेष का अपना विशिष्ट सौन्दर्य है तो देखने वाली आँखें अपने कोण से उसकी झाँकी देखकर उसी में तन्मय रहती हैं–

तरुनी निरखि हरि प्रति अंग।
कोउ निरखि नख इन्दु भूलि, कोउ चरन जुग रंग।।

सौन्दर्य-दर्शन में पता नहीं दृष्टि कहाँ जाती है और टिकती है। सामूहिक भावना में इससे अधिक बिम्बात्मकता है। जन्म का आनन्द–

आजु बन कोउवै जनि जाइ।
सब गाइनि बछरनि समेत लै आनहु चित्र बनाइ।
ढ़ोटा है रे भयो महर कैं कहत सुनाइ सुनाइ।।

सामूहिक बधाइयाँ और मंगलाचार–

आजु बधायो नन्दराइ कैं गावहु मंगलाचार।
आयी मंगल कलस साजि कै दधि फल नूतन डार।
उर मेले नन्दराइ कैं गोप सखनि मिलि हार।।

होली का सामूहिक उत्सव—

ब्रज जुबती देखत हीं धाई जहाँ तहाँ तें चहु ओरी की।
इक पट पीताम्बर गहि झटक्यो इक मुरली लई कर मोरी की।
इक मुखसों मुख जोरि रहति इक अंक भरति रतिपति ओरी की।
तब तुम चीर हरे जमुना तट सुधि बिसरे माखन चोरी की।
अब हम दाउं आपनो लैहैं पाइ परौ राधा गोरी की।
अपने अपने मन सुख कारन सब मिलि झकझोरा झोरी की।
नीलम्बर पीताम्बर सों लै गांठि दई कसि कै डोरी की।
कतक कलस केसर भरि ल्याई डारि दियो हरि पर ढ़ोरी की।
अति आनन्द भरीं ब्रज जुबती गावति गीत सबै होरी की।।

इसमें अनेक बिम्बों का समन्वित होली का समग्र काव्य-बिम्ब है। उसमें स्मृति-बिम्बों का भी योग है। सूर ने स्मृतियों के द्वारा भावों को उद्दीप्त करके रस-संवेदना को तीव्र बनाया है तो दूसरी ओर उनको मूर्त्त रूप में भी प्रस्तुत किया है। स्मृति मन में पहले के अनुभवों के बिम्बों को भी जगाती है।

सामूहिक चेतना और भावना के बिम्बों को लोक-संस्कृति, मिथक और अवचेतना तीनों से जोड़ सकते हैं। लोक जीवन और संस्कृति में भाव-विचार शिक्षित-समुदाय के भाव-विचारों की तरह वैयक्तिक न होकर समष्टिगत और सामान्योन्मुख होते हैं। जीवन के सुख-दुख में सब समभागी होते हैं। मिथकों में मानवीय भाव-विचारों का सार्वजनीन रूप संग्रहीत और व्यक्त होता है। वे मानव-जीवन के विकास का द्योतन करते हैं। फ्रायड के बाद मनोविज्ञान में अवचेतन को वैयक्तिक और सामूहिक दो भागों में विभाजित किया गया है। युंग आदि मनोवैज्ञानिक के अनुसार वैयक्तिक अवचेतन में व्यक्ति के जीवन में दमित वासनाएँ अन्तर्लीन रह कर अवसर आने पर स्वप्न, दिवास्वप्न, कला आदि में व्यक्त और चरितार्थ होती है। सामूहिक अवचेतन में मानव जाति की वासनाएँ और संस्कार संचित रहते हैं। व्यक्ति के मन, अनुभव और जीवन पर इनका भी प्रभाव पड़ता है। हो सकता है कि सूर-साहित्य में लोक-जीवन और संस्कृति में अभिव्यक्त सामूहिक चेतना और भावना पर—उनके बिम्बांकन पर—सामूहिक अवचेतन का प्रभाव हो।

सूर ने कुछ ऐसे भावों और बिम्बों को व्यक्त किया है, जिनको अप्रत्यक्ष रूप से अवचेतन के साथ सम्बन्ध जोड़ सकते हैं। श्रीकृष्ण, राधा और गोपिकाओं की उन्मुक्त प्रेमलीला और कामक्रीड़ा तथा मुरलीमाधुरी एवं रासक्रीड़ा का मोहक रूप—दोनों जीवन की यथार्थता से दूर फैंटेसी और विभ्रम के द्योतक हैं। वे व्यक्त मन की भावनाएँ नहीं लगतीं। लीलाओं में सौन्दर्य को भी जादू का-सा मोहक रूप दिया गया है। कभी-कभी हिन्दू मिथक के जन्म-जन्मान्तर की भी बात उनसे जुड़ गयी हैं। इन सब भावों को लेकर जो बिम्ब-सृष्टि हुई है उसका सम्बन्ध प्रत्यक्ष चेतन मन से नहीं लगता। गोरस बेचने वाली गोपिका आत्म-विस्मृत होकर विभ्रम में 'गोपाल' पुकारने लगती हैं—

गोरस को निज नाम भुलायो।
लेहु-लेहु कोऊ गोपालहिं गलिनि गलिनि यह सोर लगायो।।
ग्वालिन फिरति बिहालहिं सो।।

रासक्रीड़ा बार-बार होती रहती है, बीच-बीच में श्रीकृष्ण अन्तर्ध्यान होकर फिर प्रकट होते हैं। यह सब क्या आवृत्ति है, खेल या क्रीड़ा है, अथवा फैंटेसी है? क्योंकि पुनरावृत्तियों की अनुभूति में रंचमात्र भी अन्तर नहीं है—

बहुरि स्याम सुख रास कियौ।
भुज-भुज जोरि जुरीं ब्रजबाला, वैसेई रस उमंगि हियौ।
वहै निसा, वैसैहि मन जुवती, वैसैं ही हरि सबनि भजे।
सूर स्याम वैसेइ मनमोहन, वैसैंहि प्यारी निरखि लजे।।

आध्यात्मिक दृष्टि से इसे परमात्मा और आत्मा की शाश्वतता, उनके सम्बन्ध की सनातनता और लीला की नित्यता कह सकते हैं जो पुष्टिमार्गीय सिद्धान्त के अनुरूप है। अन्यथा रूप, भाव और अनुभूति की सम्पूर्ण एकरूपता और तादात्म्यता केवल विभ्रम या फैंटेसी है।

श्रीकृष्ण का रूप इतना सम्मोहक है कि देखने पर भी विश्वास नहीं होता और न पहचाना जा सकता—

तुम देखे मैं नहीं पत्यानी।
स्याम सौं काहे की पहचानी।।

राधा-कृष्ण का सम्बन्ध भी केवल इस जन्म का नहीं है—

सखी री नाहिन नयी सगाई।
सुनि राधिके तोहिं माधव सौं प्रीति सदा चलि आयी।।

जब यशोदा बालकृष्ण को राम की कहानी सुनाती है, सीताहरण का प्रसंग आने पर पूर्वजन्म की स्मृति जागकर कृष्ण कह उठते हैं—

लछिमन धनुस देहु, कहि उठै हरि, जसुमति सूर डरानी।।

ये सब उद्धरण बिम्बात्मक नहीं हैं, लेकिन अन्तश्चेतना, मिथक या विभ्रम से प्रेरित और अनस्थूल बिम्बों की मूल चेतना को स्पष्ट करते हैं।

सूर के बिम्बांकन में सौन्दर्यचेतना और प्रेम तन्मयता से अनुप्राणित ऊर्जा है, जो सदा स्पन्दनशील और क्रियाशील है।

"प्रतीक शब्द का प्रयोग उस दृश्य (अथवा गोचर) वस्तु के लिए किया जाता है जो किसी अदृश्य (अगोचर या अप्रस्तुत) विषय का प्रति-विधान, उसके साथ अपने साहचर्य के कारण करती है।"[19] सादृश्य और साहचर्य प्रतीक-प्रयोग के आधार हैं। "जहाँ भाषा कवि की संवेद्यजन्य अनुभूति को अभिव्यक्त करने में अक्षम हो जाती है अथवा सूक्ष्म रहस्यात्मक जगत के सौन्दर्यांकन में उसकी वाणी स्वतः मौन हो जाती है, रूपक, समासोक्ति आदि सादृश्यमूलक अलंकार भी बहुत दूर तक साथ नहीं देते, शब्द की व्यंजनाशक्ति भी हतप्रभ हो जाती है, तब प्रतीक योजना का ही प्रश्रय लिया जाता है। उसके द्वारा अमूर्त्त, अदृश्य, अश्रव्य तथा अप्रस्तुत विषय मूर्त्त बन जाता है।"[20] प्रतीक कथ्य को मूर्त्त बनाने में विशेष व्यंजक होता है। बिम्ब में प्रतीक की विशेष व्यंजकता नहीं होती। बिम्ब में सम्मूर्त्तन की प्रधानता है तो प्रतीक में व्यंजना-गर्भितता की। प्रतीक की मूर्त्तता बिम्ब से भिन्न अभिव्यक्ति लाघव के साथ सांकेतिक होती है।

प्रतीक में कथ्य वस्तु या बात समान भावसूचक किसी अप्रस्तुत के द्वारा सूचित होती है। अलंकार में प्रस्तुत और अप्रस्तुत दोनों का स्पष्ट उल्लेख होता है जबकि प्रतीक प्रयोग में प्रस्तुत या कथ्य संकेत रूप में रहता है। रूपकातिशयोक्ति, अन्योक्ति आदि कुछ अलंकारों में प्रतीक की तरह केवल अप्रस्तुत का ही कथन होता है, पर उनमें प्रतीक की विशेष व्यंजकता नहीं होती। इस सन्दर्भ में शुक्ल जी का कहना है कि "प्रतीक का आधार सादृश्य या साधर्म्य नहीं बल्कि भावना को जाग्रत करने की निहित शक्ति है। पर अलंकार में उपमान का आधार सादृश्य या साधर्म्य ही माना जाता है। अतः सब उपमान प्रतीक नहीं होते, पर जो प्रतीक होते हैं वे काव्य की बहुत अच्छी सिद्धि करते हैं।"[21]

कला और साहित्य में ही नहीं, धर्म, दर्शन, समाजशास्त्र, विज्ञान आदि

सभी क्षेत्रों में प्रतीकों का प्रयोग होता है। वे बौद्धिक, किसी तथ्य या सत्य के प्रतिपादक निश्चित अर्थ के द्योतक और रूढ़ होते हैं। इनसे भिन्न कला और काव्य के प्रतीक कल्पनाजन्य, अनुभूतिमूलक और संवेगों को उद्बुद्ध करने वाले होते हैं। कल्पनाजन्य ये प्रतीक रूढ़ और निश्चित नहीं हैं, उनमें अर्थ या भाव की व्यंजकता की अनेक सम्भावनाएँ रहती हैं। काव्य के प्रतीक वैयक्तिक न होकर सार्वजनीन अनुभूति के विषय होते हैं।

मनोविज्ञान ने प्रतीक सृष्टि के मूल प्रेरणा सूत्रों को स्पष्ट करने का प्रयत्न किया है। फ्रायड के अनुसार प्रतीक अवचेतन मन की दमित वासनाओं और कुंठाओं की छद्म अभिव्यक्ति है जो मूलतः काम या शृंगारपरक हैं, पर कला में उदात्त रूपान्तर प्राप्त करते हैं। कला के प्रतीक स्वप्न के प्रतीकों के समान ही हैं, लेकिन अधिक स्पष्ट-बोद्धव्य और प्रेषणीय रूप में प्रस्तुत किये जाते हैं। युग प्रतीकों का सम्बन्ध वैयक्तिक अवचेतन की अपेक्षा सामूहिक अवचेतन मन से जोड़ते हैं। वे प्रतीकों को सामूहिक अवचेतन की सहज प्रेरणा से प्रस्तुत सांस्कृतिक प्रयास मानते हैं। प्रतीकों की मूल प्रेरणा वैयक्तिक अवचेतन के काम से हो या सामूहिक अवचेतन से, काव्य-कला में उनका स्वरूप बिल्कुल बदल जाता है और वे सांस्कृतिक सार्थकता के परिवेश में ही प्रस्तुत होते हैं।

प्रतीक-प्रयोग के लक्ष्य सम्मूर्त्तन, भावनाओं और संवेगों को उद्बुद्ध करना, सूक्ष्म विचारों का संक्रमण और काव्य को सम्प्रेष्य बनाना है। प्रतीक भाव-विचारों के सम्प्रेषण के साधन मात्र न होकर उनका अपना सौन्दर्यशास्त्रीय मूल्य भी है। कवि की कल्पना द्वारा प्रस्तुत होने के कारण प्रतीकों में शब्द के रूढ़ अर्थ से भिन्न नया अर्थ और सौन्दर्य अनुभूत होता है। प्रतीकों की मूर्त्तता में सौन्दर्य ही भरा नहीं होता, उनके द्वारा सौन्दर्य की सूक्ष्म छायाओं का उद्घाटन भी हो जाता है। प्रतीक के विभिन्न अर्थों की व्यंजकता सौन्दर्यानुभूति की सम्भावनाओं को बढ़ा देती है। प्रतीक के साथ कवि की भावना और अनुभूति सम्बद्ध होकर उसे भावोद्बोधक बना देता है। 'कलाकार की एक अनुभूति होती है और उसके प्रकाशन के लिए वह ऐसे प्रतीकों की खोज करता है जो कुल मिलाकर दुबारा वही या उस जैसी अनुभूति उत्थित कर सके।''[22] कविता में प्रतीक बौद्धिक धरातल पर चिन्तन प्रक्रिया को भी व्यंजित कर सकता है।

काव्य में प्रयुक्त सभी प्रतीक कवि की कल्पना से निःसृत नवीन नहीं होते। एक ओर कवि की कल्पना वस्तु-जगत पर (विशेषतः प्राकृतिक वस्तुओं

पर जो सार्वजनीन अनुभूति के विषय होते हैं) प्रतीकत्व का आरोप करता है तो दूसरी ओर ज्ञान-विज्ञान के अन्य स्रोतों के प्रतीकों को ग्रहण करके अपनी कल्पना के बल पर उनके द्वारा नये प्रतीकार्थ का स्फुरण भी करता है। काव्य-परम्परा, धर्म, दर्शन, पुराण, मिथक आदि इस तरह के स्रोत हैं।

प्रतीकों के प्रकार्य की दृष्टि से उन्हें सौन्दर्यात्मक, संवेगात्मक और बौद्धिक तीन वर्गों में बाँट सकते हैं। स्रोत और वस्तु की दृष्टि से उनके प्राकृतिक, धार्मिक, दार्शनिक, मिथकीय, सांस्कृतिक, सामाजिक, वैज्ञानिक, वैयक्तिक आदि वर्ग बन जाते हैं।

मध्ययुगीन काव्य-रचना पर विचार करते समय तत्कालीन काव्य-दृष्टि, काव्य-परम्परा और काव्यशास्त्र को ध्यान में रखना आवश्यक है। उसमें सौन्दर्य नहीं, रस पर, काव्याभिव्यंजना में बिम्बों और प्रतीकों पर नहीं, अलंकारों पर दृष्टि रही। काव्य में बिम्बों और प्रतीकों की अपेक्षा अलंकारों का बहुल प्रयोग होता था। ऐसी स्थिति में आधुनिक दृष्टि से मध्ययुगीन काव्य में सौन्दर्य, बिम्बों और प्रतीकों का अन्वेषण कभी-कभी असफल हो जाता है। कम से कम, मध्ययुगीन काव्य में आधुनिक काव्य की तरह प्रतीक-प्रयोग की प्रविधि बहुत कम लक्षित होती है। जो प्रयोग हैं, वे रूढ़ धार्मिक-दार्शनिक हैं, कवि-कल्पनाजन्य, सौन्दर्यात्मक, संवेगात्मक और बौद्धिक नहीं हैं। सूर की स्थिति भी इससे बहुत भिन्न नहीं है।

सूर के प्रतीकों को चार वर्गों में विभाजित किया जा सकता है—(1) लीला के पदों से सम्बन्धित धार्मिक-दार्शनिक प्रतीक, (2) भक्तिपरक आत्मनिवेदन में प्रयुक्त दार्शनिक प्रतीक, (3) दृष्टिकूट पदों की विशिष्ट शैली में आयोजित प्रतीक और (4) सौन्दर्य और भाव के व्यंजक काव्यात्मक प्रतीक। इन चारों प्रकार के प्रतीकों के प्रयोग में काव्यत्व की सिद्धि किस रूप में और कहाँ तक हुई है, यही प्रस्तुत प्रतीक-विवेचन का लक्ष्य है?

(1) लीला से सम्बन्धित श्रीकृष्ण, राधा, गोपिका, मुरली, रासक्रीड़ा आदि के प्रतीकत्व को लेकर समीक्षकों में मतभेद दिखाई देता है। प्रश्न उठता है कि भागवत के आधार पर, वल्लभाचार्य के सिद्धान्तों के आधार पर या सूर की रचना के आधार पर प्रतीकत्व की व्याख्या करें। अन्तिम आधार को ही प्रामाणिक मानना चाहिए, यद्यपि सूर प्रथम दोनों स्रोतों से प्रभावित अवश्य थे। सूर जैसे स्वच्छन्द भावनाशील कवि किसी सिद्धान्त या विचारधारा से बँधे थे, यह मानना असंगत लगता है। सूर की रचना में राधा को भगवान की

शक्ति, प्रकृति, माया, भगवान की अनुग्रह प्राप्त साधिका आदि अनेक रूपों में वर्णन है। गोपिका श्रुति, लक्ष्मी, आत्मा आदि के प्रतीक के रूप में दिखाई देती है। राधा और गोपिकाओं को श्रीकृष्ण से अभिन्न भी कहकर अद्वैत-भावना का प्रतिपादन हुआ है। श्रीकृष्ण और मुरली के सम्बन्ध में मतभेद नहीं है—वे ब्रह्म और योगमाया हैं। लेकिन गोपिकाएँ मुरली को मोहमयी नारी के रूप में भी देखती हैं। काव्य-दृष्टि से ये सब प्रतीक अन्ततः प्रेम की साधना और आनन्दनुभूति के व्यंजक मात्र हैं। लीलाओं में अहं और लोकमर्यादा का अतिक्रमण करके (जैसे माखनचोरी, चीरहरण, पनघट-लीला आदि में) प्रेम के भाव तादात्म्य में (रासक्रीड़ा में) आनन्द प्राप्ति की अभिव्यक्ति है। उस प्रेम-साधना में राधा और गोपिकाओं के रूप में हृदय तड़पता रहता है। (मानलीला, वियोगलीला और भ्रमरगीत में) इस साधना को प्रतीक बनाकर कवि कहता है—"सोरह सहस पीर तन एकै, राधा जिव सब देह।"

सूर ने वल्लभाचार्य के दार्शनिक चिन्तन का ज्यों का त्यों अनुसरण नहीं किया। दार्शनिक सामान्य रूपरेखा वही है, लेकिन सूर ने भावनाशील कवि के रूप में उसे अपने ढंग से रंगकर मौलिक रूप दिया है। सूरसागर में "अनेक स्थानों पर सूरदास के चिन्तन की मौलिकता का पता चलता है। सबसे बड़ी मौलिकता राधा के सम्बन्ध में है। सूर ने राधा को कृष्ण की शक्ति का प्रतीक माना है। वल्लभाचार्य के दार्शनिक चिन्तन में राधा का कोई स्थान नहीं है।"[23] सूर के प्रतीकों का धार्मिक, आध्यात्मिक और दार्शनिक अर्थ करते समय उनके मौलिक चिन्तन को भी ध्यान में रखना चाहिए।

प्रश्न उठता है कि इन धार्मिक-दार्शनिक प्रतीकों ने रचना को किस तरह प्रभावित किया है और उनका काव्य-सौन्दर्य के उत्कर्ष में क्या योगदान है। आध्यात्मिक दृष्टि से "नित्य धाम वृन्दावन श्याम, नित्य रूप राधा ब्रजबाम, नित्य रास जल नित्य विहार" मानने वाले सूर ने काव्य के कथ्य-सौन्दर्य और प्रेम को जीवन के आदर्शवादी शाश्वत सत्य का रूप दिया है। कृष्णलीला के प्रतीकत्व ने सौन्दर्य और प्रेम की प्रकृति और उसके स्वरूप को निर्धारित किया है। इसके अतिरिक्त आध्यात्मिक-दार्शनिक प्रतीकत्व ने मुरली-माधुरी, रासक्रीड़ा आदि प्रसंगों में सौन्दर्यानुभूति, प्रेमानुभूति और उन लीलाओं के सृष्टिव्यापी प्रभाव की व्यंजना का अवसर भी दिया है। इस सन्दर्भ में "मुरली सुनत अचल चले", "मुरली तऊ गोपालहिं भावति", "सखी री मुरली लीजै चोरि" आदि मुरलीवादन-पद तथा "नृत्यत स्याम नानारंग", "मोहन रच्यो

अद्भुत रास", "बहुरि स्याम सुख-रास कियौ" आदि रासक्रीड़ा के पद अपूर्व सौन्दर्य एवं प्रेम तथा उनके अद्भुत प्रभाव को व्यक्त करते हैं। प्रतीकत्व से व्यापक प्रभाव-सृष्टि करते हुए भी, सूर ने दार्शनिक प्रतीकों की योजना को अपना ध्येय नहीं बनाया। उस स्थिति में काव्य-रचना की स्वाभाविकता नष्ट होकर सूरसागर दार्शनिक अन्योक्ति काव्य हो जाता। "सूरसागर में कृष्ण के लीला सम्बन्धी पदों में प्रतीकार्थ पर स्पष्टतः बल नहीं दिया गया है, परन्तु कृष्ण की लीला का भक्त और भगवान के पारस्परिक सम्बन्ध के प्रतीक के रूप में प्रयोग अवश्य किया गया है, अनेक स्थानों में यह व्यंजना प्रगट हो जाती है।"[24]

(2) विनय के पदों में भी कुछ दार्शनिक प्रतीकों का प्रयोग हुआ है। ये प्रतीक कवि की आत्माभिव्यक्ति और आत्मनिवेदन से सम्बन्धित होने के कारण उनमें काव्यत्व का अभाव नहीं है। लेकिन उनके द्वारा सौन्दर्य, भावन और चिन्तन का विशेष स्फुरण नहीं होता, जो प्रतीक का प्रकार्य है। इन प्रतीकों में कुछ सन्तकाव्य की परम्परा से लिए गये हैं, तो कुछ कवि की कल्पना की देन हैं। ज्ञान-वैराग्य सम्बन्धी अन्य प्रतीकों के साथ–"माधौ, नैंकु हटकौ गाइ" वाले पद में माया के लिए गाय का प्रतीक प्रयुक्त हुआ है। "जा दिन मन पंछी उड़ि जैहै", "अब मैं नाच्यौ बहुत गुपाल" आदि पदों में ज्ञान-वैराग्य सम्बन्धी दार्शनिक प्रतीक-प्रयोग देखा जा सकता है। यद्यपि सूर की दास्य भक्ति के पदों में भावना की तीव्रता और गहराई मिलती है, दार्शनिक तथ्यों के निरूपक प्रतीक भाव प्रेरित नहीं है।

(3) दृष्टिकूट पदों में प्रतीक-प्रयोग शैलीपरक है। अन्योक्ति के ढाँचे में श्लेष पर आधारित ये प्रतीक हैं। नाथ-सिद्ध सम्प्रदायों से आरम्भ होकर कालक्रम में सन्त काव्य में प्रविष्ट उलटबाँसियों और दरबारी परम्परा में अन्योक्ति पद्धति के संस्कृत के मुक्तकों को इस दृष्टिकूट शैली के स्रोत कह सकते हैं। बाद को सूर के पूर्व ही दृष्टिकूट पदों की रचना होने लगी। इनका लक्ष्य गूढ़ शृंगारी भाव-व्यंजना है। उस प्रयास में जो अप्रस्तुत चमत्कारी रूप में जुटाये गये हैं उनमें प्रतीकत्व का आभास मिलता है। लेकिन उनको सफल-प्रतीक-योजना नहीं कह सकते। दृष्टिकूटशैली में सौन्दर्य वर्णन–

अद्भुत एक अनुपम बाग।
जुगल कमल पर गजबर क्रीडत ता पर सिंह करत अनुराग।।

दृष्टिकूट शैली में शृंगार वर्णन–

देखि सखि पाँच कमल द्वै संभु।
एक कमल ब्रज ऊपर राजत निरखत नैन अचंभु।
एक कमल प्यारी कर लीन्हें कमल सुकोमल अंग।
जुगल कमल सुत कमल बिचारत प्रीति न कबहूँ भंग।
देखे चारि कमल एक साथ।
कमलहि कमल गहे लावति है कमलहि मध्य समात।
सारंग पर सारंग खेलत हैं सारंग ही सो हँसि हँसि बात।
सारंग स्याम और हू सारंग सारंग सो करै बात।।

इन पदो में श्लेष, रूपकातिशयोक्ति और अन्योक्ति अलंकार हैं। कमल, सारंग आदि में आंशिक प्रतीकत्व है, जहाँ सौन्दर्य की व्यंजना का प्रयत्न हुआ है।

(4) काव्यात्मक प्रतीक ही सच्चे प्रतीक हैं, जिनके द्वारा सौन्दर्य या भाव का स्फुरण होता है। ऐसे प्रतीक-प्रयोग सूरसागर में ज्यादा नहीं हैं। चातक, पपीहा, मेघ, बिजली आदि अप्रस्तुतों का अलंकार-योजना में बार-बार प्रयोग करते हुए सूर ने उनको प्रेम और सौन्दर्य के व्यंजक प्रतीक बनाए हैं। रासक्रीड़ा में श्रीकृष्ण के लिए घन और राधा-गोपिकाओं के लिए दामिनी का प्रतीकात्मक प्रयोग—

मानौ माई घन घन अन्तर दामिनि।
घन दामिनि दामिनि घन अन्तर सोभित हरि ब्रज-भामिनि।

इस प्रतीक-प्रयोग में अलंकार-योजना का भी योग है।

भ्रमरगीत में भ्रमर को कालापन, रसलोलुपता, चंचलता, कपट आदि का प्रतीक मानकर समरूपी और समधर्मी श्रीकृष्ण पर व्यंग्य-आक्षेप की अनेक अनूठी उक्तियाँ कही गयी हैं। उनके मूल में गोपियों की प्रेम-भावना और वेदना है तो प्रतीकात्मक व्यंगोक्तियों में भावस्फुरण की अपूर्वक्षमता है। श्रीकृष्ण के सखा होने के कारण भ्रमर के प्रतीकत्व में उद्धव को भी शामिल किया गया है और मधुकर कहकर उनका सम्बोधन हुआ है। सूर के काव्यात्मक प्रतीक-प्रयोग की प्रतिभा और सफलता इसी प्रसंग में द्रष्टव्य है। श्रीकृष्ण के साथ सम्बन्ध के कारण अक्रूर, उद्धव, सारा मथुरा नगर काला है। कुछ रमणीय उक्तियों और उनके प्रतीकात्मक अर्थस्फुरण के उदाहरण प्रस्तुत हैं।

कालेपन में श्रीकृष्ण और मधुप का साख्य—

मधुप तुम देखियत हौ अति कारे।
कालिंदी तट पार बसत हौ सुनियत स्याम सखा रे।।

मथुरा में सब काले-कुटिल हैं–

बिलग जनि मानौ ऊधौ कारे।
वह मथुरा काजर की कोठरि जे आबहिं ते कारे।
तुम कारे सुफलकसुत कारे कारे कुटिल भँवारे।

श्रीकृष्ण और मधुकर रसलंपट हैं, पर औरों को ज्ञान-योग का सन्देश देते हैं–

मधुकर तुम रस लंपट लोग।
कमल कोष बस रहत निरन्तर हमहिं सिखावत जोग।।

रसपान करके मदमस्त प्राणियों में समझ की बात कैसे हो सकती है–

मधुकर समुझि कहौ किन बात।
पर मद पिऐं मत्त न हूजियत काहें को इतरात।।

ऐसे निष्ठुर प्रेमियों की जाति ही अलग होती है–

मधुकर कह कारे की न्याति।
ज्यों जल मीन कमल मधुपनि की छिन नहिं प्रीति खटाति।
कोकिल कपट कुटिल बायस छलि फिरि नहिं उहिं बन जाति।
तैसेहि रास केलि रस अँचयो बैठि एक ही पाँति।।

ऐसे रसिकों का स्वभाव ही चंचल होता है–

मधुकर बादि बचन कत बोलै।
आपुन चपल चपल कौ संगी चपल चहूँ दिसि डोलै।।

रसपान करने के लिए मीठी बात करने वाले चंचल स्वभाव के प्रेमी बहुत ही चतुर-सयाने होते हैं–

मधुकर कहत चतुर सयाने।
तैसे तुम तैसे रेवै ठाकुर एकहि मोल बिकाने।
पहिली प्रीति पिबाइ सुधा रस पाछै जोग बखाने।
ज्यों ठग मींठी कहि सन्तोषत फिरि प्राननि गहकानै।।

श्रीकृष्ण-मधुकर के व्यवहार और सन्देश का अन्तिम परिणाम निराशा है–

मधुकर ल्याए जोग सँदेशो।
भली स्याम कुसलात सुनाई सुनतहिं भयो अँदेशो।
आस रही जिय कबहुँ मिलन की तुम आवत ही नासी।

भ्रमरगीत में भ्रमर का प्रतीकत्व अत्यन्त व्यापक है। उसका सम्बन्ध व्यक्ति, वस्तु और भाव-विशेष या पात्र से ही न होकर एक पूरे प्रसंग से है। इसलिए उसके द्वारा भाव का विस्तार हो सका है। पूरे भ्रमरगीत में भ्रमर का उल्लेख हो या न हो, भ्रमरवृत्ति के निरूपक अनेक पद हैं।

सूर ने मीन को आकर्षण और प्रेम का प्रतीक बनाकर मीनता पर अत्यन्त रमणीय कल्पनाएँ की हैं—

ब्रज लोचन बिन लोचन कैसे? प्रति छिन अति दुख बाढ़त।
सूरदास मीनता कछू इकु, जलभरि संग न छाँड़त।।

श्रीकृष्ण तो ब्रज के लोचन हैं। उनके लोचनों के अपूर्व सौन्दर्य को देखने वाले लोचनों में क्षण-क्षण देखने की लालसा और परिणामस्वरूप व्याकुलता स्वाभाविक है। सौन्दर्य की वह वेदना जल में रहकर उसे कभी न छोड़ने वाली मीनता है। एक—दूसरी कल्पना है, जिसमें मीन का प्रतीकत्व उलट गया है—

हमते भली जलचरी बपुरी अपनी नेह निबाह्यो।
जल तें बिछुरि तुरत तन त्याग्यों पुनि जल ही को चाह्यो।
× × ×
अचरज एक सुनौ हो ऊधौ जल बिनु मीन रह्यो।
सूरदास प्रभु अवधि आस लगि मन बिस्वास गह्यो।।

मीन नेत्री गोपिकाओं की मीनता में कुछ कसर रह गया है। यह प्रतीक का चमत्कार नहीं, वेदना में मन का भावोद्‌गार है। दूसरी ओर यह प्रतीकत्व भ्रमरगीत के प्राणतत्त्व को प्रकट करता है कि गोपिकाएँ वेदना की इस असह्य पीड़ा में भी आस्था, आशा और विश्वास को लेकर जीवित रहीं। यही जीवन की आस्था, आशा और विश्वास पूरे सूरसागर की काव्य-चेतना है।

सूरसागर में ऐसे काव्यात्मक प्रतीकों का प्रयोग बहुत कम हुआ है। कवि की कल्पना की प्रवृत्ति इस दिशा में नहीं है। सूरसागर के प्रतीक प्रायः रूढ़ और दार्शनिक हैं, यद्यपि कवि की कल्पना ने बीच-बीच में उनसे भी लाभ उठाकर अपूर्व सौन्दर्य की सृष्टि की है। रूढ़ प्रतीकात्मकता के कारण सूर के काव्य-सौन्दर्य को कोई क्षति नहीं पहुँची है। "सूर की यह लाक्षणिक शैली ऐसी उच्च कोटि की है कि कविता और दर्शन की धाराऐं सूरसागर में समानान्तर होकर बहती हैं, कोई विक्षेप नहीं मिलता जैसे अन्तःसलिला सरस्वती गंगा और यमुना के बीच हो, ऐसा ही सूर की कविता-सरिता के उभय उपकूलों के बीच उनका लाक्षणिक अर्थ है।"[25]

भारतीय आचार्यों ने 'काव्यांत्तं नाटकम्' कहा है। पाश्चात्य समीक्षकों ने भी कविता की विभिन्न शैलियों में नाटकीय शैली को सर्वोत्कृष्ट माना है। नाटकीय पद्धति में सौन्दर्य नेत्र गोचर रूप प्राप्त करता है जबकि श्रव्य रूप में उसकी केवल व्यंजना हो सकती है। सूर ने श्रीकृष्ण की लीलाओं के माध्यम से अपनी प्रगीतात्मक आत्माभिव्यक्ति में नाटकीय तत्त्वों और शैली को भी जोड़कर दोनों का अपूर्व सामंजस्य स्थापित किया है। लीला शब्द स्वयं खेल या नाटक का व्यंजक है। रासक्रीड़ा नृत्य का नाटकीय रूप है।

नाटक में मानवीय क्रिया-व्यापारों की मूल प्रेरणाओं, अन्तर्द्वन्द्वों और संघर्षात्मक स्थितियों का निरूपण होता है। श्रीकृष्ण की कथा आदिम जीवन की मूलवृत्तियों, लोक जीवन की सहज प्रेरणाओं और मानवीय मनोवैज्ञानिक मनःस्थितियों से सम्बद्ध है। कालान्तर में उसे आध्यात्मिक-सांस्कृतिक रूप दिया गया है।

सहजता, यथार्थता, सरलता, सार्वजनीनता और संघर्षमय कार्य, नाटकीय वस्तु की विशेषताएँ हैं। संघर्षमय कार्य को छोड़कर बाकी विशेषताएँ बाललीलाओं में मिल जाती हैं। सूर ने जीवन में सौन्दर्य और प्रेम के महत्त्व का प्रतिपादन करने के लिए जान-बूझकर श्रीकृष्ण के दुष्टसंहारक रूप की उपेक्षा की है, जिससे संघर्ष और कार्य की स्थितियों की अभिव्यक्ति नहीं हो सकी। बाललीलाओं में चेष्टा-व्यापार सहज, यथार्थ और सार्वजनीन होते हुए भी मानवीय कर्म-जगत के अन्तर्गत नहीं है। प्रेमलीलाओं में ऐकान्तिक प्रवृत्ति के कारण जीवन के व्यापक कर्म-जगत के साथ उसका कोई सम्बन्ध नहीं रह गया। भ्रमरगीत में जो संघर्ष है, वह कार्यगत न होकर वैचारिक है—प्रेम और ज्ञान-योग का।

मुक्तक रूप में नाटकीय पात्र-परिकल्पना की गुंजाइश कम है। फिर भी सूर ने अपने पात्रों को भागवत से भिन्न विशिष्ट व्यक्तित्व प्रदान किया है। प्रत्येक सन्निवेश में पात्रों की प्रतिक्रिया, उनके स्वभाव और चारित्रिक धर्मों को प्रकट करती है। श्रीकृष्ण के वियोग में राधा, गोपिकाओं और यशोदा की वेदना में उनका मानसिक संघर्ष का भी द्योतन हुआ है, जैसे "सन्देसो देवकी सों कहियो" वाले पद में।

सूर की नाटकीय संवाद-योजना अत्यन्त मार्मिक है। बाललीलाओं में अनेक अवसरों पर प्रसंग या सन्निवेश को संवाद-रूप में मूर्त्त किया गया है। बाल और यौवन सौन्दर्य-वर्णन तथा वात्सल्य एवं प्रेम की भाव-व्यंजना

में सखी-संभाषण या सखी सम्बोधन की पद्धति अपनाकर रचना को सजीव बनाया गया है। तृतीय पुरुष में कवि के कथन के रूप में लीला वर्णन कम हुआ है। सम्बोधनात्मक पद्धति में यशोदा, राधा और गोपिकाओं के कथनों में सौन्दर्यानुभूति और भावानुभूति का निरूपण हुआ है। वे नाटकीय स्वगत लगते हैं, जैसे "सुन्दर मुख की बलि बलि जाऊँ", "मेरो नैन निरखि सुख पावत", "सखी री सुन्दरता को रंग" आदि में। पूरा भ्रमरगीत सम्बोधनात्मक आत्मकथन है। कभी-कभी सम्बोधन के बिना ही मनोभावों का स्वगत के रूप में अभिव्यंजना है, जैसे "जसुमति मन अभिलाषा करै" में। संवादों के द्वारा या आत्मकथन में पात्रों की मनःस्थिति या मनोभावों की भी व्यंजना हुई है—"मैया कबहि बढ़ैगी चोटी?" या "खेलन में को काको गोसैयाँ?" में माखनचोरी, पनघट लीला आदि प्रसंगों में गोपिकाओं की शिकायत, उपालम्भ और व्यंग्य तथा श्रीकृष्ण की सफाइयाँ मार्मिक संवाद योजना के उदाहरण हैं। उन प्रसंगों की वचन-वक्रता विदग्ध और भावपूर्ण है। सामान्यतः संवादों में यथार्थोन्मुख सहजता और स्वाभाविकता है जो भाषा-प्रयोग पर आधारित है। सूर ने चलती भाषा का प्रयोग किया है, जो मुहावरों और लोकोक्तियों से अत्यन्त सहज लगती है। रूप-वर्णन और संवादों की भाषा की तुलना से यह बात स्पष्ट हो जाती है।

उपर्युक्त विशेषताओं के आधार पर सूर ने प्रसंगों का नाटकीय दृश्यांकन किया है। एक छोटे से पद में पूरे दृश्य को प्रस्तुत करना उनकी कलात्मक प्रतिभा का परिचायक है—

मैया मोहि दाऊ बहुत खिझायो।
मोसों कहत मोल को लीनो तोहि जसुमति कब जायो।।
कहा कहौं एहि रिसि के मारे खेलन हौं नहि जातु।
पुनि पुनि कहत कौन है माता को है तेरो तातु।।
गोरे नन्द जसोदा गोरी तुम कत स्याम सरीर।
चुटकी दै दै हँसत ग्वाल सब सिखै देत बलबीर।।
तू मोही को मारन सीखी दाउहिं कबहुँ न खीझै।
मोहन को मुख रिस समेत लखि जसुमति सुनि सुनि रीझै।।
सुनहु कान्ह, बलभद्र चबाई, जनमत ही कौ धूत।
सूर स्याम मोहि गोधन की सौं हौं माता तू पूत।।

इस प्रसंग के मूल में श्रीकृष्ण की खीझ, क्रोध और शिकायत की व्यंजना है।

कवि ने प्रसंग का ऐसा दृश्य-विधान किया है कि शिकायत का पूरा सन्निवेश आँखों के सामने आ जाता है। श्रीकृष्ण, बलभद्र, ग्वालबाल और माता यशोदा नाटकीय पात्र बन जाते हैं, उनके क्रियाकलापों का निरूपण हो जाता है, प्रधान पात्र श्रीकृष्ण और यशोदा की मानसिक प्रतिक्रिया एवं भावनाएँ व्यंजित हो जाती हैं और संवाद के द्वारा कार्य सहज परिणति या समाप्ति पर पहुँच जाता है। इतना ही नहीं, श्रीकृष्ण और यशोदा के व्यवहार में सहजता और यथार्थता का ऐसा आभास मिल जाता है कि प्रसंग में नाटकीय वास्तविकता का भ्रम उत्पन्न होता है। प्रसंग की और गहराई में जाकर विचार करें तो उसके मूल में एक अव्यक्त मानसिक द्वन्द्व की भी झलक मिल जाती है—माता-पुत्र दोनों के अन्तर्मन में जहाँ एक ओर जन्म सम्बन्धी रहस्य की व्याकुलता है तो दूसरी ओर साहचर्यजन्य अनन्त अनुराग है। जीवन के अन्तर्द्वन्द्वों का यह निरूपण नाटकीय विधा की विशेषता है। बाल-लीलाओं के नाटकीय दृश्यांकन में सूर ने सौन्दर्य को सजीव मूर्त्त रूप दिया है।

सूर की प्रगीतात्मक शैली में उनकी आत्माभिव्यक्ति हुई है तो नाटकीय दृश्यांकन में लीलाओं को मन की आँखों के सामने प्रत्यक्ष कर लेने का प्रयत्न दिखाई देता है। सूर भक्ति की तन्मयता में भगवान का संकीर्तन करते हुए अपनी बन्द आँखों से भगवान की लीलाओं को घटित होते हुए देखकर आनन्द-विभोर हो जाते हैं। दूसरे शब्दों में, उनकी रचना का लक्ष्य काव्यकला के ढाँचे में लीला-दर्शन है। इसलिए उनकी काव्य-रचना में नाटकीयता का अद्‌भुतपन समाविष्ट हो सका है। सूर की नाटकीय और प्रगीतात्मक अभिव्यंजना-पद्धतियाँ उनकी रचनात्मक प्रक्रिया में क्रमशः सौन्दर्य-दर्शन तथा सौन्दर्यानुभूति एवं भावानुभूति की व्यंजक है।

काव्य की भावाभिव्यंजना में अन्य सभी ललितकलाओं की सौन्दर्यशास्त्रीय विशेषताएँ किसी न किसी रूप में अपनाई जाती हैं जिससे शाब्दिक अभिव्यंजना मूर्त्त और सौन्दर्यमय बने। उसके रचना-विधान में वास्तुकला का निर्माण-कौशल, मूर्तिकला का गठन, चित्रकला की गोचरता, संगीतकला का लय-माधुर्य और नृत्य-कला की भंगिमाएँ दिखाई पड़ती हैं। ललितकलाओं में काव्य और संगीत का सम्बन्ध लोकगीत के रूप में अत्यन्त प्राचीन है। यह सम्बन्ध, भाव और लय के सामंजस्य के रूप में आंतरिक और मनोवैज्ञानिक है। जहाँ काव्य गेय रूप में नहीं है, वहाँ भी छन्द और शैली के माध्यम से भाव और लय की संगति बिठाई जाती है। तभी काव्य प्रभावोत्पादक होता है।

काव्य की भाव व्यंजना में सहयोगी लय, ताल, राग आदि संगीत के वस्तुनिष्ठ धर्म हैं तो माधुर्य उनकी अनुभूति से सम्बन्धित व्यक्तिनिष्ठ विशेषता है।

सूर के काव्य की लय-माधुर के तीन पहलू हैं। (1) काव्य और संगीत के समन्वय में लय-माधुर्य है। सूर की काव्य-रचना में जैसी प्रतिभा, कल्पना और मौलिकता का परिचय मिलता है, वैसा ही उनकी संगीत-परिकल्पना में है। उन्होंने भावानुरूप लयविधान करते हुए अपने पदों को विविध राग-रागिनियों में अभूतपूर्व रूप में बाँधा है, जिसकी समीक्षकों ने भूरि-भूरि प्रशंसा की है। शुक्ल जी के अनुसार "सूरसागर में कोई राग या रागिनी छूटी नहीं होगी। इससे वह संगीत प्रेमियों के लिए भी बड़ा भारी खजाना है।"[26] आचार्य मुंशीराम शर्मा लिखते हैं—"इस गायन में ऐसी कौन-सी रागिनी है, जो सूरसागर में न आयी हो? कहा जाता है कि सूर के गान ऐसे राग और रागिनियों में हैं, जिनमें से कुछ के तो लक्षण भी अब प्राप्त नहीं हैं। ऐसी राग-रागिनियाँ या तो सूर की अपनी सृष्टि हैं या अब उनका प्रचार नहीं है।"[27] डॉ. हरवंशलाल शर्मा का मूल्यांकन है—"वे भावानुकूल राग-रागिनी का प्रयोग करने में सिद्धहस्त थे और यही उनकी विशेषता थी।"[28] काव्य का संगीत के साथ घनिष्ठ आंतरिक सम्बन्ध स्थापित करके सूर ने जो भावानुरूप लय-विधान किया है, उसमें स्वाभाविकता, भावुकता, माधुर्य आदि धर्मों का सहज प्रसाद गुण युक्त समावेश हुआ है। इससे भाव की पुष्टि हुई है क्योंकि भाव और लय समधर्मा हैं।

सूर के काव्य में वात्सल्य और प्रेम की कोमल भावनाओं की अभिव्यक्ति और अनुभूति में लय की महत्त्वपूर्ण भूमिका है। लय चित्त को एकाग्र बनाकर भाव-सम्प्रेषण और अनुभूति को सुगम और तीव्र करती है। "मैया मोरी मैं नहिं माखन खायो", "निसिदिन बरसत नैन हमारे" आदि बार-बार संगीतज्ञों के द्वारा गाये जाने वाले सैकड़ों पदों में हृदय की कोमल भावना और लय का सामंजस्य देखा जा सकता है। सूर सच्चे अर्थ में वाणी और संगीत में अभेद स्थापित करने वाले वाग्येकार हैं। सूरसागर में संगीत कला की चर्चा की ओर पहले संकेत किया जा चुका है। मुरलीवादन और रासक्रीड़ा में भाव और लय, सुर, ताल, आलाप आदि की संगति भावतन्मय करने वाली है—

गावत स्याम श्यामा रंग।
सुघर गति नागरि अलापति, सुर भरति पिय संग।।
स्यामा स्याम रिझावति भारी।

दोहा छन्द ध्रुपद जस हरि कौ हरिहीं गाइ सुनावति।
आपुन रीझि कंत कौं रिझावति यह मिस गर्व बढ़ावति।।

(2) छन्द-योजना में लय-माधुर्य है। छन्द की कसावट भाव को मूर्त्त करता है, उसकी लय अन्तर्वेग को उत्तेजित करती है और लय के द्वारा उत्पन्न स्पंदनशीलता में मन भावोन्मुख होकर भाव-सम्प्रेषण एवं अनुभूति सुगम हो जाती है। इसीलिए मुक्त छन्द में भी भाव के अनुरूप लय-योजना का ध्यान रखा जाता है। "सूर के अधिकांश पद कीर्तन के रूप में हैं, इसीलिए छन्दोविधान का कोई विशेष स्थान उनके काव्य में नहीं है। पिंगलशास्त्रीय छन्दों की अपेक्षा संगीत शास्त्रीय राग-रागिनियाँ ही उनके काव्य में पायी जाती हैं।"[29] फिर भी सूर के काव्य में जैसा कि डॉ. ब्रजेश्वर वर्मा ने गेय और वर्णनात्मक अंशों का विश्लेषण करके स्पष्ट किया है—चौपाई, चौपई, दोहा, रोला आदि छन्दों का प्रयोग हुआ है तथा नवीन छन्दों की कल्पना भी की गयी है। दोहे में टेक मिलाकर, दोहा-रोला मिलाकर गेय पदों में नया प्रयोग, भावानुकूल लयविधान की दृष्टि से है। चौपई और चौपाई वर्णनात्मक प्रसंगों में प्रयुक्त हैं। सूरसागर के सीमित ओजपूर्ण प्रसंगों में दंडक की योजना है।

(3) शब्द-माधुर्य या शैली में लय-माधुर्य होता है। काव्य के भाव में ही एक अन्तस्थ लय होती है। मुक्त छन्द में भाव और शब्द-विधान की लयात्मक संगति का प्रयत्न किया जाता है। गेय या छन्दोबद्ध रचना करने वाला कवि भी भाव की अनुरूपता में शाब्दिक लय का आरोह-अवरोह करता है या शाब्दिक लय की गति को निश्चित करता है। तुक, अनुप्रास और अन्य शब्दालंकार भी शैलीगत लय विधान में सहायक होते हैं। सूर ने लयविधान में शैली की इन विशेषताओं से कुछ लाभ अवश्य उठाया है, लेकिन दृष्टि प्रधानतः भाषा की गतिशीलता, प्रवाहशीलता, स्वाभाविकता और सजीवता पर रही है। उन्हीं के माध्यम से भावानुरूप लयविधान किया गया है। वास्तव में कोमलकांत-पदावली और शब्दालंकार, कोमल भावनाओं की अभिव्यक्ति में पूर्ण सफल नहीं हो सकते। क्योंकि उनका सम्बन्ध शब्द के बाह्य रूप से है। कोमलता भाव का आंतरिक गुण है जो अनुरूप लयविधान का आग्रह करता है। इसलिए भाव को संवेद्य बनाने वाली लय शब्द-व्यवस्था के सहज धर्मों पर आधारित होती है, न कि कृत्रिम कोमल-वर्ण-व्यवस्था पर। इस सन्दर्भ में शुक्ल जी का कहना है—"संस्कृत के गीतगोविन्द में कोमलकांत-पदावली और अनुप्रास की ओर बहुत कुछ ध्यान है। विद्यापति की रचना में कोमल

पदावली का आग्रह तो है, पर अनुप्रास का उतना नहीं। सूर में चलती भाषा की कोमलता है, वृत्ति-विधान और अनुप्रास की ओर झुकाव कम है। इससे भाषा की स्वाभाविकता में बाधा नहीं पड़ने पायी है।''[30]

लय-माधुरी की सर्वश्रेष्ठ व्यंजना वहाँ होती है, जहाँ अर्थगत भाव और शब्दगत लय रचना धर्मिता में सम्बद्ध और समन्वित रूप में अभिव्यक्त होकर अपनी अलग-अलग सत्ता का आभास या बोध नहीं कराते। सूर की रचना की स्वाभाविकता में भाव और लय के सुर मिल जाते हैं।

काव्यरूप

गीतात्मक सूरसागर के काव्यरूप के सम्बन्ध में कोई विशेष विवाद नहीं होना चाहिए था। लेकिन शुक्ल जी ने सूर और तुलसी की तुलना करते हुए अन्य कारणों के साथ-साथ प्रबन्धकार होने के कारण मुक्तककार सूर से तुलसी को श्रेष्ठ घोषित किया है। फिर सैद्धान्तिक रूप में भी प्रबन्ध को मुक्तक से श्रेष्ठ माना है। ''पूर्णरस में लीन करने वाले वाग्विधान् में भी यह बात देखी जाती है कि जहाँ वह धारा के रूप में कुछ दूर तक चलता है, वहीं पूरी तन्मयता प्राप्त होती है।...मुक्तक कवियों में इस प्रकार मग्न करने वाली रसधारा नहीं चलती, छीटें उछलते हैं।''[31] भाव या रस में तन्मय होना कथा-प्रवाह पर नहीं, भाव की प्रकृति और अनुभूति पर निर्भर करता है। एक छोटे से मुक्तक या गीति में सहृदय भावनाशील कवि पाठक को उतना ही भाव-विभोर कर सकता है, जितना प्रबन्धकार। यह दूसरी बात है कि दरबारी काव्य-परम्परा में मुक्तककार कवियों की दृष्टि इस भाव-तन्मयता पर न होकर उक्ति-गठन के चमत्कार पर थी, जिसका प्रभाव क्षणिक मनोरंजन होता है। प्रबन्धकार के रूप में जायसी की सहृदयता और भावनिरूपण की प्रशंसा करते हुए शुक्ल जी ने मूल्यांकन में विद्यापति आदि मुक्तककारों से भी उनकी तुलना की है, लेकिन सूर के साथ तुलना से अपने को बचा लिया है। क्योंकि जायसी और सूर की कोई तुलना ही नहीं है और वैसा प्रयत्न असंगत और हास्यास्पद हो जाता। इससे स्पष्ट होता है कि कवि की श्रेष्ठता का निर्णय काव्यरूप के आधार पर नहीं, प्रतिभा, कल्पना या भावना के आधार पर होना चाहिए। भारतीय काव्य-परम्परा में, विशेषतः शिक्षित-समुदाय में प्रबन्ध को कवि की प्रतिभा का मानदंड माना जाता था। शुक्ल जी उसी परम्परा के थे। शायद प्रबन्ध की श्रेष्ठता की भावना

अन्तर्मन में रहने के कारण ही आचार्य नन्ददुलारे वाजपेयी ने सूरसागर में प्रबन्ध की विशेषताओं को दिखाते हुए शुक्ल जी की प्रत्यालोचना की है।

कलावादी और सौन्दर्यशास्त्री काव्यरूप को उतना ज्यादा महत्त्व नहीं देते। प्रबन्ध और मुक्तक दोनों का लक्ष्य एक ही है—सौन्दर्य का सम्मूर्त्तन, साक्षात्कार और उसकी अनुभूति। वे काव्य का मूल्यांकन प्रतिभा, कल्पना या भावना की प्रकृति, स्वरूप और धरातल के आधार पर करते हैं। प्रबन्ध और मुक्तक का अन्तर केवल निर्माण-कौशल को लेकर है। पहले में संरचना की अन्विति के लिए अधिक एकाग्रता, ध्यान-केन्द्रीकरण और कुशलता चाहिए। यदि कथा के माध्यम से जीवन के विस्तार और भावों के वैविध्य को ही काव्य की कसौटी मान लें तो प्रबन्ध का रूप श्रेष्ठ माना जा सकता है। लेकिन सौन्दर्यशास्त्र की दृष्टि से ये तत्त्व सौन्दर्यात्मक संरचना के अंग मात्र हैं जिनसे सौन्दर्य की प्रकृति निर्धारित नहीं होती, केवल आकार-प्रकार का निर्णय होता है। इस आकार-प्रकार का अपना जो सौन्दर्य है, वह सौन्दर्यशास्त्रीय न होकर टेक्निकल है। पहले काव्यत्व और उसके महत्त्व के अन्तर की ओर संकेत किया गया है। प्रबन्धत्व कवि और काव्य के महत्त्व के निर्धारक तत्त्वों में से एक है, काव्यत्व का मापदंड नहीं।

मुक्तक काव्य : मुक्तक काव्य की विशेषताएँ—अपने में पूर्ण इकाई होना, रूप की कसावट, कसावट में अर्थ की गम्भीरता और अर्थगत भाव में व्यंजकता हैं। मुक्तक-रचना के रूप में सूर के पदों में प्रसंग पूर्ण इकाई के रूप में है, अर्थ में गम्भीरता है और भाव कोमल एवं वेदनामय दोनों रूपों में व्यंजकता की अनेक सम्भावनाओं से भरा है। गेय भाव-प्रसार में रूप की कसावट पाठ्य-पुस्तक के समान नहीं है। जो चुस्ती और कसावट है, वह प्रायः टेक और पद की कुछ विशेष पंक्तियों में है। भाव की केन्द्रीकृत व्यंजना और उस व्यंजना में अनन्त व्यंजकता भी उन्हीं पंक्तियों में है जैसे "ऊधो मन नाहिं दस-बीस", "काहे को गोपीनाथ कहावत?", "उर में माखन चोर गड़े" आदि में।

प्रबन्धत्व : शुक्ल जी के अनुसार प्रबन्ध काव्य के प्रमुख लक्षण हैं—इतिवृत्त की वस्तुनिष्ठता और शृंखलाबद्धता, वस्तु-व्यापार-वर्णन का वैविध्य, पात्रों के स्वभाव और चरित्र का निरूपण, मार्मिक स्थलों की पहचान, भाव या रस की व्यंजना, पात्रानुकूल संवाद एवं भाषा तथा वस्तु-वर्णन, संवाद और भाव-व्यंजना की नातिदीर्घ सन्तुलित अभिव्यक्ति। मुक्तक-संकलन होने के

कारण और सूर की काव्य-प्रवृत्ति के कारण सहज ही प्रबन्ध के इन लक्षणों में से कुछ का निर्वाह सूरसागर में नहीं हो सका है। लेकिन प्रबन्ध के कुछ महत्त्वपूर्ण तत्त्वों की सफल योजना सूरसागर के समष्टि रूप में दिखाई देती है। सूरसागर, जहाँ तक श्रीकृष्ण की मधुर लीलाओं का सम्बन्ध है, वस्तुन्मुख रचना न होकर भावात्मक है। पर कामायनी की तरह पूर्णरूप से भावप्रवण भी रही है। सूरसागर में वस्तु और भाव का सन्तुलित सामंजस्य है। यौवनलीलाओं की तुलना में बाललीलाएँ अधिक वस्तुन्मुख हैं। मुक्तक पदों के संकलन में शृंखलाबद्धता सम्भव नहीं है। एक ही प्रसंग को लेकर अनेक पदों की रचना हुई है। उसमें भावों की कुछ आवृत्ति भी मिल सकती है। लेकिन विभिन्न लीलाओं में प्रसंगों, सन्निवेशों और भावों का वैविध्य भी कम नहीं है। सामूहिक दृष्टि से देखने पर ऐसा लगता है कि सूरसागर में भक्ति, वात्सल्य और प्रेम या शृंगार, केवल तीन भावों का निरूपण किया गया है। सूक्ष्म दृष्टि से देखने पर स्पष्ट हो जाता है कि वे केवल भाव के व्यापक क्षेत्र हैं जो वस्तु के आधार पर निर्धारित किये गये हैं तथा उनमें वस्तु और भाव का बहुत वैविध्य है। साहित्य के सहृदय जानते हैं कि प्रेम और शृंगार की व्यंजना परिवेश को बदलकर कितने संकीर्ण दायरे में, निश्चित पद्धतियों एवं प्रविधियों में होती है। सूर के वियोगवर्णन में भ्रमरगीत को लेते हैं तो वस्तुगत प्रसंगों और भावों का कितना वैविध्य है। बाललीलाओं पर भी यह बात लागू होती है। केवल संयोग शृंगार में यह वैविध्य नहीं है, मुरली-माधुरी और नेत्र-समय के प्रसंगों को छोड़कर। जो सूरसागर की वस्तु और भाव-व्यंजना में वैविध्य के अभाव की शिकायत करते हैं, वे परिवेश की भिन्नता में विविधता के अभाव पर आक्षेप कर रहे हैं। सूरसागर की वस्तु को वयोक्रम से शैशव, बाल्यावस्था, सख्य स्थिति, किशोरावस्था, संयोग की यौवनावस्था और वेदनामय प्रौढ़ावस्था में विभाजित कर सकते हैं। हर एक अवस्था या स्थिति के अनेक प्रसंग हैं और उन प्रसंगों से सम्बद्ध भावों, विचारों एवं कल्पनाओं का समग्र निरूपण है। इनको समष्टि रूप में देखते हैं तो लीलाओं में वस्तु और भाव की अन्विति ही नहीं, एक विकास-क्रम भी लक्षित होता है। कुरुक्षेत्र में पुनर्मिलन के संक्षिप्त प्रसंगों को छोड़ दें, जो लीलाओं की नित्यता और प्रेम के महत्त्व का प्रतिपादक है, काव्यवस्तु और भावविकास की भ्रमरगीत की तीव्र वेदना में चरमसीमा पर समाप्ति, प्रबन्ध के अत्यन्त मार्मिक समापन का द्योतक है। वस्तु और भाव की ऐसी परिणति

बहुत कम प्रबन्धों में दिखाई देती है। सूर के काव्यों में मार्मिक स्थलों के भावात्मक निरूपण, मनोवैज्ञानिक चरित्र-चित्रण, संवाद-योजना की अद्भुत क्षमता, प्रवाहमय और पात्रोचित भाषा-प्रयोग के सम्बन्ध में कुछ कहने की आवश्यकता नहीं है। यदि कोई सूर के लीला-निरूपण में आवृत्ति के पदों को छोड़कर वस्तु और भाव के विकास की दृष्टि से सम्पादित करता तो सूर के प्रबन्ध-कौशल का पूरा पता चलता।

गीतिकाव्य : सूर की रचना प्रधानतः मुक्तक गीतिकाव्य के रूप में है। (उसमें नाटकीय शैली की ओर पहले संकेत किया गया है।) स्वान्तः प्रेरित भावव्यंजना, तीव्र संवेगात्मक सुख-दुखमय भावानुभूति, भाव की लयात्मक गेय अभिव्यंजना, भाव की संक्षिप्त केन्द्रीकृत रूप में अन्विति या एकता, गेय रूप के अनुकूल भाषा की प्रवाहशीलता और भावाभिव्यंजना में सम्प्रेष्य ऋजुता—गीतिकाव्य की ये विशेषताएँ सूर की रचना में चरम उत्कर्ष पर पहुँच गयी हैं। सूर का गीतिकाव्यरूप साहित्यिक है, पर उसमें लोकगीतों की सहज और ऋजु भाव-व्यंजना, अनुभूति की सरलता और तीव्रता तथा सुर-लय का माधुर्य सुरक्षित हैं। चलती व्यावहारिक भाषा का प्रयोग भी लोकगीतों की अनुरूपता में है। लोकगीतों की सम्बोधन शैली भी अपनाई गयी है। आधुनिक प्रगीतों की तरह सूर के गीतिकाव्य में आत्माभिव्यक्ति और कल्पना के तत्त्व भी जुड़ गये हैं। सौन्दर्य, वात्सल्य और प्रेम की अनुभूति में कवि आश्रय-पात्रों के साथ भाव-विभोर हो गया है। लीलाकीर्तन सूर का आत्मनिवेदन है।

मध्ययुग में गीतिकाव्य का रचनात्मक ढाँचा पद है। सूर ने पद रचना को, कुछ स्थानों को छोड़कर, तुलसी की विनयपत्रिका की तरह गम्भीर अर्थ-प्रधान पाठ्यकाव्य के धरातल पर नहीं पहुँचाया है। सूर के पूर्व पद-रचना की कोई लम्बी परम्परा नहीं थी—लोकगीत, विद्यापति की पदावली और सन्तवाणी तक प्रयोग सीमित थे। संस्कृत में गीतगोविन्द की रचना थी। सूर ने पद-रचना को राग-रागिनियों में बँधा मधुर साहित्यिक रूप दिया है। "सूर ने जिस प्रकार के पद लिखे हैं, वे हिन्दी-जगत में बहुत नवीन न होते हुए भी एक विशेष नवीनता रखते हैं।...जो पद निर्गुण उपासना को वहन करते आ रहे थे, उसे सगुण रूप से सरस करना सूरदास का ही काम था।"[32]

सूर की पद-रचना कुछ विशेष प्रणालियों में आयोजित लगती हैं। दो-तीन रूप देखेंगे। (1) टेक में भाव की अभिव्यक्ति और फिर उदाहरणों से उसकी

पुष्टि—"ऊधो मन माने की बात"। (2) टेक में भाव या विचार का कथन और आगे की पंक्तियों में उसका विस्तार—"निर्गुन कोन देस को वासी?" या "स्याम सों काहे की पहचानि।" (3) टेक में मनःस्थिति की सूचना और उसके बाद विविध रूप में उसकी व्यंजना "जसुमति मन अभिलाष करै" या "मुरली तऊ गुपालहिं भावति"। टेक में भाव का उत्कर्ष, विकास या परिवर्तन आदि सूचित करते हुए विशेष प्रणाली या पद्धति में उसका निरूपण भी किया गया है। पदों के ढाँचों के विविध रूपों का इस तरह का विश्लेषण उनकी संरचना को समझने में सहायक होगा।

गीति-प्रबन्ध : सूर के पदों का पाठ-सम्पादन और प्रक्षिप्तों का निराकरण करते हुए डॉ. ब्रजेश्वर वर्मा ने श्रीकृष्ण के मधुरलीला सम्बन्धी पदों को अलग करके उन्हें गीति-प्रबन्ध के रूप में क्रमबद्ध किया है। सूर की भावात्मक गीति-रचना का आयोजन उनकी काव्य-प्रवृत्ति के अनुरूप अवश्य है, लेकिन इस रूप में या क्रम में रचना नहीं हुई है। द्वादश स्कन्धों में सूरसागर का सम्पादन, सूर की मृत्यु के बाद भागवत के आधार पर, उसके समान महत्त्व देने के लिए किया गया है। इस विभाजन में विनय के पद, वर्णनात्मक प्रसंग तथा भागवत की कथा से सम्बद्ध पद, मधुरलीलाओं के पदों के साथ मिलाकर रख दिये गये हैं। डॉ. वर्मा का विचार है कि इस विभाजन में सूर का वास्तविक रूप खुल नहीं पाया है। उनके मतानुसार "सूरसागर का मुख्य विषय श्रीकृष्णलीला गायन ही है, जैसा कि 'वार्ता' के अनुसार उनके गुरु ने उन्हें आदेश दिया था और उस आदेश को उन्होंने तत्काल आत्मसात कर लिया था।"[33] "सूरदास मूलतः श्रीकृष्णलीला के गायक ऐसे महाकवि हैं जिनके पद समूहों, प्रसंग वर्णनों और लीलारूपी खण्ड कथानकों में एक ऐसी अन्विति और एकसूत्रता पायी जाती है जो उनके काव्य को एक कथा-प्रबन्ध-मूलक गीति महाकाव्य के रूप की असंदिग्ध अनुभूति कराती है।"[34] "इस गीति प्रबन्ध के रूप में परिकल्पित लीलागायन का आरम्भ श्रीकृष्ण के मथुरा में जन्म लेकर गोकुल में प्रकट होने से आरम्भ होकर शैशव और बाल्यकाल की क्रीड़ाओं, सहज मानवीय और विस्मय उत्पादक अलौकिक प्रसंगों और खंडकाव्य जैसी अनेक लीलाओं के माध्यम से वात्सल्य, सख्य और माधुर्य भावों का मनोविज्ञान सम्मत क्रमिक विकास करता हुआ, संयोग और वियोग की सरणियाँ पार करके अन्त में हर्ष-विषाद की सम्मिलित अनुभूति देकर कुरूक्षेत्र के मिलन-वियोग में समाप्त होता है।"[35] डॉ. वर्मा ने भावधारा के

विकास के आधार पर श्रीकृष्णलीला प्रबन्ध की मनोवैज्ञानिक एकान्विति स्थापित की है। उन्होंने सूरसागर को आठ भागों में विभाजित किया है जो काव्य-वस्तु और रचना-विधान के आधार पर हैं। वे हैं—श्रीकृष्णलीला गीतिप्रबन्ध, दैन्यभक्ति, रामायण प्रसंग, सुदामा चरित, श्रीकृष्ण कथावर्णन, श्रीकृष्णलीला गायन : स्फुट पद, श्री भागवती कथा सन्दर्भ : वर्णनात्मक और सूरज-सूरजदास छाप के पद। डॉ. वर्मा अन्तिम खंड को प्रक्षिप्त मानते हैं। इस विभाजन में सूर की प्रधान काव्य-प्रवृत्ति स्पष्ट हो जाती है। पहले खंड श्रीकृष्णलीला गीतिप्रबन्ध में भावात्मक एकान्विति स्वीकार करने पर भी उसका प्रबन्धत्व पूर्ण रूप से सिद्ध नहीं होता—आवृत्ति और विस्तार के कारण। गीति-प्रबन्ध के रूप में लिखे गये किसी काव्य में वस्तु, पात्र और भाव को लेकर जो तारतम्य, संगति और एकरूपता होती है, वह स्फुट पदों के प्रबन्धात्मक संकलन में नहीं हो सकता।

काव्य रूप की दृष्टि से हम इतना ही कह सकते हैं कि सूर की रचना गीति-काव्य के रूप में है जिसमें प्रबन्धात्मक तत्त्वों का प्रधानतः और पाठ्य मुक्तक एवं नाटकीय तत्त्वों का अंशतः समावेश हुआ है।

सूर के कलात्मक सौन्दर्य का मूल्यांकन

सूर भावनाशील और कल्पनाशील कवि ही नहीं, सफल कलाकार भी थे। उन्होंने चित्रकार के समान रूप, भाव और चेष्टा-व्यापार का शब्द-चित्र खींचा है। संगीतकार की तरह अपनी रचना को लयात्मक राग-रागिनियों में ढाला है। संगीतकार के लिए साहित्य या शाब्दिक अभिव्यक्ति साधन है और स्वरों के आरोह-अवरोह से राग के द्वारा माधुर्य-सृष्टि साध्य है। लेकिन काव्य में, विशेषतः गीतिकाव्य में साहित्य और संगीत अभिन्न हो जाते हैं। कुशल गीतिकार के रूप में सूर ने भाव को अनुरूप लय में 'फिट' कर दिया है। चित्रकला ने सूर की वाणी को गोचर रूप दिया है तो संगीतकला ने उस रूप को माधुर्य से भर दिया है।

रीतिकाल और छायावाद में भी काव्य के साथ अन्य कलाओं के सामंजस्य का प्रयत्न हुआ है। रीतिकालीन कवियों ने चित्रांकन का प्रयत्न किया है, कवित्त-सवैये को विविध प्रकार के लयात्मक रूप दिये हैं, लेकिन प्रधानतः वे शब्द-शिल्पी थे। उनकी शाब्दिक अभिव्यंजना में शिल्पकला का सौष्ठव ज्यादा मिलता है। यद्यपि पंत जी ने कविता को चित्रभाषा कहा है,

छायावाद में गोचर चित्र-संरचना की अपेक्षा मानसिक बिम्बांकन पर ज्यादा बल है। छायावादी कल्पनाशील प्रवृत्ति के आधिक्य ने कवियों को भाव की अपेक्षा बिम्ब-सृष्टि की ओर अधिक उन्मुख किया है। छायावादी भावानुरूप लयविधान हिन्दी काव्य के क्षेत्र में अपूर्व है। इन दोनों काव्य-प्रवृत्तियों के साथ सूर की तुलना करने पर यह बात स्पष्ट हो जाती है कि कला में सौन्दर्य-सृष्टि पर्याप्त नहीं है, उसमें प्राण-प्रतिष्ठा या सजीवता होनी चाहिए। जब कवि कलाकार होकर अन्य कलाओं की सहायता लेकर या उसके बिना ही भाव को शब्द-रूप देता है, उसे सप्राण होना चाहिए। सूर की सहृदयता, संवेदनशीलता, अनुभूति की तीव्रता ने कला को जीवंत बनाया है जैसा कि अन्य कवियों की अभिव्यंजना में कम देखते हैं।

शुक्ल जी ने काव्य को भावपक्ष और कलापक्ष में विभाजित करके उनको बिल्कुल अलग कर दिया है और दूसरे को पहले का साधन माना है। लेकिन कलात्मक अभिव्यंजना में ही भाव को रूप मिलता है, उसकी प्रकृति, स्वरूप और अनुभूति निर्धारित होती हैं। अत्यंत भावप्रवण होते हुए भी सूर की कलात्मक चेतना में ही उनका भावोन्मेष और भाव-प्रसार की दिशाएँ निश्चित हुई हैं। शुक्ल जी की विश्लेषणात्मक दृष्टि को अपनाकर कुछ समीक्षकों ने भक्तिकाव्य को भावपक्ष प्रधान और रीतिकाव्य को कलापक्ष प्रधान घोषित करने का साहस किया है। यदि कलापक्ष से उनका तात्पर्य शब्द-प्रयोग की बारीकियों से है तो रीतिकाव्य को कलाप्रधान कहना ठीक ही है। अन्यथा भक्तिकाव्य की कलात्मक चेतना रीतिकाव्य से बहुत ऊँचे धरातल की है। विशेषतः सूर की कलात्मक चेतना के आयाम इतने वैविध्यपूर्ण, बहुविध आभा से उज्ज्वल और सजीव सौन्दर्य से भरे हुए हैं, उन सब के आंकलन के लिए विशेष साधना और श्रम अपेक्षित है। इस अध्याय में तेरह शीर्षकों के अन्तर्गत उनकी ओर संकेत मात्र हुआ है। सूर के वस्तु-भाव-पक्ष की सीमाओं पर आक्षेप करने वाले समीक्षक भी अभिव्यंजना के वैविध्य की शिकायत नहीं कर सकते।

सूर की कला की मुख्य विशेषताएँ स्वाभाविकता, स्वच्छन्दता और मूर्त्तता हैं। ये भावगत भी हैं और अभिव्यंजनागत भी। अलौकिक परिवेश में लौकिक भावनाओं का निरूपण करने वाले कवि ने उनकी भाषिक अभिव्यंजना को स्वाभाविक और गतिशील रूप दिया है। लौकिक-सामाजिक मर्यादा के बन्धनों से मुक्त भाव-व्यंजना के कवि ने अपनी कलात्मक अभिव्यंजना को

स्वच्छन्द रखा है। इस स्वच्छन्दता में काव्याभिव्यंजना की परिपाटियाँ चरमरा उठी हैं। काव्यशास्त्र और काव्य-परम्परा का अतिक्रमण करके भाव-प्रसार के अनुरूप नवीन अभिव्यंजना शैलियों और प्रविधियों या प्रणालियों के अनेक प्रयोग हुए हैं। तरह-तरह की शिकायतों, उपालम्भों, कल्पनाओं और वाणी-विदग्धताओं को भाव-प्रेरित अनुष्ठापन कहकर सन्तोष नहीं किया जा सकता। उनमें वाणी-विन्यास की अनन्त भंगिमाएँ हैं। दूसरी ओर रूप-सौन्दर्य और भाव की तन्मयता में भाषाप्रवाह समुद्र की तरह अनेक लहरीले रूपों में उमड़ पड़ता है। सूर की कल्पना ने भाव का जो सम्मूर्त्तन किया है उसमें सौन्दर्य मूर्त्तिमान और सजीव हो उठा है। इस सन्दर्भ में यह स्वीकार करने में संकोच नहीं होना चाहिए कि सूर की अनुभूति, भावना और कल्पना, रूप की अप्रस्तुत योजना में सदा नये प्राण फूँकने में सफल नहीं हुई है। नयी कल्पना के बिना परम्परागत रूढ़ अप्रस्तुत विधान बीच-बीच में अवश्य खटकता है। पर समष्टि रूप में सूर की कलात्मक चेतना और अभिव्यंजना अन्यत्र विरले ही देखने को मिलती है।

आधुनिक काल में पाठकों की अभिरुचि में परिवर्तन के साथ काव्य का सौन्दर्यबोध भी बहुत बदल गया है। वह प्राचीन एवं मध्ययुगीन आदर्शोन्मुखता, अतिरंजना और अत्युक्ति से यथार्थोन्मुखता, सहजता और स्वाभाविकता की ओर उन्मुख होता जा रहा है। सूर के सौन्दर्यबोध में आदर्शवादिता और यथार्थता, रंगीन छटा और सहजता, अतिशयता और स्वाभाविकता का ऐसा सन्तुलन और सामंजस्य स्थापित किया गया है कि सूर का काव्य-सौन्दर्य प्राचीन तथा नवीन दोनों प्रकार की साहित्यिक अभिरुचियों को अपील करता है।

सन्दर्भ

1. काव्य और कला तथा अन्य निबन्ध, जयशंकर प्रसाद, पृ. 43-44
2. वही, पृ. 126
3. सूरदास, आचार्य रामचन्द्र शुक्ल, पृ. 182
4. वही, पृ. 158
5. वही, पृ. 197
6. सूर-साहित्य, आचार्य हजारीप्रसाद द्विवेदी, पृ. 163
7. ब्रजभाषा के कृष्ण भक्ति काव्य में अभिव्यंजना शिल्प, डॉ. सावित्री सिन्हा, पृ. 84
8. सूर-साहित्य, आचार्य हजारीप्रसाद द्विवेदी, पृ. 169
9. सूरदास, आचार्य रामचन्द्र शुक्ल, पृ. 239

10. सौन्दर्यशास्त्र के तत्त्व, डॉ. कुमार विमल, पृ. 198
11. चिन्तामणि-11, आचार्य रामचन्द्र शुक्ल, पृ. 114
12. रस-मीमांसा, आचार्य रामचन्द्र शुक्ल, पृ. 308
13. सूरदास, आचार्य रामचन्द्र शुक्ल, पृ. 162
14. वही, पृ. 197-198
15. सूर : सौन्दर्य और समीक्षा, सं. डॉ. त्रिभुवनसिंह, सूर की चित्र योजना, जयसिंह नीरज, पृ. 376
16. ब्रजभाषा के कृष्ण भक्ति काव्य में अभिव्यंजना शिल्प., डॉ. सावित्री सिन्हा, पृ. 204
17. आधुनिक हिन्दी कविता में बिम्ब-विधान, डॉ. केदारनाथ सिंह, पृ. 2
18. चिन्तामणि-1, आचार्य रामचन्द्र शुक्ल, पृ. 145
19. साहित्य शब्दकोष, सं. डॉ. धीरेन्द्र वर्मा, पृ. 471
20. वही, पृ. 471
21. चिन्तामणि-11, आचार्य रामचन्द्र शुक्ल, पृ. 121
22. संस्कृति का दार्शनिक विवेचन, डॉ. देवराज, पृ. 222
23. सूर-साहित्य की भूमिका, रामरतन भटनागर, पृ. 62
24. वही, पृ. 44
25. महाकवि सूरदास, आचार्य नन्ददुलारे वाजपेयी, पृ. 125
26. सूरदास, आचार्य रामचन्द्र शुक्ल, पृ. 196-197
27. सूर-सौरभ, प्रो. मुंशीराम शर्मा, पृ. 383
28. सूर और उनका साहित्य, डॉ. हरवंशलाल शर्मा, पृ. 290
29. वही, पृ. 290
30. सूरदास, आचार्य रामचन्द्र शुक्ल, पृ. 197
31. चिन्तामणि-11, आचार्य रामचन्द्र शुक्ल, पृ. 99-100
32. सूर-साहित्य, आचार्य हजारीप्रसाद द्विवेदी, पृ. 166-167
33. सूरसागर, सं. डॉ. ब्रजेश्वर वर्मा, भूमिका, पृ. 18
34. वही, पृ. 25
35. वही, पृ. 25

सौन्दर्यानुभूति का विवेचन

सौन्दर्य का स्वरूप एवं तात्त्विक विवेचन

पाश्चात्य सौन्दर्यशास्त्र में सौन्दर्य के सम्बन्ध में तीन दृष्टिकोण मिलते हैं। (1) प्लेटो, अरस्तु, बर्क, हीगल, लेसिंग, क्रोचे आदि अधिकांश सौन्दर्यशास्त्रियों का दृष्टिकोण वस्तुनिष्ठ है। सौन्दर्य को वस्तुगत मानने पर भी उनकी अवधारणाएँ भिन्न-भिन्न प्रकार की हैं। कुछ सौन्दर्य को ईश्वरीय या आध्यात्मिक मानते हैं, कुछ मानसिक भावगत और कुछ कवि-कल्पना-प्रसूत रूपगत। कांट, रस्किन आदि कुछ सौन्दर्यशास्त्रियों का दृष्टिकोण व्यक्तिनिष्ठ है। व्यक्तिनिष्ठता का अर्थ, सौन्दर्य को केवल व्यक्ति-मन की भावना में ढूँढ़ना नहीं है। वे ग्राहक अनुभूति की विशिष्टता की दृष्टि से सौन्दर्य की व्याख्या करते हैं। (2) सौन्दर्य, वस्तु-रूप की एक विशिष्ट आनन्दात्मक अनुभूति देने वाला धर्म है। उनके अनुसार व्यक्ति के भावन-व्यापार और कल्पना की क्रियाशीलता के बिना सौन्दर्य की सत्ता का बोध नहीं होता। व्यक्तिनिष्ठ दृष्टि के आचार्यों की सौन्दर्य-सम्बन्धी अवधारणा आध्यात्मिक, नैतिक, मानवीय, सांस्कृतिक आदि उपवर्गों में विभाजित हो सकती हैं। वास्तव में सौन्दर्य की प्रतीति जहाँ वस्तु के गुणधर्मों पर आधारित है, वहाँ ग्राहक-मन की संस्कारिता, अभिरुचि और कल्पना की अपेक्षा भी रखती है। (3) तीसरा दृष्टिकोण सापेक्षता का है, जिसके प्रतिपादक अलेग्जेंडर हैं। सौन्दर्य, वस्तु और ग्राहक के मन के सम्बन्ध में है। जब दोनों के बीच में भावनापरक सम्बन्ध स्थापित होता है, तभी सौन्दर्य की अनुभूति होती है। जब यह सम्बन्ध स्थापित नहीं हो पाता, तब वस्तु के सुन्दर-असुन्दर होने का कोई प्रश्न ही नहीं उठता। यह सामान्य अनुभव की बात है कि वस्तु-जगत सदा मन को आकृष्ट नहीं कर पाता। तब व्यक्ति उस वस्तु का—प्रकृति, मानवीय रूप या कलाकृति की—उपेक्षा करता है।

जब कलाकार अपनी रचना में सौन्दर्य को मूर्त्त करने का प्रयत्न करता है, उसकी अवधारणा को समझने के लिए अनेक कोणों से देखना पड़ता है। सौन्दर्य के स्वरूप और रूपगत भाव के क्या गुण-धर्म हैं, उसकी अनुभूति की क्या विशेषताएँ हैं और उसकी अभिव्यंजना की प्रक्रिया और पद्धति क्या है—ये सौन्दर्य के अवगाहन के मुख्य बिन्दु हैं।

सौन्दर्यानुभूति का आधार आश्रय है। आश्रय की मानसिक विशेषताएँ वस्तुरूप की सौन्दर्यानुभूति को निर्धारित करती हैं। उसकी प्राथमिक आवश्यकता आश्रय में सौन्दर्याभिरुचि और संवेदनशील आत्मा है। आश्रय के व्यक्तित्व, चरित्र, स्वभाव, मनःस्थिति, भावनाशीलता, कल्पनाशीलता, शारीरिक-मानसिक विकास की अवस्था आदि के साथ सौन्दर्यानुभूति का घनिष्ठ सम्बन्ध है। सौन्दर्य के संस्कार बाल्यावस्था से प्रौढ़ावस्था तक धीरे-धीरे विकसित होकर प्रौढ़ बनते हैं।

सौन्दर्यानुभूति का आधार तत्त्व काम या कामना है। काम के स्फुरण में आलम्बन और आश्रय का सम्बन्ध स्थापित होता है। यह सम्बन्ध बहिर्मुखी ऐन्द्रिय और अन्तर्मुखी भावात्मक दोनों प्रकार का हो सकता है। आलम्बन के साथ बार-बार संवेगात्मक सम्बन्ध स्थापित होने पर भावना प्रेम में परिणत हो जाती है।

सौन्दर्यानुभूति और उसकी प्रक्रिया दोनों विशिष्ट और अलौकिक हैं। रस की तरह सौन्दर्य की अनुभूति भी आनन्दात्मक है। वह लौकिक, ऐन्द्रिय तथा मानसिक अनुभूतियों से भिन्न है। उसी भिन्नता में उसकी अलौकिकता है। ऐन्द्रिय और मानसिक संवेदनों का आधार लेकर ही उसकी अनुभूति हो सकती है, लेकिन अन्तर्मुखी कल्पना के योग से सौन्दर्यानुभूति सूक्ष्म भावगत (Idea) और आदर्शीकृत हो जाती है। सौन्दर्य के अन्तर्दर्शन में सौन्दर्यानुभूति आध्यात्मिक भी हो सकती है, क्योंकि जब मन वस्तु के बाह्य रूप से आगे बढ़कर उसकी आंतरिक चेतना में प्रविष्ट होता है, वह चेतना की सूक्ष्मतम छायाओं को, आध्यात्मिक चेतना को भी छू लेता है। सौन्दर्यानुभूति की प्रक्रिया में इन्द्रियों और मन का, मन की संवेगात्मक, कल्पनाशील और वैचारिक शक्तियों की सामंजस्यपूर्ण क्रियाशीलता के साथ रूप-सौन्दर्य का भावन (Contemplation) होता है। कांट के अनुसार सौन्दर्यानुभूति या सौन्दर्य-भावन की चार विशेषताएँ हैं—(1) आनन्दानुभूति, (2) लौकिकता से निर्लिप्त तटस्थ अनुभूति (Disinterestedness) लौकिक

सामाजिक अनुभूति शुद्ध सौन्दर्यानुभूति से भिन्न आनुषंगिक अनुभूति है, (3) उद्देश्यहीन सार्थकता (Purposiveness without purpose) और (4) इन्द्रियों और मन की स्वच्छन्द क्रियाशीलता और सामंजस्य से उत्पन्न एकोन्मुखता, चैतन्यमयता और पूर्णता है।

सौन्दर्याभिरुचि और अनुभूति देशकाल और व्यक्ति सापेक्ष है। प्रधानतः सौन्दर्यानुभूति व्यक्ति मन की रुचि और भावना के अनुसार भिन्न हो जाती है। जिस तरह सौन्दर्य की अनुभूति के लिए मन की उन्मुखता और सन्नद्ध ता चाहिए उसी तरह बाह्य परिस्थितियों की अनुकूलता भी आवश्यक है। प्रतिबन्धों से रहित स्वच्छन्द परिस्थितियों में ही सौन्दर्य का बोध और उसकी अनुभूति सम्भव है। सौन्दर्य और उसकी अनुभूति दोनों बुद्धि-बोधगम्य नहीं हैं। सौन्दर्य को देखकर मन चकित, विस्मित और कभी-कभी भ्रमित भी हो जाता है। नेत्रेन्द्रिय और मन सौन्दर्य को देख और समझ नहीं पाते, उसके आलोक (Glow) से विभ्रम में पड़ जाते हैं। इसीलिए सौन्दर्य को रहस्यमय, और उस रहस्य को पूर्णरूप से समझ पाना कठिन और असम्भव माना जाता है। कवि उसे अनिर्वचनीय कहकर सन्तोष कर लेता है।

सौन्दर्यानुभूति की ये सामान्य विशेषताएँ कवि के व्यक्तित्व, जीवनदृष्टि, भावना, कल्पना और अभिरुचि के अनुसार विशिष्ट बन जाती हैं। वाणी में स्पष्ट करना कठिन है, पर प्रत्येक कवि की सौन्दर्य सम्बन्धी अवधारणा और अनुभूति दूसरे से भिन्न और विशिष्ट होती है।

मधुर भक्ति के उपासक सूर के लिए आराध्य श्रीकृष्ण का अंग-अंग सुन्दर है—

देख सखी सुन्दर घनश्याम।
सुन्दर मुकुट, कुटिल कच सुन्दर, सुन्दर चाल तिलक छबि धाम।
सुन्दर भ्रुव, सुन्दर अति लोचन, सुन्दर अवलोकनि विश्राम।
× × ×
सुन्दर जंघ, जानु पद सुन्दर, सूर उधारन सुन्दर नाम।।

रूप सुन्दर ही नहीं है, उस सौन्दर्य-दर्शन में विश्राम है अर्थात् मन को शांति मिलती है। नाम तक सुन्दर है जो उपासकों का उद्धारक है। अर्थात् भक्त का उद्धार या मोक्ष आलम्बन और आश्रय के गुणधर्मों के आधार पर नहीं, सौन्दर्य और माधुर्य के माध्यम से होता है। आलम्बन सुन्दर है तो उसके दर्शन से उत्पन्न आश्रय की अनुभूति में माधुर्य है। राधा और

गोपिकाओं ने इस सौन्दर्यानुभूति या माधुर्यानुभूति को प्रत्यक्ष-अप्रत्यक्ष अनेक रूपों में व्यक्त किया है। उन्हें अपने आलम्बन में सारी सृष्टि का सौन्दर्य समाया हुआ अनुभूत होता है–

आजु सखी अरुनोदय मेरे, नैननि कौं धोख भयो।
को हरि आजु पंथ इहि गवने, स्याम जलद की उनयौ।
की बगपाँति भाँति, उर पर की मुकतामाल बहु मोल।
× × ×
सूरदास प्रभु रस भरि उमँगौ राधा कहति बिचारू।।

जब सौन्दर्य को देखकर मन में मधुर अनुभूति होती है तो आलम्बन पर मन के उस धर्म का आरोप या प्रक्षेपण होता है। श्रीकृष्ण का रूप अत्यन्त मधुर लगता है। रूप ही नहीं, उसका अलंकरण, उसकी भाव-भंगिमाएँ, चेष्टाएँ और लीलाएँ भी मधुर हो जाती हैं। सूर को, उनके प्रतिनिधि रूप में गोपिकाओं को कृष्ण में मनमोहक सौन्दर्य के अतिरिक्त और कुछ दिखाई देता–

सुन्दर स्याम, सुन्दर बरमाला, सुन्दर बोलत बचन रसाल।
× × ×
सुन्दर मुरली मधुर बजावत, सुन्दर है मोहन गोपाल।।

इस सौन्दर्य में नेत्र और मन अटक जाते हैं–

जब तैं सुन्दर बदन निहारयौ।
ता दिन तैं मधुकर मन अटक्यौ, बहुत करी निकरै न निकार्‌यौ।।

मोहक प्रभाव और मधुर अनुभूति में आलम्बन ही नहीं, उसकी चारों ओर का सारा परिवेश सुन्दर हो जाता है–

सुन्दर स्याम, सखा सब सुन्दर, सुन्दर वेष धरे गोपाल।
सुन्दर पथ, सुन्दर गति आनन, मुरली सब्द रसाल।
× × ×
सूर स्याम संग सब सुख सुन्दर सुन्दर भक्त हेत अवतार।।

सौन्दर्य वस्तुनिष्ठ धर्म है तो माधुर्य की अनुभूतिनिष्ठ गुण है। सौन्दर्य और माधुर्य को अलग करके देखना सम्भव नहीं है। सौन्दर्य मधुर अनुभूति देता है तो मधुर अनुभूति में आलम्बन सुन्दर लगता है। सूर ने श्रीकृष्ण का सब कुछ सुन्दर कहा है तो उनके गुरु वल्लभाचार्य ने 'मधुराष्ठक' में मधुर कहा है–

अधरं मधुरं बदनं मधुरं नयनं मधुरं हसितं मधुरं।
हृदयं मधुरं गमनं मधुरं मधुराधिपते रखिलं मधुरं।।

मध्ययुग में देशकाल और परिस्थितियों की प्रतिकूलता के बावजूद भक्ति आन्दोलन ने नयी धार्मिक, आध्यात्मिक और सांस्कृतिक चेतना का ऐसा प्रबल विकास किया कि उस चेतना प्रवाह में सब अवरोध ढह गये। मन्दिर तोड़े जा सकते हैं, लेकिन मन की गति को कैसे रोका जा सकता? कृष्ण भक्ति ने मन में ऐसा सौन्दर्य और माधुर्य भर दिया है कि उसमें उच्च-निम्न पूरा समाज झूम उठा। सूर ने सौन्दर्य और माधुर्य का सागर ही बहाकर सबको डुबो दिया। उसमें केवल आत्मविस्मृति नहीं थी, आध्यात्मिक-सांस्कृतिक नवचेतना भी थी। इस्लाम की दैहिक शक्ति का आतंक उस चेतना को दबा नहीं सका। स्थूल मूर्ति का आधार और सहारा नहीं था तो श्रीकृष्ण की कथा थी, मथुरा-वृन्दावन था, श्रीकृष्ण की लीलाएँ थीं, उनका मधुर गायन तथा वेषधारण करके उनका अभिनय या रासक्रीड़ा में थिरक उठना था। ये सब स्थूल प्रतीक थे जिन्होंने मन में बद्धमूल बिम्बों को जगाया और सजीव रूप दिया। प्रतिकूल देशकाल की परिस्थितियों में सौन्दर्य और माधुर्य के उन्मेष और प्रसार के लिए अनुकूल स्वच्छन्द भूमि मिली। यह सोचना भ्रामक है कि भक्ति आन्दोलन में शील और शक्ति के रूप में राम की उपासना ही हिन्दू धर्म, समाज और संस्कृति का उद्धार कर सकता था। शक्ति के स्थूल प्रतीक विदेशी शक्ति के सामने झुक गये। उस स्थिति में जाति के सामने एक ही प्रश्न था—अपनी अस्मिता की रक्षा का। रामकाव्य जितना भी उदात्त क्यों न हो, मन में शील और शक्ति का संचार करने वाला क्यों न हो, मन के आवरणों को भेदकर, उसके स्तरों की गहराई में जाकर अस्मिता को उस तरह झंकृत नहीं कर सका जिस तरह कृष्णकाव्य ने। सौन्दर्य और माधुर्य के माध्यम से सांस्कृतिक चेतना और अस्मिता को जगाना, भारतीय आध्यात्मिक और सांस्कृतिक चेतना और परम्परा के अधिक अनुरूप अवश्य था, लेकिन उसमें आत्मिक, मानसिक और दैहिक पतन की सम्भावनाएँ भी कम नहीं थीं। आगे चलकर कृष्ण भक्ति ने यही ह्रासोन्मुख रूप धारण किया।

सौन्दर्य के दो पहलू हैं—बाह्य और आभ्यन्तर। सौन्दर्यानुभूति को भी बाह्य अर्थात ऐन्द्रिय और आभ्यन्तर या मानसिक दो वर्गों में विभाजित किया जा सकता है, यद्यपि बाह्य सौन्दर्य की अनुभूति केवल ऐन्द्रिय नहीं होती।

वह इन्द्रियों के माध्यम से मानसिक सौन्दर्यानुभूति में परिणत हो सकती है। सूर ने बाह्य सौन्दर्य की रंगीन छटा की ऐन्द्रिय अनुभूति को प्रधानता दी है, जिससे राधा और गोपिकाओं की आँखें कभी तृप्त होती दिखाई नहीं देतीं। सौन्दर्य की मानसिक अनुभूति की व्यंजना की भी सूरसागर में कमी नहीं है। लेकिन उस पर ऐन्द्रिय अनुभूति इस तरह हावी हो गयी है कि पाठक का ध्यान उसी की ओर जाता है। मानसिक अनुभूति की व्यंजना से सुख, आनन्द, हर्ष और उल्लास शब्दों का प्रयोग हुआ है। आनन्द का आधार ऐन्द्रिय अनुकूलता और संवेगात्मक प्रेमभाव है। प्रेम से सम्बद्ध आशा, अभिलाषा, औत्सुक्य, लज्जा, चिन्ता, मोह, गर्व, ग्लानि आदि अनेक संचारी भावनाओं की भी अभिव्यक्ति हुई है। इनका सम्बन्ध केवल प्रेम से नहीं है, रूप-सौन्दर्य से भी है। सौन्दर्य-दर्शन और प्राप्ति की आशा-निराशा से प्रेम सहित समस्त भावनाएँ प्रेरित और संचारित है। यहाँ तक कि काव्यशास्त्र के हास, दुख, क्रोध (अलीक या बनावटी), उत्साह और आश्चर्य भी रूप-सौन्दर्य से प्रत्यक्ष-अप्रत्यक्ष सम्बद्ध होकर सौन्दर्यानुभूति में संचारी रूप में प्रस्तुत किये गये हैं।

सौन्दर्यानुभूति में आनन्द का आधार प्रेम है तो प्रेम कामजन्य है। संयोग लीलाओं के वर्णन में काम यौन रतिक्रीड़ा और वासना के रूप में है। लेकिन सामान्यतः सूरसागर में काम कामना या अभिलाषा का द्योतक है जो सौन्दर्य-दर्शन का प्रेरक है, सौन्दर्य को रंगीन छटा प्रदान करता है, सौन्दर्य को मन के समीप लाकर विविध भावों का स्फुरण करता है, सौन्दर्य के निकट जाने और उसे अपनाने वाले चेष्टा-व्यापारों का विकास करता है तथा प्रेम को जन्म देकर उसे स्थायी बनाता है।

सौन्दर्यजन्य आनन्द–

निरखि निरखि वह रूप मनोहर, नैन बहुत सुख पावहिं।।
सुत मुख देखि जसोदा फूली।
हरषत देखि दूध की दँतियाँ, प्रेम मगन तन की सुधि भूली।।
हरि जू की बाल-छबि कहौं बरनि।
सकल सुख की सींव, कोटि-मनोज-सोभा-हरनि।

इन उद्धरणों में सौन्दर्य और सौन्दर्यानुभूति का एक साथ प्रतिपादन, ऐन्द्रिय-प्रियता या सुख और मानसिक आनन्द की अन्विति तथा हर्ष और प्रेम का साथ-साथ उदय द्रष्टव्य हैं।

सौन्दर्य और प्रेम—

मोहन बदन बिलोकत अँखियन उपजत है अनुराग।।
देखो माई सुन्दरता को सागर।
× × ×
तदपि सूर तरि सकीं न सोभा रहीं प्रेम पचि हारि।।
ऊधौ आँखिया अति अनुरागी।
इकटक मग जोवतिं अरू रोवतिं, भूलेहुँ पलक न लागीं।।

आँखों की ऐन्द्रिय अनुभूति में से ही अनुराग का जन्म हुआ है और मन उसी प्रेम में सना है। वियोग में भी सौन्दर्य का यह अनुराग छूटता नहीं है।

सौन्दर्य, काम और प्रेम—

हम चाहति मृदु-हँसनि-माधुरी, जातैं उपज्यौ काम।
सूर स्याम अधरनि रस सींचहु, जरत विरह सब बाग।।
लैहौं दान सब अंगनि को।
अति मद गलित ताल फल से गुरु इन जुग उरज उतंगनि को।
× × ×
सूरदास प्रभु हँसि बस कीन्हों नायक कोटि अनंगन को।।
कबहूँ मगन हरि कें नेह।
स्याम संग निसि सुरति कें सुख भूलि अपनी देह।।

सूर ने सौन्दर्य के आकर्षण को व्यक्त करने के लिए मनोहर, मोहन, कमनाय आदि शब्दों का प्रयोग किया है तो उस आकर्षण के हेतुभूत रूप की उज्ज्वलता की अभिव्यंजना में आभा, द्युति, राजत आदि शब्दों का। उज्ज्वलता लावण्य के द्वारा उत्पन्न कांति है जो आँखों में चकाचौंध पैदा करती है—

सूर स्याम अंग-अंग माधुरी, चमकि-चमकि चकाचौंधति गात।।

सूर ने अपनी प्रेम-भावना के अनुरूप सौन्दर्यानुभूति में उज्ज्वलता की अपेक्षा माधुर्य पर ज्यादा बल दिया है। प्रेममूलक भक्ति-भावना में यह स्वाभाविक है। फिर भी रूप-सौन्दर्य की अप्रस्तुत-योजना में सूर्य, चाँद, तारे, आलोक में चमकने वाले कमल आदि का प्रतीकात्मक प्रयोग हुआ है जो उज्ज्वल है।

अवतारवादी व्यक्त रूप-सौन्दर्य के कवि सूर, सौन्दर्य और सौन्दर्यानुभूति को उज्ज्वल आलोक की रहस्यमयता से परिवेष्टित करना नहीं चाहते। सौन्दर्य नेत्र का विषय है और उसकी अनुभूति तन-मन को विवश कर देने

वाली है। उसमें कोई अज्ञात रहस्यमयता नहीं है। अनुभूति में विस्मय और अद्‌भुतपन अवश्य हैं, वह सौन्दर्य की अनन्तता, अतिशयता और नवीनता के कारण है। उसकी अभिव्यक्ति "बलि बलि जाऊ", "गिरा पंग" आदि शब्दों के द्वारा हुई है। यह सौन्दर्यानुभूति की अनिर्वचनीयता का द्योतक है। सौन्दर्यानुभूति को अग्राह्य स्थिति–

देखौं माई सुन्दरता कौ सागर।
बुधि-विवेक-बल पार न पावत मगन होत मन नागर।।
तुम देखें मैं नहीं पत्यानी।
मैं जानति मेरी गति सबही यहै साँच अपनैं मन आनी।
× × ×
मैं तो एक अंग अवलोकति दोऊ नैन गये भरि पानी।।
बलि बलि मोहनि मूरति की बलि कुंडल बलि नैन बिसाल।।
सूरदास कछु कहत न आवै भई गिरा गति पंग।।

सौन्दर्यानुभूति के आश्रय यशोदा, राधा और गोपिकाएँ हैं। बालरूप की सौन्दर्यानुभूति में तीनों हिस्सेदार हैं, यद्यपि प्रधान भूमिका यशोदा की है। किशोरावस्था के सौन्दर्य की अनुभूति केवल राधा और गोपिकाओं की है। पुत्र या शिशु के प्रति वात्सल्य या रतिभाव भी प्रकारांतर से काम भाव ही हैं। लेकिन वह अनुभूति निष्काम या निःस्वार्थ होती है जबकि यौवन में काम प्रेरित सौन्दर्य की अनुभूति स्वकेन्द्रित और संयोग की अभिलाषा से युक्त होती है। यशोदा के मन में अपने पुत्र के प्रति तरह-तरह की आशाएँ-आकांक्षाएँ हैं। उसके मन में अनेक अभिलाषाएँ उठती हैं–"जसुमति मन अभिलाष करै...कब हँसि बात कहैगो मों सो जा छवि तैं दुख दूरि हरै।" यशोदा कृष्ण के सौन्दर्य को बार-बार देखना चाहती है, एक क्षण के लिए भी उसे नहीं छोड़ती-"सूर हरि की निरखि सोभा निमिष तजत न मात।" कृष्ण की बाल छवि पर रीझने वाली गोपिकाओं की अनुभूति भी निष्काम, शुद्ध प्रेममय और शुभेच्छाओं से पूर्ण है–

अति कोमल दिन सत के अधर चरन कर लाल।
सूर श्याम छवि अरुनता निरखि हरष ब्रजलाल।।
सूरदास छवि निहारि थकित रहीं घोष नारि।
तन मन धन देतिं बारि बार बार ओले।।

यौवनाकालीन सौन्दर्यानुभूति इससे भिन्न है, वह इस तरह कोमल

भावनाओं से भरी और सात्विक नहीं है। उसमें दर्शन और संयोग की प्रबल आकांक्षा है–

जौं देखौ तौ प्रीति करौं री।
संगहिं रहौं फिरौं निसि बास चित तें नेंकु नहीं बिसरौं री।
कैसें दुरत दुराए मेरे उन बिन धीरज नहीं धरौं री।
जाऊँ तहीं जहँ रहैं स्यम घन निरखत इकटक तें न टरौं री।
सुनि री सखी दशा यह मेरी सो कहिधौं अब कहाँ करौं री।
सूर स्याम लोचन भरि देखौं कैसें इतनी साथ भरौं री।।

सौन्दर्य दर्शन की अभिलाषा और साहचर्य की इच्छा आगे चलकर काम प्रेरित हो जाती है।

राधा और गोपिकाओं की सौन्दर्यानुभूति में भावना और कल्पना का मधुर योग है। सौन्दर्यदर्शन में तीव्र संवेगात्मक अनुभूति के साथ मन में तरह-तरह की भावनाएँ उठती हैं और मन की कल्पनाएँ सौन्दर्य और भावनाओं को रंगीन बनाती हैं। कल्पना मन में अनेकानेक अप्रस्तुत बिम्बों को प्रस्तुत करने में ही नहीं है, नये-नये भाव-विचारों के स्फुरण में भी है। सौन्दर्य की तीव्र संवेगात्मक अनुभूति, भावना और कल्पना के साथ जुड़कर आश्रय–राधा और गोपिकाओं को उस अपूर्व सौन्दर्य पर विस्मित, चकित, स्तब्ध और मुग्ध कर देती है तथा पात्र उस पर न्योछावर होकर आत्मसमर्पण करती हैं। सूर की सौन्दर्यानुभूति की व्यंजना में आत्मविस्मरण और आत्मसमर्पण एक प्रधान बिन्दु है। कृष्ण की आँखमिचौली, छिपना, प्रकट होना विस्मय को बढ़ा देता है।

आलम्बन श्रीकृष्ण के सौन्दर्य और आश्रय यशोदा, राधा ओर गोपिकाओं की सौन्दर्यानुभूति में एक औचित्यपूर्ण सन्तुलन और समरसता है। सौन्दर्य की अनन्तता और अपूर्वता, अनुभूति की तीव्रता और मादकता के कारण होती है। आलम्बन श्रीकृष्ण का नटखटपन, चतुराई और ढिठाई आकर्षण को बढ़ा देती हैं तो दूसरी ओर आश्रय का भोलाभालापन और व्यक्तित्व की सरलता उससे और अधिक मोहमुग्ध होने का कारण है। इन दोनों प्रकार के स्वभावों के आधार पर दिखावटी क्रोध, आश्चर्य और हास-परिहास से पूर्ण वातावरण बनकर चेष्टा-व्यापारों की ओर मधुर अनुभूति होती है।

गोपिकाएँ उद्धव से कहती हैं कि "लरिकाई को प्रेम कहौ, अलि कैसे छूटै।" श्रीकृष्ण की बाल्यावस्था से यौवनावस्था तक गोपिकाएँ श्रीकृष्ण

को नित्य देखती रहीं। उनके रूप सौन्दर्य और क्रमशः उसकी परिणति से अनभिज्ञ नहीं रही होंगी। लेकिन सूर ने उनके सौन्दर्य के संस्कारों के विकास की ओर संकेत कम किया है। बचपन में भोला आकर्षण था। वयःसंधि में कामपरक सौन्दर्य संस्कार अभी जगे नहीं कि कृष्ण छेड़-छाड़ शुरू कर देते हैं, तो गोपिकाएँ चकित रह जाती हैं–

यह सुनि चकित भई ब्रजबाला।
तरुनी सब आपस में बूझति, कहा कहत गोपाला।
कहाँ तुरंग, कहाँ गज केहरि, हंस सरोवर सुनियै।
कंचन-कलस गढ़ाये कब हम, देखौंधौं यह गुनियैं।।

वयःसंधि को पार कर यौवन की प्रथम अवस्था में पहुँचकर ही सौन्दर्य और काम का सम्बन्ध स्थापित होता है और सौन्दर्य की काममूलक तीव्र मादक अनुभूति होती है–

तरुनी स्याम रस मतवारि।
प्रथम जौवन-रस चढ़ायौं, अतिहि भई खुमारी।।

श्रीकृष्ण पूर्ण सौन्दर्य के अवतार हैं और सहज ही उसकी अनुभूति सार्वभौमिक है जो देशकाल-व्यक्ति सापेक्ष नहीं है। सभी गोपिकाएँ उस सौन्दर्य से अभिभूत हैं। लेकिन व्यक्ति-मन की अभिरुचि के अनुसार उसमें थोड़ा-बहुत अन्तर रहता है। सूर ने उस पूर्ण सौन्दर्य के साक्षात्कार और उसकी रूप-कल्पना में अपनी अभिरुचि का परिचय दिया है तो यशोदा, राधा और गोपिकाएँ अपने ढंग से उसकी अनुभूति और भावन करती हैं। गोपिकाएँ श्रीकृष्ण के भिन्न-भिन्न अंगों में सौन्दर्य देखकर द्रवीभूत-आत्मविस्तृत हो जाती हैं–

स्याम अंग जुबती निरखि भुलानी।
कोऊ निरखति कुंडल की आभा, इतने ही माँझ बिकानी।
ललित कपोल निरखि कोउ अटकी, सिथिल भई ज्यों पानी।।

यहाँ गोपिकाएँ कृष्ण के सौन्दर्य को विभिन्न कोणों से ही नहीं देखतीं, मन पर प्रभाव में भी अन्तर है जो बिकना, पानी होना, सुधि भूलना, हर्षित होना, अकुलाना और विकल होना–इन क्रियाओं से व्यंजित है और समष्टि रूप में कवि, टेक में उसे अपने को भूल जाने की संज्ञा देता है। सौन्दर्य-दर्शन में अभिरुचि की भिन्नता का कारण चंचल नेत्रों की अपनी-अपनी वाणी है–

जाकी जैसी बानि परी री।
कोऊ कोटि करै नहीं छूटै, जो जिहिं धरनि धरी री।
बारे ही तैं इनके ये ढंग, चंचल चपल अनेरे।।

इन पंक्तियों में गोपिकाओं के चंचल नेत्रों के सौन्दर्य के साथ-साथ कृष्ण के सौन्दर्य ग्रहण का रंग-ढंग और उसकी भिन्नता का कारण भी व्यंजित है। सौन्दर्यदर्शन में इन्द्रियों की ही नहीं, मन की भी गति विलक्षण और वैयक्तिक रुचि से परिचालित होती है—

ऊधो मन माने की बात।
× × ×
सूरदास जाकौ मन जासौं सोई ताहि सुहात।।

सौन्दर्यानुभूति के धरातल

सौन्दर्य-ग्रहण और उसके प्रभाव की दृष्टि से सौन्दर्यानुभूति के तीन धरातलों की कल्पना की गयी है—ऐन्द्रिय, मानसिक और आध्यात्मिक-सौन्दर्य का प्रभाव इन्द्रियों, मन और आत्मा तीनों पर पड़ता है और प्रधानता के आधार पर यह वर्गीकरण किया गया है। वास्तव में यह प्रभाव अलग-अलग नहीं होता। सौन्दर्य की रूप-कल्पना और उसके स्वरूप के अनुसार इन्द्रियों के माध्यम से मन और आत्मा एक साथ प्रभावित हो जाते हैं।

बाह्य रूप के आकर्षण को ज्यादा महत्त्व देने के कारण सूर की रचना में ऐन्द्रिय सौन्दर्यानुभूति की प्रधानता-सी दिखाई देती है। यशोदा, राधा और गोपिकाएँ कृष्ण के सौन्दर्य को देखकर तन्मय-विह्वल हो जाती हैं और बार-बार देखने के लिए व्याकुल रहती हैं। यह इन्द्रियों की परवशता और उत्कण्ठा है। सूर ने ऐन्द्रिय अनुभूति में सौन्दर्य को प्रधानतः चाक्षुष विषय के रूप में प्रस्तुत किया है। उसके बाद महत्त्व श्रव्य, अनुभूति का है जो मुरली-वादन की माधुर्यानुभूति के रूप में व्यंजित है। ये दोनों इस तरह मिल-जुल गयी हैं कि दोनों को अलग करना कठिन है। मुरली के बिना श्रीकृष्ण की कल्पना नहीं की जा सकती और गोपिकाओं की अनुभूति में रूप-दर्शन और मुरली-वादन दोनों का प्रभाव समन्वित हो गया है। रासक्रीड़ा प्रसंग में रूप और स्वर-माधुरी के साथ ताल-लयबद्ध नृत्य की अनुभूति भी सम्मिलित है। स्वाद और घ्राण की अनुभूतियों की अभिव्यंजना कम है। वे नेत्र की अनुभूति की पुष्टि के लिए बीच-बीच में अभिव्यक्त हैं।

श्रीकृष्ण का सौन्दर्य इतना अपूर्व है कि उसे देखने के लिए दो नेत्र पर्याप्त नहीं है, दोनों नेत्रों से देखने पर भी पूरा आँखों में नहीं समाता और देखने को बहुत कुछ रह जाता है। इसीलिए गोपिकाएँ रोम-रोम में नेत्रों की अभिलाषा प्रकट करती हैं-''दृष्टि न दई रोम रमनि प्रति, इतनिहिं कला निसानी।'' ऐन्द्रिय प्रभाव और अनुभूति की व्यंजना–

जो जहि अंग सो तहाँ भुलानी, सूरश्याम गति काहू न जानी।।
स्याम हृदय वर मोतिन माला, बिथकित भई निरखि ब्रजबाला।
स्रवन थके सुनि बयन रसाला, नैन थके दरसन नन्द लाला।।

''आँखों की प्रतिष्ठा रूप में है और रूप ग्रहण का सामर्थ्य, उसकी स्थिति, हृदय में है।''[1] इस तरह सौन्दर्यानुभूति में ऐन्द्रिय और मानसिक अनुभूतियों का सामंजस्य हो जाता है। उसी सामंजस्य में सौन्दर्य का पूर्ण साक्षात्कार होता है। सूर ने प्रत्येक पद में सौन्दर्य के तन और मन दोनों पर प्रभाव को सूचित किया है, ऐन्द्रिय अनुभूति के अनुरूप मानसिक अनुभूति को समन्वित रूप में दिखाया है। गोपिकाएँ कहती हैं कि बहुत समझाने पर भी मन रूप-रस में अटका रहा, यह नेत्रों का ही भेद है–

मैं मन बहुत भाँति समुझायौ।
कहा करौं दरसन रस अँटक्यौ, बहुरि नहीं घट आयौ।
इन नैननि कै भेद, रूप रस उर मैं आनि दुरायौ।।
सौन्दर्यानुभूति में भाव तन्मयता की यह स्थिति है–
गोरस को निज नाम भुलायो।
लेहु लेहु कोऊ गोपालहिं गलिनि गलिनि यह सोर लगायो।।
ग्वालिनि फिरनि बिहालहिं सो।
दधि मटुकी सिर लीन्हे डोलति रसना रटति गोपालहिं सों।।

लौकिक-भौतिक चेतना से विमुक्ति, मन में कोमल भावनाओं का स्फुरण और माधुर्य की अनुभूति-मानसिक सौन्दर्यानुभूति के लक्षण हैं।

सूर श्रीकृष्ण को सौन्दर्य का अवतार अवश्य मानते हैं, लेकिन सौन्दर्यानुभूति की व्यंजना शायद ही आध्यात्मिक धरातल का स्पर्श करती है। उनके लिए श्रीकृष्ण का सब कुछ सुन्दर और मधुर है–रूप, वेशभूषा और लीलाएँ। पर वह व्यक्त रूप का सौन्दर्य और माधुर्य है। यशोदा, राधा और गोपिकाओं का संसार–उनका जीवन सौन्दर्यमय है। उसमें कुरूपता और उग्रता कहीं नहीं है। यदि यह द्वन्द्वातीत स्थिति है तो उसकी अनुभूति

की विशेषताओं पर सूर का ध्यान नहीं गया है। जब राधा और गोपिकाएँ सौन्दर्य और प्रेम में भावतन्मय हो जाती हैं तब आध्यात्मिक अनुभूति का कुछ आभास मिल जाता है जैसे–

जब राधा तब हीं मुख माधौ माधौ रटत रहै।
जब माधव ह्वै जात सकल तन राधा बिरह दहै।

भावात्मक स्तर पर विरह-वेदना में राधा अद्वैत स्थिति पर पहुँचती है और राधा-कृष्ण के रूप का अन्तर समाप्त हो जाता है। वैचारिक स्तर पर श्रीकृष्ण भी राधा से वही बात कहते हैं–"बिहँसि कह्यो हम तुम नहिं अन्तर।" लेकिन यह अद्वैत अनुभूति सौन्दर्यजन्य नहीं, सौन्दर्य के प्रभाव में अनुभूत प्रेम की पराकाष्ठा पर होती है।

सूर ने अलौकिक-आध्यात्मिक दृष्टि से रूप और भाव के विराट-ओजस्वी बिम्बों की सृष्टि का प्रयत्न नहीं किया। अव्यक्त अनन्त की ओर उनकी उन्मुखता बहुत कम थी। इसलिए श्रद्धा, भय, संकोच, विस्मय आदि के साथ संयुक्त उदात्त की अनुभूति नहीं होती। माटी-भक्षण, गोवर्धनधारण, दावानल की व्याप्ति और अन्य अवतारों के कुछ प्रसंगों के दो-चार पदों में ही विराट चित्रण द्वारा सौन्दर्यशास्त्रीय अर्थ में उदात्तानुभूति की गुंजाइश है।

सूर ने सौन्दर्य की ऐन्द्रिय अनुभूति को भावात्मक-मानसिक धरातल पर पहुँचा दिया है, जहाँ आलम्बन के सौन्दर्य के साथ आश्रय का भावयोग होता है। उस भावयोग में आनन्दानुभूति कवि की सौन्दर्य-सृष्टि का ध्येय है।

मनोवैज्ञानिक दृष्टि से सौन्दर्यानुभूति के विकास की छः अवस्थाएँ मानी जा सकती हैं। यह स्थूल विभाजन सौन्दर्य-दर्शन में ऐन्द्रिय अनुभूति से मानसिक अनुभूति तक की कुछ विशिष्ट स्थितियों को स्पष्ट करता है। प्रतिभाशाली कवि सौन्दर्यानुभूति की अनेकानेक दशाओं और अन्तर्दशाओं की व्यंजना करता है जिनका लेखा-जोखा सम्भव नहीं है।

(1) सौन्दर्यानुभूति में पहली अवस्था रूप के प्रति आकर्षण है। सूर ने प्रभावोत्पादक ढंग से इसे प्रस्तुत किया है। कवि प्रत्यक्ष रूप-सौन्दर्य का वर्णन न करके उसकी ओर ध्यान आकृष्ट करता है। बालकृष्ण के रूप-भाव-चेष्टा से प्रभावित यशोदा बार-बार नन्दबाबा को बुलाकर उसे दिखाती है। यहाँ रूप-सौन्दर्य-दर्शन में समभागी होने की सार्वजनीन भावना भी निहित है। गोपिकाएँ भी श्रीकृष्ण की बाल्य और युवा रूप-छटा पर मुग्ध होकर एक-दूसरे से उसकी ओर संकेत करती हैं–

देखौ माई सुन्दरता कौ सागर।।
देखि सखी अधरन की लाली।।

(2) रूप-सौन्दर्य की ओर आकृष्ट होने के बाद उसके प्रति कुतूहल और अभिलाषा की भावनाएँ जागती हैं जो दूसरी अवस्था है। श्रीकृष्ण के बाल-मनोभाव और चेष्टाएँ अत्यन्त स्वाभाविक और मानवीय होते हुए भी यशोदा और गोपिकाओं के मन में कुतूहल जगाती हैं—

आनन्द भरे करत कौतूहल प्रेम मगन नर नारी।।

रूप का अद्‌भुतपन भी कुतूहल का कारण बनता है। श्रीकृष्ण के रूप और लीलाओं को यशोदा ओर गोपिकाएँ विनोद के साथ देखती रहती हैं। बालकृष्ण यशोदा और नन्द के लिए खेलने का खिलौना हो जाता है—

दम्पति होड़ करत आपुस में, स्याम खिलौना कीन्हौ री।

श्रीकृष्ण की बाल्यावस्था के प्रत्येक चरण में, हर प्रसंग में यशोदा के मन की अभिलाषा बढ़ती रहती है—

पालनै गोपाल सुलावै।

× × ×

हुलसत हँसत करत किलकारी मन अभिलाष बढ़ावै।।

यौवन में नटवर रूप की विलक्षणता गोपिकाओं के मन में आकर्षण और कुतूहल जगाते हैं। श्रीकृष्ण की लीलाएँ उनमें भाग लेने वाले पात्रों के लिए ही नहीं, देवी-देवताओं के लिए भी कुतूहलजनक हैं—

सुर मुनि देव कोटि तैंतीसो कौतुक अंबर छावै।।

(3) रूप का आकर्षण, उसके प्रति कुतूहल और उसकी अभिलाषा क्रमशः सौन्दर्य की पहचान की स्थिति पर जाकर विस्मय-विमुग्धता की अनुभूति होती है जो तीसरी अवस्था है। मन सौन्दर्य के अद्‌भुतपन से अभिभूत हो जाता है। माटीभक्षण, कालीमर्दन, गोवर्धनधारण आदि प्रसंगों में जो विस्मयकारी अद्‌भुतपन है वह रूप-सौन्दर्य सम्बन्धी न होकर विषय-वस्तुगत है। सूरसागर में रूपवर्णन के प्रत्येक पद में उस रूप-सौन्दर्य को देखकर यशोदा, राधा और गोपिकाओं के विस्मय की भी अभिव्यक्ति है जो चकित होने, भ्रमित होने, मुग्ध होने आदि क्रियाओं के द्वारा सूचित किया गया है—

रस समुद्र मानौ उछलित भयौ सुन्दरता की खानि।
सूरदास रीझि चकित भये कहत न कछू बखानि।।

उस अद्भुत सौन्दर्य का वर्णन करने में गोपिकाएँ अपने को समर्थ नहीं पातीं–

"मुख छबि कहौं कहाँ लगि माई।"

(4) उस अद्भुत सौन्दर्य को बराबर देखकर भी आँखें और मन तृप्त नहीं होते। अतृप्ति की व्याकुलता सौन्दर्यानुभूति की चौथी अवस्था है। राधा और गोपिकाओं को ऐसा लगता है कि श्रीकृष्ण के सौन्दर्य का पूर्ण बोध नहीं हो पा रहा है, अभी देखने को बहुत कुछ बाकी है। नेत्र लोभी हैं और दूसरी ओर सौन्दर्य का सागर है–

इत लोभि उत रूप परमनिधि कोउ न रहत मिति मानि।।

उस सौन्दर्य को देखने के लिए केवल दो ही आँखें हैं, यही दुख है–

कहा करौं छविरासि स्याम घन, लोचन द्वै नहिं ठाऊँ।
एते पर ये निमिष सूर सुनि, यह दुख काहि सुनाऊँ।।

यदि विधि रोम-रोम नेत्र देता, तभी उस सौन्दर्य को देखना सम्भव है–

सूर रोम प्रति लोचन देत्यो देखत बनत गुपाल।।

सौन्दर्य-दर्शन की लालसा में, संयोग और वियोग की दोनों स्थितियों में मन व्याकुल रहता है। आँखों की दशा मछली की सी हो जाती है–

ब्रज लोचन बिन लोचन कैसे? प्रति छिन अति दुख बाढ़त।
सूरदास मीनता कछू इक, जल भरि संग न छांड़त।।

(5) पाँचवीं अवस्था में सौन्दर्यानुभूति ऐन्द्रिय से भावमय और मानसिक हो जाती है। मन में प्रेम के विकास के साथ विविध भावनाओं का विकास होता है। सामान्य रूप से सौन्दर्य की अनुभूति मधुर होती है। लेकिन सूर ने उसे व्याकुल- उद्विग्न बनाने वाले रूप में चित्रित किया है। एक ओर मन में अनुराग का विकास होता है, दूसरी ओर मन स्तब्ध और पंगु हो जाता है–

जौं देखौं तो प्रीति करौं री।
संगहिं रहौं फिरौं निसि बासर चितते नेंकु न हीं बिसरौं री।।
सूर हरि की निरखि सोभा भई मनसा पंग।।
ब्रज ललना देखत गिरिधर कों।
इक इक अंग अंग पर रीझौं अरूझौं मुरलीधर कों।
मनो चित्र की सी लिखि काढ़ीं सुधि नाहीं मग घर कों।।

(6) आनन्द सौन्दर्यानुभूति की अन्तिम अवस्था है जिसकी ओर संकेत सैकड़ों पदों में है–

प्रात समय मोहन मुख निरखत, कोटि-चन्द्र-छबि पायी।
अति आनन्द बढ़ौ गोकुल मैं, उपमा कही न जाई।।

सूर ने प्रेम की तरह सौन्दर्यानुभूति में आनन्द को भी सार्वजनीन रूप दिया है, जिसमें ईर्ष्या-द्वेष नाममात्र के लिए भी नहीं है। गोकुल के आनन्द में सब समभागी हैं—

एक परस्पर देत बधाई, एक उठत हँसि गाइ।
बालक वृद्ध तरुन नर नारिनि बृद्यौ चौगुनो चाइ।
सूरदास सब प्रेम मगन भए गनत न राजा राइ।।

सौन्दर्यानुभूति और सूर का वैशिष्ट्य

नेत्रों पर विलक्षण उक्तियाँ

सौन्दर्यानुभूति की व्यंजना में सूर के दो वैशिष्ट्यपूर्ण बिन्दु हैं—गोपिकाओं की आँखों पर विलक्षण उक्तियाँ और अनुभूति की अपूर्वता। विश्व साहित्य में आँखों के सौन्दर्य-वर्णन की कमी नहीं है, लेकिन वह आलम्बनगत है। सूर ने श्रीकृष्ण के रूप-सौन्दर्य से आकृष्ट आश्रय गोपिकाओं के नेत्रों की प्रतिक्रिया पर करीब दो सौ पदों की रचना की है। इनमें आलम्बन श्रीकृष्ण के नेत्रों के सौन्दर्य की ओर संकेत बहुत कम है। आश्रय गोपिकाओं के नेत्रों की अनुभूति और प्रतिक्रिया के आधार के रूप में आलम्बन के सौन्दर्य की अनन्तता का और कुछ विशेष अंगों की शोभा का संक्षिप्त निरूपण हुआ है। नेत्रों पर सूर की उक्तियों की विलक्षणता आश्रयगत है। इन पदों में एक तरह से गोपिकाओं के नेत्र आलम्बन बन जाते हैं और पाठक आश्रय।

सूरसागर में श्रीकृष्ण के नखसिख वर्णन के सन्दर्भों में श्रीकृष्ण के नेत्रों के सौन्दर्य और उसकी मधुर अनुभूति का निरूपण किया गया है। यह अन्य अंगों के साथ एक-दो पंक्तियों में है। दो-चार पद ही पूरे श्रीकृष्ण के नेत्रों पर है। सौन्दर्यदृष्टि से मानव शरीर में सबसे आकर्षक अंग नेत्र और मुख हैं, जिनके आकार और सौन्दर्य के अतिरिक्त, हृदय के भावों का उनमें प्रतिफलन होकर सौन्दर्य उज्ज्वल या दीप्त हो उठता है। इन दोनों अंगों में नेत्रों की गतिशीलता और चंचलता सौन्दर्य को सजीव गत्यात्मक रूप प्रदान करती है जिसकी ओर सूर ने स्थान-स्थान पर संकेत किया है। गोपिकाएँ अन्य अंगों की तुलना में मुख और नेत्रों का बार-बार स्मरण करती हैं। श्रीकृष्ण के नेत्रों का सौन्दर्य : रूपरंग, चंचलता और कांति—

देख री हरि के चंचल नैन।
खंजन मीन मृगज चपलाई नहिं पटतर इक सैन।
राजिव दल इन्दीवर सतदल कमल कुसेसय जाति।
निसि मुद्रित प्रातहिं वै विकसित ये बिकसित दिनराति।
अरुन स्वेत सित झलक पलक प्रति को बरनै उपमाइ।
मनु सुरसुति गंगा जमुना मिलि आस्रम कीन्हों आयी।।

नेत्रों के सौन्दर्य की मधुर-आनन्दमय अनुभूति की अपूर्वता–

देखेहुँ अनदेखे से लागत।
जद्यपि करत रंग भए एकहिं इकटक रहे निमिष नहिं त्यागत।
इत रुचि दृष्टि मनोज महासुख उत सोभा अमित अनागत।।

संयोग में आँखों की यह स्थिति-गति और अनुभूति है। वियोग में वे वेदना-व्याकुल अविरल अश्रुधारा बहाती हैं। उसका अलग 18-20 पदों में विस्तार से वर्णन है। यहाँ नेत्रों के सौन्दर्य का प्रश्न नहीं उठता, उनकी वेदना की विवृत्ति है–

मेरे नैना विरह की बेलि भई।।
निसि दिन बरसत नैन हमारे।
सदा रहति बरषा रितु हम पर जब तें स्याम सिधारे।।
अति रस लंपट मेरे नैन।
तृप्त न मानति पिबत कमल मुख सुन्दरता मधु ऐन।
दिन अरु रैनि दृष्टि रसना रस निमिष न मानत चैन।।

उपर्युक्त दोनों प्रकार के वर्णनों से भिन्न गोपिकाओं के चिर अतृप्त नेत्रों की विलक्षण स्थिति की व्यंजना है। पहले में सौन्दर्य और माधुर्य की प्रधानता है और दूसरे में सौन्दर्य-दर्शन के अभाव में वेदना की व्यंजना है। तीसरे में अतृप्तिजन्य व्याकुलता, श्रीकृष्ण के साथ गोपिकाओं के नेत्रों का सम्बन्ध, गोपिकाओं के नेत्रों के गुण-धर्म और कहीं-कहीं उन पर व्यंग्य, उनके नेत्रों के विविध क्रिया-व्यापार, उनमें विभिन्न भावों का स्फुरण तथा उन नेत्रों के व्यवहार का उपालम्भ है। इन सबके द्वारा श्रीकृष्ण के रूप-सौन्दर्य के प्रति आकर्षण, माधुर्यानुभूति और प्रेम अप्रत्यक्ष व्यक्त अवश्य होते हैं। लेकिन विषय श्रीकृष्ण के नेत्र नहीं, गोपिकाओं के नेत्र हैं, अभिव्यंजना में एक विदग्ध वचनवक्रता है और अनुभूति का स्वर मधुर न होकर सलोना-तीखा है। विषय गोपिकाओं के नेत्र होने पर भी उनके सौन्दर्य का वर्णन नहीं है, उनकी अनुभूति ही वर्ण्य है।

गोपिकाओं की आँखों के आकर्षण, लोभ और प्रीति की व्यंजना के सन्दर्भ में सूर ने आलम्बन श्रीकृष्ण के कहीं अंग विशेष के सौन्दर्य और कहीं समष्टि सौन्दर्य की ओर संकेत किया है। अंगों के मुख, नेत्रों के कटाक्ष, अलक, कपोल, त्रिभंगीरूप, मुरलीवादन, कंकणध्वनि, हाव-भाव और हास का एक-दो पंक्तियों में उल्लेख है। समष्टि रूप सौन्दर्य को सूचित करने वाले विशेष्य और विशेषण हैं—रूपनिधि, रूपरासि, रूप-माधुरी, रूपखानि, रूपसुधा, रूप-रस की ढेरि, रूप-प्रकाश, अगाधछबि, छबिधाम, छबिसिन्धु, छबि महाप्रकाश, सौन्दर्यसागर, अक्षयनिधि, अष्टसिद्धि, नवनिधि, अमृत तथा महानायक। रूप-सौन्दर्य-वर्णन प्रायः संकेत रूप में हैं और कुछ स्थानों पर चित्रांकन शैली में। श्रीकृष्ण के प्रति आँखों का आकर्षण और प्रेम इतना अधिक है कि गोपिकाओं के अनुसार कृष्ण ने उन्हें मन्त्रबल से या मोहिनी लगाकर वश में किया है। आलम्बन-सौन्दर्य के दो-चार उदाहरण—

हँसति प्रकाश विभास देखि कै निकसत पुनि तहँ पैठत।। (नेत्रभृंग)
नैना निपट बिकट छबि अटके।
टेढ़ी कटि टेढ़ी कर मुरली टेढ़ी पाग लर लटके।
देखि रूपरस सोभा रीझे फेरे फिरत न घटके।।
नहिं परमिति मुख इन्दु सुधा निधि सोभा नितहिं नये।।
वह अगाध कहूँ बार पार नहिं येउ सोभा नहिं पार।
लोचन मिले त्रिवेनी ह्वै कै सूर समुद्र अपार।।

गोपिकाओं की शिकायत है कि उन्होंने नेत्रों को माता-पिता की तरह बड़े प्रेम से पाला-पोसा है, लेकिन वे उन्हें छोड़कर श्रीकृष्ण के वश हो गये हैं, अपने पराये हो गये हैं, श्रीकृष्ण के सौन्दर्य के प्रलोभन में पड़कर मदमस्त, बौरे और गर्वीले हो गये हैं। दोष श्रीकृष्ण के सौन्दर्य का नहीं, इनके स्वभाव का है, इनकी चंचलता का है और कुछ गोपिकाओं का अपना है जिन्होंने नेत्रों को नियंत्रित न करके श्रीकृष्ण के पीछे पड़ने के लिए स्वतन्त्र छोड़ दिया है। ये नेत्र अत्यन्त चतुर हैं जो अपने अभीष्ट को पाने के लिए, श्रीकृष्ण के सौन्दर्य का रस-पान करने के लिए सभी प्रकार के प्रयत्न करते हैं, जो कभी-कभी ओछे भी हैं। किसी कारण ये नेत्र जब श्रीकृष्ण को देख नहीं पाते, जब श्रीकृष्ण आँख से आँख नहीं मिलाते या जब आँखों से दूर चले जाते हैं तो नेत्रों को अपार अतृप्ति और व्याकुलता होती है। वास्तव में श्रीकृष्ण के सौन्दर्य को बार-बार देखकर, एकटक देखकर भी नेत्रों को

सन्तोष नहीं होता क्योंकि श्रीकृष्ण के उस सौन्दर्य को वे पकड़ नहीं पाते, वह उनके लिए बोधगम्य नहीं है, वह इतना अनन्त-अपार है कि उनको देखने के लिए दो नेत्र पर्याप्त नहीं हैं। अभाव में नेत्र उड़कर श्रीकृष्ण के पास जाना चाहते हैं और मिलने पर संयोग में पूरे सौन्दर्य का ग्रहण करने के लिए रोम-रोम में नेत्र चाहते हैं। गोपिकाओं की बात न मानकर जब नेत्र श्रीकृष्ण की ओर दौड़ पड़ते हैं तो ये नेत्रों की निन्दा करती हैं कि उनके कारण लोक में अपयश हो रहा है, उनका तन-मन व्याकुल हो रहा है, वे सुध-बुध खोकर विवश हो रही हैं। गोपिकाएँ नेत्रों को बार-बार समझाने का प्रयत्न करती हैं, उन्हें अपने वश में रखना चाहती हैं, लेकिन वे सफल नहीं होतीं तो नेत्रों को शत्रु मानती हैं जो उनके रहस्य को—उनके आकर्षण और प्रेम को श्रीकृष्ण को जता रहे हैं। नेत्रों से खीझकर गोपिकाएँ उन्हें तरह-तरह के उपालम्भ देती हैं और उनके व्यवहार पर व्यंग्य करती हैं। गोपिकाओं के नेत्रों की इस लम्बी कहानी में सूर ने जिन विशेषणों, क्रियाओं और अप्रस्तुतों का प्रयोग किया है, उनसे कहानी सजीव हो उठती है, नेत्रों के गुणधर्मों, चेष्टा-व्यापारों और प्रवृत्ति एवं परिस्थिति का बोध होता है। उनके माध्यम से सूर ने एक विलक्षण सौन्दर्यानुभूति देने का प्रयत्न किया है।

(1) श्रीकृष्ण के सौन्दर्य के प्रति आकर्षण और लोभ तथा उनकी लालसा और प्रीति से सम्बन्धित गुण धर्मों को प्रकट करने के लिए प्रयुक्त कुछ विशेषण शब्द : लुब्ध, विवश, कृपण, रसलंपट, बौरे, लालची, बाबरे, रसीले, रसलुब्ध और मधुलंपट हैं। इनमें कुछ शब्दों को नेत्रों के व्यवहार के विरोध में गोपिकाओं ने प्रयोग किया है। (2) चंचल, चपल और हठी नेत्रों के स्वभाव को प्रकट करते हैं। (3) ढीठ, गर्वीले, चतुर और स्वांगी शब्द नेत्रों की कार्य-कुशलता और उसमें सफलता पर अहं के द्योतक हैं। (4) दुखी, दीन, उदास और व्याकुल शब्द श्रीकृष्ण के दूर होने पर या सौन्दर्य के विभ्रम के सन्दर्भ में प्रयुक्त हैं। (5) नेत्रों के गुण-धर्मों के सूचक विशेषण, नेत्रों के उपालम्भ-व्यंग्य, प्रबोध या उनको खरी-खोटी सुनाने के प्रसंग में आये हैं। ये ही संख्या में सबसे अधिक हैं। उदाहरण : चेरी, निठुर, स्वार्थी, पराए, ठगौरी, गुलाम, निर्दय, निष्कामी, नमकहरामी, निर्लज्ज, कुटिल, दोषी आदि। (ब्रजभाषा के रूपों को खड़ी बोली के अनुरूप कर दिया गया है।)

नेत्रों के गुण-धर्मों के व्यंजक दो पद जिनमें उपर्युक्त कुछ विशेषताओं का सुन्दर चित्रांकन हुआ है—

नैना हाथ न मेरे आली।
इत ह्वै गये ठगौरी लावत सुन्दर कमल नैन बनमाली।
वै पाछें ये आगें धाएँ मैं बरजति बरजति पचि हारी।
मेरे तन वै फैरि न चितए आतुरता वह कहौं कहाँ री।
जैसें बइत भवन तजि भजिऐ तैसेहिं गये फेरि नहिं हेरी।
सूर स्याम रस रसे रसीले पय पानी को करै निबेरी।।
हम तें गये अनहुँ तें खोवैं।
ह्वाँ तें खेदि देहिं वै हम तन हम उन तन नहिं जोवैं।
जैसी दशा हमारी कीन्हीं तैसें उनहिं बिगोवैं।
भटके भटके फिरे द्वार द्वारनि सब हम देखैं बै रोवैं।
अबहु यहै मतो री करिऐ निधरक वै सुख सोवैं।
सूर स्याम को मिले जाइ कै कैसे उनकों धोवै।।

कैसी विचित्र स्थितियाँ और दशाएँ हैं! गोपिकाएँ अपने को अपने ही नेत्रों से अलग देखती और मानती हैं। नेत्रों को कोसती हैं, फिर भी उनके लिए कुछ करती-धरती भी हैं। परिणाम दोनों के लिए व्याकुलता और वेदना है।

गोपिकाओं के नेत्र सम्बन्धी पदों में क्रियाओं के प्रयोग के द्वारा सौन्दर्य के प्रति आकर्षण, श्रीकृष्ण के दर्शन के अभाव में व्याकुलता, नेत्रों के क्रिया-व्यापारों से रुष्ट गोपिकाओं का कोसना और नेत्रों के द्वारा गोपिकाओं के वर्णन की उपेक्षा एवं उनके प्रति विमुखता, व्यंजित हुआ है। संख्या की दृष्टि से अधिकता आकर्षण वर्ग की है। (1) श्रीकृष्ण के सौन्दर्य के प्रति आकर्षण में नेत्रों के चेष्टा-व्यापारों को व्यक्त करने वाली क्रियाएँ—एकटक देखना, हठ करना, दौड़ पड़ना, थकना, भरमाना (भुलावे में पड़ना), अरूझना, गड़ जाना, लटके लगे रहना, रमना, डोलना, उमहना (उमड़ पड़ना), लूटना, रीझना, रंगना, संग लगे रहना, अटकना, ललचाना, पीछे पड़ना, गुण गाना, सुख पाना, नाचना, घूमना, तमक उठना, फूले फिरना, ऐंठना, बिकना, आदि हैं। निषेधात्मक क्रियाओं के द्वारा भी सौन्दर्य सम्बन्धी चेष्टा-व्यापारों की अभिव्यंजना हुई है—रोक न पाना, वापस न आना, फिरकर न आना, स्थिर न रहना, इधर-उधर न टलना, विवश होना, न अघाना, फिरकर न देखना, पलक न डालना, सुधि न बिसरना आदि। (2) नेत्रों की वेदना को प्रकट करने वाले क्रियापद हैं—अकुलाना, सोच में पड़ना, पछताना, बिगड़ना, नैन ढरना, सालना, व्याकुल होना, अतृप्त होना, आतुर होना, रो उठना, नीर

भर आना, रहा न जाना आदि। (3) गोपिकाओं द्वारा नेत्रों के व्यवहार का विरोध करने वाली क्रियाएँ हैं—रिस आना, बरजना, निरूवाना (रोकना), सिर धुनना, समझाना, विलपना, बोल न मानना, कहा न मानना आदि। नेत्रों के व्यवहार की प्रतिक्रिया प्रकट करने वाली क्रियाएँ—दुख पाना, शरमाना, न पत्याना (विश्वास न करना), लजाना, मौन रहना आदि। (4) गोपिकाओं के प्रति नेत्रों की विमुखता को अभिव्यक्त करने वाली क्रियाएँ हैं—रिस मानना, मुख मोड़ना, झगड़ना, उदास रहना, वैर धरना, सताना, अचगरी करना आदि। (ब्रजभाषा के क्रियापदों को खड़ी बोली के अनुरूप परिवर्तन किया गया है।) नेत्रों के व्यवहार, हठ करने और गोपिकाओं के मना करने के तीन रमणीय क्रिया-व्यापार—

को इनकी परतीति बखानै।
नैना धौं काहे तें अटके कौन अंग ढ़रकाने।
इनके गुन बारेंहिं तें सजनी मैं नीकें करि जाने।।
ज्यों बालक जननी सौं अटकत, भोजन कौं कछु माँगै।
त्योंहीं ये अति ही हठ ठानत, इकटक पलक न त्यागे।
कहत देहु हरि रूप माधुरी, रोवत हैं अनुरागे।
सूर स्याम धौं कहा चखोयौ, रूप माधुरी पागे।
मेरे नैन नहिं सब खोरि।
स्याम नन्दन छबि निरखि जु अटके बहुरे नहिं बहोरि।
जउ मैं कोटि जतन करि राखति घूँघट ओट अगोरि।
तउ उड़ि मिले बधिक के खग ज्यों पलक पींजरा तोरि।

ऐसा लगता है कि श्रीकृष्ण की रूप-माधुरी चखने के लिए दौड़ पड़ने वाली आँखों और उन्हें रोकने के प्रयत्न करने वाली गोपिकाओं में तरह-तरह के क्रिया-व्यापारों की होड़ लगी है।

गोपिकाओं के नेत्र-व्यापार-वर्णन में अप्रस्तुतों के प्रयोग एक ओर सुन्दर और रमाने वाले हैं तो दूसरी ओर खरे और दिलचस्प हैं। भाव-व्यंजना की दृष्टि से उनमें वैविध्य है। उनका लक्ष्य अनुभूति की तीव्रता को व्यक्त करना है। उनके द्वारा श्रीकृष्ण का सौन्दर्य, उसके प्रति आकर्षण, श्रीकृष्ण और नेत्रों का सम्बन्ध, उसके सुख-दुखात्मक परिणाम, उस प्रकार के सम्बन्ध-स्थापन से गोपिकाओं की प्रतिक्रियाएँ अर्थात् उनका डाँटना-फटकारना, समझाना, बात न मानने पर उनकी वेदना—इस तरह अनेक भाव-विचारों,

स्वभावगत गुण-धर्मों और भावमूलक क्रिया-व्यापारों का निरूपण हुआ है। इनका चित्रांकन और दृश्य-संयोजन रमणीय है। लेकिन उनके द्वारा भावानुभूति और प्रभाव की मार्मिक व्यंजना से सन्तुष्ट न होकर कवि ने सांग रूपक की खींचातानी भी की है, जो रमणीय कल्पना से ज्यादा कौशल का द्योतक है। जीवन के विभिन्न क्षेत्रों से अप्रस्तुत लिए गये हैं। उनमें कुछ खरे-खोटे और दृष्ट-नीच स्वभाव के भी हैं, जो गोपिकाओं को ताना देने का अवसर प्रदान करके सौन्दर्य-माधुर्य में नमकीन-मिर्च-मसाले का स्वाद देते हैं। अप्रस्तुतों को स्थूल रूप से चार वर्गों में विभाजित किया जा सकता है—(1) प्राकृतिक, (2) सामाजिक, (3) निंद्य सामाजिक और (4) सामान्य लोकव्यवहार से सम्बन्धित।

(1) पक्षी (पखेरु, खग), फँद में फँदा खग, गीध, कुरंग (हिरण), चकोर-चकोरी, खंजन, मृगपति-मधुकर, पतंग, मीन, सुवा, चातक, गयंद, जहाज का पंछी—ये प्राकृतिक प्राणी हैं, जिनका अप्रस्तुत के रूप में प्रयोग आलम्बन श्रीकृष्ण और आश्रय गोपिकाओं के सौन्दर्य की व्यंजना के लिए नहीं है, बल्कि सौन्दर्य के प्रति तीव्र आकर्षण और आलम्बन एवं नेत्रों के संवेगात्मक सम्बन्ध को व्यक्त करने के लिए है। नेत्र पक्षी की तरह सौन्दर्य के आसमान में स्वच्छन्द विहार करते हैं। हिरण, चकोर, चातक, पतंग, मधुकर अपने लक्ष्य पर ध्यान केन्द्रित करके, उसी ओर ताकते रहते हैं या दौड़ पड़ते हैं। मीन की तरह जल में तड़पते रहते हैं। जहाज का पंछी उड़-उड़कर फिर जहाज पर लौट आता है। गयंद मस्त विचरण करता रहता है। सुआ अपनी चोंच में फल-फूल पकड़ा रहता है। खंजन बन्धनों से मुक्त होकर उड़ जाना चाहता है। मृगपति सिंह अपने रास्ते में आने वाले प्राणियों को चीर डालता है। ये अप्रस्तुत क्रमशः श्रीकृष्ण के सौन्दर्य-दर्शन में नेत्रों की अनुभूति और उनके साथ रागात्मक सम्बन्ध की इन विशेषताओं को प्रकट करते हैं—स्वच्छन्द विहार, लक्ष्य पर केन्द्रीकरण, तड़पन, अभीष्ट की ओर प्रस्थान, मस्त विचरण, ग्रहण की दृढ़ता, बन्धनों से मुक्ति और विघ्न बाधाओं को पार कर जाना। समाज, कुल और लोक की मर्यादाओं को तोड़ देने वाली नेत्रों की यह स्वच्छन्द सौन्दर्यानुभूति है।

(2) लोभी, रंचक का निधि पाना, षटरस भोजन, सुभट, अधिकारी, स्वार्थी, बालक और शिशु का हठ, पुरुष के प्रेम में रँगी नारी, विट नारी और नट—ये सामाजिक जीवन के लिए गये अप्रस्तुत हैं। इनसे क्रमशः

सौन्दर्य की अनुभूति में मोह, आनन्द, रस, उत्साह, अहं या गर्व, स्वहित, आग्रह, आत्मसमर्पण, स्वच्छन्द व्यवहार और भाव-विह्वलता का द्योतन होता है। ये नेत्रों के स्वभाव, व्यवहार और अनुभूति तीनों से सम्बद्ध अप्रस्तुत हैं।

(3) मूर्ख, गुलाम, लूटमार, चोर (हेम चोर), बटमार, निधि-प्राप्त नीच, द्वारपाल, चेरी, पंक में पड़ा व्यक्ति, अधर्मी, कुपूत और लंपट–ये निंद्य सामाजिक अप्रस्तुत हैं। काव्यशास्त्र में नीच अप्रस्तुत या उपमान का प्रयोग काव्य-सौन्दर्य में बाधक, अनौचित्य दोष माना गया है। प्रस्तुत प्रसंग में इनका प्रयोग औचित्यपूर्ण है। लूटमार, चोर और बटमार की तरह नेत्र सौन्दर्य को लूट रहे हैं। गुलाम, चेरी और द्वारपाल की तरह नेत्र सदा सौन्दर्थ के सान्निध्य, सेवन और अनुभूति में संलग्न हैं। लंपट, निधिप्राप्त रंचक और पंक में फँसे हुए व्यक्ति के समान नेत्र सौन्दर्य में आसक्त हैं। मूर्ख जिस तरह ज्ञान के पीछे पड़ता है, उसी तरह नेत्र सौन्दर्य का पीछा नहीं छोड़ता। अधर्मी और कुपूत के समान नेत्रों को सौन्दर्य के पीछे पड़ने में मर्यादा, लज्जा और निन्दा की चिन्ता नहीं है। नेत्रों का यह व्यवहार एक ओर सौन्दर्य के साथ उनके लगाव को प्रकट करता है तो दूसरी ओर वह सामाजिक, नैतिक दृष्टि से अनुचित भी है, जिस कारण गोपिकाएँ नेत्रों की निन्दा करती हैं। उनका विरोध और निन्दा व्यक्त रूप में नेत्रों के व्यवहार का अनुमोदन है, अव्यक्त रूप में वह आकर्षण राग और आनन्द का प्रकाशन भी है। आखिर नेत्र उनके हैं, लोकमर्यादा को तोड़ने वाली स्वयं वे ही हैं। गोपिकाओं का व्यवहार दुमुखी है-चेतन मन के धरातल पर एक और अचेतन मन के धरातल पर दूसरा। इस दुविध-व्यवहार में सौन्दर्यानुभूति विलक्षण और अपूर्व हो जाती है–एक ओर विरोध और दूसरी ओर अनुमोदन।

(4) सामान्य लोक-व्यवहार, स्वभाव, नीति और प्रवृत्ति पर आधारित अप्रस्तुत लोकोक्तियों की तरह व्यापक अनुभव भरे और सारगर्भित हैं। उदाहरण हैं–जल का नीचे की तरफ बहना, जलप्रवाह की तरह वेग से बहना, नदियों की तरह समुद्र में जा मिलना, पर्वत से सरिता का नीचे की तरफ बहना, जल का पीछे नहीं आगे जाना, स्वाति की बूँद की प्रतीक्षा, वातचक्र में फँसना, भँवर में पड़ना, तूल की तरह हवा में उड़ना, साँप की तरह केंचुली छोड़ना, साँप का विवर में जाना, मणि पाकर प्रसन्न उरग, मर्कट की मूठी, धनुष के तीर की तरह लक्ष्य की ओर छूटना, गुड़ी की तरह डोलना, दूध-पानी की तरह मिल जाना, चूना-हल्दी की तरह मिलना, तृषा में

नीर, क्षुधा में भोजन, छाँह न छोड़ना, ताड़ी पी-पीकर रसना अतृप्त, तरुणाई के बाद बालपन वापस न आना और घर छोड़ने के बाद कुलवधू का फिर कुल में वापस न आ सकना। इन अप्रस्तुतों में कुछ लोकोक्तियाँ भी हैं। इन अप्रस्तुतों के द्वारा क्रमशः प्रवाहित होना, वेग, घुलमिल जाना, ढलान, उमड़ना, राग, तीव्रवेग से उड़ जाना, मन का चक्कर में पड़ना, छा जाना (फैल जाना), चमक उठना, मग्न हो जाना, आनन्द, ग्रहण या पकड़, दौड़ पड़ना, डोल उठना, मिल जाना, मिलकर नया रंग पाना, तृप्ति, सन्तोष, आगे बढ़ते जाना और वापस न आना—ये भाव व्यंजित हैं। इनके विश्लेषण से श्रीकृष्ण के सौन्दर्य के प्रति गोपिकाओं के नेत्रों का तीव्र आकर्षण, उनकी प्रतिक्रिया, अनुभूति और भाव-तन्मयता का पता चलता है। (अप्रस्तुतों को ब्रज से खड़ी बोली में परिवर्तन किया गया है।)

अप्रस्तुत योजना से भावोत्कर्ष और सजीव चित्रांकन के रूप में आँखों की चोरी की दो विलक्षण स्थितियों के उदाहरण प्रस्तुत हैं। नैन चोर तो बने लेकिन चोरी करके वापस दौड़ नहीं आये—

नैना भरे घर के चोर।
लेत नहिं कछ बनै इनसों देखि छबि भयो भोर।
नहीं त्यागत नहीं भागत रूप जाग प्रकास।
अलक डोरनि बाँधि राखे तजौ उनकी आस।।

गोपिकाएँ सोचती हैं कि ये चोर अपने घर के हैं, इसलिए लूटने दें—

नैन आपने घर के री।
लूटन देहु स्याम अंग सोभा जो हम पर वै तरके री।।

सौन्दर्य-दर्शन में नेत्रों की अनुभूति को दो वर्गों में बाँट सकते हैं—संयोगकालीन और वियोगकालीन।

(1) सूर ने श्रीकृष्ण के सौन्दर्य-दर्शन में आँखों की सुख-दुखात्मक विविध भावों की अनुभूति और उसके परिणामस्वरूप विवशता, आत्मविस्मरण, अचेतनता, विभ्रम आदि मानसिक स्थितियों का विस्तार से वर्णन किया है। इस सन्दर्भ में नेत्रों की अनुभूति का वैशिष्ट्य दर्शनीय है।

श्रीकृष्ण के सौन्दर्य में रंगकर नेत्रों का नाच उठना—
स्याम रंग नैना राँचे री।
× × ×
चंचलता नर्तनि कटक्ष रस भाव बतावत नीके।।

नेत्रों की मस्ती–

खंजन नैन रूप रस माते।

अतिशय चारू चपल अनियारे, पलपिंजरा न समाते।।

सौन्दर्य-दर्शन से नेत्रों में चकाचौंध, जिससे वे स्थिर नहीं रह सकें–

तरुनि गयी चकाचौंधि कै नहिं नैन थिराहीं।।

नेत्रों की यह सौन्दर्यानुभूति अनिर्वचनीय है–

रसना न जाने नैन की दसहिं।

नेत्रों ने रूप को हृदय में छिपाकर रख लिया है, इसलिए चुपचाप आँसू बहाते हैं–

राखी छबि दुराइ हिरदै में तिनको हिय भरि ढ़ारत।।

नेत्रों की अनुभूति की तीव्रतम व्यंजना उनकी एकाग्रता में है। श्रीकृष्ण के रूप-सौन्दर्य को छोड़कर नेत्रों में और किसी के लिए स्थान नहीं है। इसीलिए दोनों नेत्र ही नहीं, रोम-रोम नेत्र होकर आँसू चूते हैं–

रोम रोम ह्वै नैन गये री।

ज्यों जलधर परबत पर बरसत, बूँद-बूँद ह्वै निचरि द्रुए री।।

सौन्दर्यदर्शन में नेत्रों की उमंग को रोका नहीं जा सकता–

चितवनि रोके हूँ न रही।

स्याम सुन्दर सिन्धु सनमुख सरित उमँगि बही।

प्रेम सलिल प्रवाह भँवरनि मिति न कबहूँ लही।।

नेत्रों की इस उमंग के कारण गोपिकाओं की जो दशा हुई है, उनके तन-मन-जीवन पर जो प्रभाव पड़ा है, उसका भी सूर ने चमत्कारपूर्ण वर्णन किया है। गोपिकाएँ अपनी स्थिति और गतिविधि का कारण, नेत्रों का व्यवहार मानती हैं। इस प्रभाव को तीन वर्गों में बाँट सकते हैं। (1) नेत्रों की करतूतों का प्रत्यक्ष प्रभाव है। नेत्रों के कारण गोपिकाओं में लोभ, मोह, अतृप्ति बढ़ गयी और नेत्रों ने उनको भ्रमित, बेहाल कर दिया–

वै निरदई मोह मेरे जिय कहा करौं मैं भई बिहाल।।

उनकी बुद्धि, विवेक, इन्द्रियों पर नियन्त्रण, मर्यादा सब समाप्त हो गयी–

बुधि, विवेक कुलकानि गँवाई इंद्रिनि कियो बियो।।

लोक सकुच मरजादा कुल की छिन हीं में बिसराई।।

नेत्रों से उत्पन्न इस स्थिति और उनके व्यवहार को देखकर गोपिकाएँ पछताती हैं–

सूरदास गुन सुमिरि सुमिरि वै अन्तरगत पछतात।।

नेत्र गोपिकाओं की यह हालत करके दुख-वेदना ही नहीं बढ़ाती, बल्कि उन पर क्रोध में भौहें भी चढ़ाती हैं।

गोपिकाओं के नेत्रों पर विलक्षण उक्तियों के अतिरिक्त संयोग-लीलाओं में कभी नेत्रों के माध्यम से और कभी उनका उल्लेख किये बिना ही गोपिकाओं के मन पर श्रीकृष्ण के सौन्दर्य के व्यापक प्रभाव का निरूपण है। मन की उमंग, मन में विविध भावों और प्रेम का स्फुरण, मन का विभ्रम और ऐसी अपूर्व सौन्दर्यानुभूति को अविश्वसनीय मानना आदि बातों पर पहले विचार हो चुका है।

(2) मन पर सौन्दर्य के प्रभाव की दृष्टि से विशेष उल्लेखनीय प्रसंग भ्रमरगीत है। उसमें वियोग के अश्रुपूर्ण नेत्रों में संयोगकालीन पहले की उमंग, रस-रंग, दर्शन की अभिलाषा-व्याकुलता नहीं, अपार वेदना की विदग्ध भावनाएँ हैं। गोपिकाओं की आँखें सब अंगों से अधिक दुखी हैं, क्योंकि रूप-दर्शन का प्रत्यक्ष सम्बन्ध उन्हीं से है—

और सकल अंगन तें ऊधौ अँखियाँ अधिक दुखारी।
अतिहिं फिरति सिराति न कबहूँ जतन बहुत करि हारी।।

आँखें उड़-उड़ कर वहाँ पहुँचना चाहती हैं, जहाँ श्रीकृष्ण हैं—

मधुकर! सुनहु लोचन-बात।
बहुत रोके अंग सब पै नयन उड़ि उड़ि जात।

कल्पना की रमणीयता में विवशता की मार्मिक व्यंजना है। श्रीकृष्ण का रूप इतना अपूर्व है कि गोपिकाओं की आँखों की प्यास कभी नहीं बुझती। भ्रमरगीत प्रसंग में नेत्रों पर ऐसी पच्चीस-तीस भावपूर्ण उक्तियाँ हैं।

भ्रमरगीत-प्रसंग में नेत्र पर उक्तियाँ तीव्र भावानुभूति से भरी हुई सूर की भावनाशीलता एवं सहृदयता को प्रकट करती हैं तो संयोग लीलाओं के सन्दर्भ में गोपिकाओं के द्वारा नेत्रों को उपालम्भ में व्यंग्य, परिहास, खीझ और व्याकुलता उनकी रचना-शैली को अलग कर देती है। भ्रमरगीत की भावप्रेरित और भावविभोर करने वाली वचनवक्रता से भिन्न ये पद नेत्रों के व्यवहार और गोपिकाओं की आलोचना की विरोधात्मक स्थिति में वाणीविन्यास की विलक्षणता से पाठकों के मन में विनोदमय आनन्द उत्पन्न करते हैं—

नैननि कों अब नहीं पत्याउँ।
बहुर्‌यो उनको बोलति हौ तुम हाय हाय लीजै नहिं नाउँ।

उनको अब मैं फेरि बसाऊँ मेरे उनको नाहीं ठाउँ।
व्यकुल भई डोलिहौं ऐसैंहि वै जहँ रहैं तहाँ नहिं जाउँ।
खाइ खबाइ बड़े जब कीन्हें बसे जाइ अब औरहि गाउँ।
अपने किये फलहिं पावैंगे मैं काहें उनकों पछिताउँ।
जैसे लोन हमारो मान्यो कहा कहौं कहि काहि सुनाउँ।
सूरदास मैं इनि बिनु रहिहौं कृपा करैं उनको सरमाउँ।।

यह गोपिकाओं और उनकी आँखों का झगड़ा है! व्यक्त रूप में विनोदमय लगता है, पर अन्तर्लीन वेदना है। सारा झगड़ा श्रीकृष्ण के सौन्दर्य के नेत्रों पर प्रभाव के कारण है, इस बात की ध्वनि रचना आकर्षण को और एक आयाम प्रदान करता है।

सूर के नेत्रों पर उक्तियों के वैशिष्ट्य को समझने में नेत्र के महत्त्व पर कवि के कथनों पर भी विचार करना आवश्यक है। नेत्र सौन्दर्य-दर्शन के आधार हैं। दोनों में अविनाभाव सम्बन्ध है। जब गोपिकाओं के नेत्र श्रीकृष्ण के सौन्दर्य पर रीझते हैं तो–

मनकामना भई परिपूरन ढ़रि रीझे गिरिधारी।
इनहिं बिना वै उनहिं बिना ये अन्तर नाहीं भावत।।

नेत्रों में सौन्दर्य-दर्शन की सहज अभिरुचि होती है, वे सौन्दर्य में पूरे मनोनिवेश के साथ गहरे पैठते हैं, लेकिन अनन्त और नित्यनूतन सौन्दर्य का पार पाना सम्भव नहीं है। सौन्दर्य-दर्शन में गोपिकाओं के नेत्रों की यही परिमिति है–

पचि हारे उनकी रुचि कारण परिमिति तौ न लही।।

आँखों की अपनी सीमाएँ होने पर भी सौन्दर्य-दर्शन में वे धन्य हो जाती हैं, सौन्दर्य-दर्शन उनका सौभाग्य है। गोपिकाएँ अपनी आँखों के सम्बन्ध में कहती हैं–

धन्य धन्य अँखियाँ बड भागिनि!
जिनि बिनु स्याम रहत नहिं नेकहुँ कीन्हीं बनै सुहागिनि।।

रूप का, अंग-अंग का सौन्दर्य नेत्रों द्वारा ही उद्घाटित होता है। वे रूप में बस जाते हैं और उसके साथ तदाकार परिणति प्राप्त करते हैं। इस बात को गोपियाँ प्रकारांतर से कह रही हैं–

आँखियनि तें री स्याम कों प्यारी नहिं और।
जिनकों हरि अंग अंग में करि दीनो ठौर।।

सौन्दर्य-दर्शन और ग्रहण की क्षमता के कारण ही नेत्र बाकी सब इन्द्रियों से श्रेष्ठ हैं—

ये अँखियाँ बड़ भागिनी जिन रीझे स्याम।

× × ×

इन्द्री सब न्यारी परीं सुख लूटति आँखि।।

रूप-सौन्दर्य-दर्शन में नेत्र सफल हो जाते हैं, उनके बिना जीवन सूना है—

यहै माँगौं बार-बार प्रभु सूर के नैन दोउ रहैं, नर देह पाऊँ।।

सकल लोक सूनो लागत है बिन देखे वह रूप।।

सौन्दर्य-दर्शन में नेत्र ही नहीं, मानव जीवन भी सार्थक और सफल हो जाता है। गोपियाँ उद्धव से कहती हैं—

नयननि वहै रूप जो देखौं।

तौ ऊधो यह जीवन जग को साँचु सकल करि लेखौं।।

सौन्दर्यानुभूति की अपूर्वता

सौन्दर्य और सौन्दर्यानुभूति की चर्चा में पहले उनकी विशेषताओं के साथ अनुभूति की अपूर्वता की ओर भी संकेत किये गये हैं। चूँकि वह सूर की सौन्दर्य चेतना का एक विशिष्ट बिन्दु है, उसकी प्रस्तुति के विविध पहलुओं और रूपों पर व्यवस्थित रूप में अलग विचार किया जा रहा है। इस अपूर्वता के कारण प्रेरणा-स्रोतों, वस्तु-धर्मों और अनुभूति की प्रकृति तीनों में ढूँढे जा सकते हैं। अवतारवादी सौन्दर्यभावना में अनुभूति की अपूर्वता स्वाभाविक है। भागवत के श्रीकृष्ण और उनकी मधुर-लीलाओं में सामान्य से भिन्न लोकोत्तर अपूर्वता है। चीरहरण, रासक्रीड़ा आदि कुछ लीलाएँ असामान्य हैं ही, मानवीय सन्दर्भों में प्रस्तुत अन्य लीलाओं में भी अद्‌भुतपन भरने की कोशिश की गयी है। सहज बाललीलाओं और यौवनलीलाओं को देखकर आश्रय चकित रह जाता है, उन्हें अपूर्व समझता है। अर्थात आश्रय की अनुभूति में रँगकर रूप और लीलाओं में विलक्षणता आ जाती है और पाठक आश्रय की अनुभूतिगत अपूर्वता का अनुभव करता है। प्रेमप्रधान भक्ति मार्ग को अपनाने के कारण सूर ने प्रेम के आलम्बन के सौन्दर्य को ही महत्त्व नहीं दिया है, बल्कि अपनी भक्ति के रंग में रँगकर आलम्बन और उसके भाव-चेष्टा-व्यापारों को अपूर्व सौन्दर्यमय माना है। कवि की दृष्टि और आश्रय की दृष्टि दोनों ने सौन्दर्यानुभूति को अपूर्वता प्रदान की है।

सूरसागर में आलम्बन के रूप-सौन्दर्य और भावप्रसार से कहीं अधिक आश्रय के विविध भावनाओं की व्यंजना हुई है। कवि ने इन भावनाओं में अपूर्व सौन्दर्य भरा है। श्रीकृष्ण के रूप-सौन्दर्य की वस्तुगत विशेषताएँ आश्रय की पकड़ में न आकर अनुभूति को अपूर्व बनाती हैं तो दूसरी ओर भावनाशील और कल्पनाशील आश्रय की अनुभूति, वस्तु या आलम्बन में नित्य नया सौन्दर्य देखकर अपनी अनुभूति की अपूर्वता पर स्वयं विस्मित हो जाती हैं। आश्रय की मानसिक स्थिति सदा अपूर्व सौन्दर्यानुभूति की दशा में होती है।

सूर ने श्रीकृष्ण के सौन्दर्य को अगाध, अनन्त, अतिशय, नित्य नवीन और पहचानने में कठिन कहकर उसे वाणी में अभिव्यक्ति से परे माना है। एक शब्द में वह अभूतपूर्व या अविश्वसनीय है। जैसे "निमिष निमिष वह रूप न वह छवि", "औरै भाव और कछु सोभा", "स्याम सों काहे की पहचानि" आदि। रूप-सौन्दर्य के इन्हीं धर्मों में सौन्दर्यानुभूति की अपूर्वता है। लीलाओं में अपूर्व सौन्दर्यानुभूति वस्तुगत और आश्रय के भावगत दोनों रूपों में हैं।

रासक्रीड़ा की अपूर्व अनुभूति–

नृत्यत हैं दोउ स्यामा स्याम।
अंग मगन पिय ते प्यारी अति निरखि चकित ब्रजबाम।
तिरप लेत चपला सी चमकति, झमकत भूषन अंग।
× × ×
रस समुद्र मानौं उछलित भयो सुन्दरता की खानि।
सूरदास प्रभु रीझि थकित भए कहत न कछु बखानि।।

मुरली-वादन का प्रभाव–

मुरली सुनत अचल चले।
थके चर जल सरत पाहन वृच्छ फले।
पय स्रवत गोधननि थन तें प्रेम पुलकित गात।।

सौन्दर्यानुभूति में तन्मयता, आत्मविस्मरण, एकोन्मुखता, चिर आकांक्षा और अतृप्ति आदि का उल्लेख हो चुका है। इन्द्रियों के माध्यम से अनुभूति की सीमाएँ होती हैं। इसीलिए गोपिकाएँ पछताती हैं कि विधि ने रोम-रोम में नेत्र नहीं दिये–"दृष्टि न दई रोम रोमनि प्रति।" नेत्र अपनी विवशता में आँसू बहाते हैं, लेकिन कभी तृप्त नहीं होते–

इकटक नेंकु नहीं कहु टारत तृप्ति न होत अघात।।

एकाग्र और अनन्त या बार-बार दर्शन की अभिलाषा में ही सौन्दर्यानुभूति अपूर्व बनती है क्योंकि सौन्दर्य की तरह उसकी अनुभूति की भी कोई परिमिति नहीं है।

सौन्दर्यानुभूति में गोपिकाओं की मनःस्थिति से भी अनुभूति की अपूर्वता का बोध होता है। सूर ने बार-बार कहा है कि श्रीकृष्ण के सौन्दर्य को देखकर गोपिकाएँ चकित रह गयीं। विभ्रम, शंका, स्तंभ, चित्रवत खड़ी रह जाना, मन का पंगु हो जाना, बुद्धि का विफल हो जाना आदि गोपिकाओं की मनोदशा के अन्य सूचक शब्द हैं जो अनुभूति की तीव्रता, गहराई और एकाग्रता को प्रकट करते हैं। गोपिकाओं की इस अनुभूति और मनःस्थिति से स्पष्ट होता है कि वह इन्द्रियों और मन से ग्राह्य नहीं है, वह एक विलक्षण और अपूर्व सौन्दर्यानुभूति है—

सुन्दर बोलत आवत बैन।
ना जानौं तिहि समय सखी री सब तन स्रवन कि नैन।
रोम रोम में सब्द सुरति की नखसिख लौं चख ऐन।
इते मान बनी चंचलता सुनी न समुझी सैन।
तब तक जकि ह्वै रही चित्र सी पल न लगत चित चैन।
सुनहु सूर यह साँच-कि संभ्रम सुपन किधौं दिठ रैन।।

सूर की सौन्दर्य-भावना का एक मुख्य पहलू सहज मानव-प्रकृति और स्वभाव में सौन्दर्य-दर्शन है। बाललीला, गोचारण लीला और प्रेमलीला के अनेक प्रसंगों में सौन्दर्यानुभूति अत्यन्त स्वाभाविक है। इनको भी कवि ने आश्रय या पात्रों की गहरी अनुभूति का विषय बनाकर अद्‌भुत सौन्दर्यमय रूप दिया है। यहाँ भ्रमरगीत की तरह न काव्य-वस्तुगत गम्भीरता है, और न भावगत गहराई जो वस्तुनिष्ठ है। और न यहाँ मुरली प्रसंग, नेत्र प्रसंग, भ्रमरगीत आदि कुछ विशेष प्रसंगों की तरह वचनवक्रता के अनूठेपन के माध्यम से सौन्दर्य की अपूर्वता का द्योतन हुआ है। सामान्य वस्तु, चेष्टा-व्यापार, भावव्यंजना और सीधी अभिव्यक्ति को अपूर्व सौन्दर्यानुभूति का रूप प्रदान करना कवि की प्रतिभा का परिचायक है। प्रेमलीला में प्रेम में रँगकर सौन्दर्य की रंगीन छटा दिखाई जा सकती है, लेकिन स्वाभाविक बाललीला में अपूर्वता की अनुभूति के लिए उस पर कुछ अद्‌भुतपन का आरोप आवश्यक हो जाता है। अन्यथा अन्न-प्राशन, कनछेदन आदि में अपूर्व सौन्दर्य की अनुभूति कहाँ से आ सकती है—

लोचन भरि भरि दोऊ माता कनछेदन देखत जिय मुरकी।
रोवत देखि जननि अकुलानी दियों तुरत नौआ कों घुरकी।
हँसत नन्द गोपी सब बिहँसी झमकि चलीं सब भीतर दुरकी।
सूरदास नन्द करत बधाई अति आनन्द बाल ब्रजपुर की।।

यहाँ अनुभूति की अपूर्वता देखने वाली आँखों और मन की भावना में है। समष्टि रूप में सबका आनंदित होना, तथ्य से अनुभूति को अधिक महत्त्व देकर उसे सार्वजनीन और अपूर्व बना देता है।

प्रेम में प्रियतम को छोड़कर न जा सकने की सामान्य और सहज मनःस्थिति का यह चित्र है—

चलन चहति पग चलति न घर को।
छांड़त बनत नहीं कैसे हूँ मोहन सुन्दर वर को।।

दुविधा और भावप्रेरित इस स्वाभाविक चेष्टा को कवि ने प्रेम की रंगीन छटा का रूप देकर सहज अनुभूति में ही असामान्य सौन्दर्य का बोध कराया है।

तीनों लोक, देवी-देवता, सारी सृष्टि, जड़-चेतन प्रकृति, समस्त प्राणी श्रीकृष्ण और उनकी लीलाओं का अभिनन्दन करते हैं। उसमें अवतारवादी दृष्टि से सौन्दर्यानुभूति की अलौकिकता सूचित होती है। जब वे उस सौन्दर्य पर विस्मय-विमुग्ध हो जाते हैं, सौन्दर्यानुभूति की अपूर्वता का द्योतन होता है। ऐसा दृश्य न कहीं देखने को मिलता है और न ऐसी अनुभूति!

सूर का सारा संसार सौन्दर्यमय है। उन्होंने अपने बन्द नेत्रों से जीवन-जगत में वह सौन्दर्य देखा है, जो नेत्र खोलकर देखने पर भी किसी के लिए सम्भव नहीं है। सूर जन्मांध थे या बाद को अंधे हो गये यह विवादास्पद विषय है। लेकिन वे अन्तर्मुखी साधक थे और मन की आँखें खोलकर ही उन्होंने सारे संसार को सौन्दर्यमय और रसमय देखा और अपनी अनुभूति को शाब्दिक रूप दिया। निर्गुण-निराकार के खंडन और सगुण-साकार के मंडन की, अवतारवादी दृष्टि से अपनी सार्थकता और महत्त्व हो सकता है। लेकिन अवतार की रूपवादी दृष्टि काव्य में सौन्दर्य के उन्मेष और उसकी अनुभूति की व्यंजना के लिए कहीं अधिक महत्त्वपूर्ण है। कवि के शब्दों में—

गोविन्द तेरो सरूप निगम नेति गावै।
भक्ति के बस स्याम सुन्दर देह धरे आवै।
जोगी जन ध्यान धरैं समनेहुं नहिं पावै।
नन्द घरनि बांधि बांधि कपी ज्यों नचावै।

गोपी जन प्रेमातुर तिनको सुख दीन्हो।
अपनैं अपनैं रस विलास काहू नहिं चीन्हों।
स्रुती सुमृति सब पुरान कहत मुनि बिचारी।
सूरदास प्रेमकथा सबहीं तें न्यारी।।

प्रेम की इस लीला में आलम्बन का सौन्दर्य और आश्रय की अनुभूति मूर्त्त रूप धारण करते हैं और कवि उसे तन्मय होकर गाता है। उस सौन्दर्य के दर्शन के बाद देखने को और क्या रह गया है–

जिन आँखिन में तव रूप बस्यो,
तिन आँखिन सौं अब देखिए का।

"सौन्दर्य, प्रेम और ईश्वर को परिभाषित और व्याख्यायित नहीं किया जा सकता। जन्म-जन्मान्तरों के सुसंस्कार एवं सुसंगतिजन्य सात्विक स्वभाव में जब भक्ति की भव्य भावना सम्पूरित होती है और भक्त हृदय सर्वेश्वर की सार्वभौमिक शाश्वत सौन्दर्यानुभूति से सुवासित हो जाता है, तब परमानन्द प्रदायिनी सौन्दर्यानुभूति के पश्चात भक्त कवि को कुछ भी प्राप्तव्य अवशिष्ट नहीं रह जाता।"[2] सूर की सौन्दर्य-दृष्टि और सौन्दर्यानुभूति के मूल में प्रेमपरक मधुर भक्ति की भी प्रबल सक्रिय प्रेरणा है।

सूर ने अपनी सौन्दर्यानुभूति को पात्रों की अनुभूति के रूप में व्यक्त किया है। यशोदा, राधा और गोपिकाओं की अनुभूति तथा सूर की अनुभूति में कोई अन्तर नहीं है। सूर के भाव को प्रतिध्वनित करते हुए गोपिकाएँ कहती हैं–

मन में रह्यो नाहिन ठौर।
नन्दनन्दन अछत कैसें आनिये उर और।
चलत चितवत दिबस जागत स्वप्न सोवत राति।
हृदय तें वह मदन मूरति छिन न इत उत जाति।।

इस अनुभूति में कवि और आश्रय पात्र के साथ पाठक भी भाव-तन्मय हो जाता है। सूर की सौन्दर्यानुभूति की व्यंजना में भट्टतौत का यह कथन सार्थक हो जाता है कि कवि, आश्रय और श्रोता की अनुभूति समान होती है। शुक्ल जी के अनुसार आश्रय और पाठक के भावयोग या भाव-तादात्म्य में ही पूर्ण रस की अनुभूति सम्भव होती है।

वियोग-वेदना में गोपिकाएँ सौन्दर्य-दर्शन में ही अपने जन्म को सार्थक मानती हैं। उनके शब्दों में "पूरनता इन नैननि पूरे", "सकल लोक सूनो

लागत है बिनु देखें वह रूप'' और ''नैननि उहै रूप जो देखों तो ऊधौ, यह जीवन जग को साँच सुफल करि लेखौं।''

युग-चेतना और सौन्दर्य-विवेचन

मध्ययुग में जीवन एक ओर रूढ़िग्रस्त था तो दूसरी ओर सामन्ती राजकीय व्यवस्था में भोगवादी दृष्टि से परिचालित था। इस ह्रासोन्मुख स्थिति में भक्ति आन्दोलन ने नये प्राण फूँकने का प्रयत्न किया जिसमें केवल आंशिक सफलता प्राप्त हुई। बद्धमूल व्यवस्थाओं की जड़ें काटना उतना आसान काम नहीं था। शुक्ल जी ने रामभक्ति और रामकाव्य को भक्ति आन्दोलन के केन्द्र में रखकर नवजागरण में उसकी भूमिका को अधिक उजागर किया है। भक्ति आन्दोलन की नयी चेतना, तुलसी की सामाजिक चेतना तथा लोक रक्षक एवं कल्याण भावना से बहुत व्यापक थी। डॉ. त्रिभुवनसिंह का विचार है कि ''सगुण एवं निर्गुण भक्तिधारा के स्रोत रामानन्द ने सामाजिक एवं सांस्कृतिक सन्तुलन का आधार तो अवश्य प्रस्तुत किया पर इतिहास साक्षी है कि रामानन्द को केन्द्र में रखकर निर्गुण एवं सगुण धारा में राम की जो कल्पना की गयी उससे सम्पूर्ण सामाजिक एवं सांस्कृतिक संकट नहीं टल पाया। जबकि उक्त धाराओं ने कबीर और तुलसी जैसा कवि और चिन्तक पैदा किये।'' सूर ने ग्रामीण लोक जीवन और सौन्दर्य एवं प्रेम की कोमल भावनाओं के माध्यम से मध्ययुगीन सामाजिक एवं सांस्कृतिक जीवन को एक नयी दिशा देने का प्रयत्न किया।

भक्ति आन्दोलन के आध्यात्मिक और सामाजिक पहलुओं से महत्त्वपूर्ण इसका सांस्कृतिक पहलू है। इसलाम ने भारतीय धर्म और सामाजिक जीवन को ही आघात नहीं पहुँचाया, उसके कारण भारतीय संस्कृति और अस्मिता भी समाप्त होने वाली थी। कृष्णभक्ति का आधार लेकर सूर ने भारतीय संस्कृति और जीवन मूल्यों में नयी चेतना भर दी। सूर के काव्य में सौन्दर्य और प्रेम साधन मात्र हैं, जीवन की नैसर्गिकता और स्वच्छन्दता साध्य हैं। भारतीय संस्कृति और चिन्तन प्रकृति की गोद में बन्धन रहित स्वच्छन्द वातावरण में फले-फूले। पौराणिक अवतारवादी दृष्टि से देखते हैं तो सामाजिक मर्यादा और व्यवस्था के संरक्षक राम की परिकल्पना से भारतीय संस्कृति को रूढ़िमुक्त स्वच्छन्द गति देने वाले भागवत के कृष्ण तथा धर्म संस्थापक महाभारत एवं गीता के कृष्ण की अवधारणा अत्यन्त ऊँची है।

भारतीय जीवन दृष्टि, प्राचीन मानवीय-सांस्कृतिक व्यापक मूल्यवादिता से कालक्रम में सामाजिक व्यवस्थागत मूल्यों की ओर उन्मुख होती गयी और मध्ययुग में आकर रूढ़ धर्मबद्ध सामाजिक चेतना के रूप में परिणत हुई। निर्गुण सन्त काव्य ने क्रान्किारी विचारों को लेकर उसे झकझोरने का प्रयत्न किया। लेकिन विधायक से अधिक निषेधात्मक मूल्य दृष्टि के कारण वह पूरे समाज के लिए स्वीकार्य नहीं हो सका। कृष्णभक्ति काव्य ने, विशेषतः सूर ने विधायक भावात्मक मूल्यों को लेकर सामाजिक जीवन को स्पंदनशील बनाने की साधना की।

सूर की सौन्दर्य दृष्टि का उन्मेष भक्ति आन्दोलन की सांस्कृतिक चेतना में कृष्ण की मधुरलीलाओं का आधार लेकर हुआ है। सौन्दर्यबोध सांस्कृतिक चेतना का अभिन्न अंग है। अन्तर्मुखी सांस्कृतिक चेतना के उत्तरोत्तर उत्कर्ष के साथ सौन्दर्यबोध का भी प्रौढ़ विकास-प्रसार होता है। सूर की सौन्दर्य दृष्टि स्पंदनशील जीवनधारा उच्च मूल्यवादिता, मानवीय भावात्मक संवेदना, उदात्त दृष्टि और रस या आनन्दानुभूति से अनुप्राणित है जो भक्ति आन्दोलन की नयी सांस्कृतिक चेतना की देन है।

सूर के लिए सारा जीवन-जगत सौन्दर्यमय है। जीवन के कोने-कोने में झाँककर, अव्यक्त सौन्दर्य को कल्पना के द्वारा प्रत्यक्ष देखते हुए उन्होंने पता नहीं जीवन की कितनी परिस्थितियों और सन्निवेशों में सौन्दर्य को ढूँढ़ निकाला है तथा उस सौन्दर्य की अनुभूति से जीवन को माधुर्यमय और आनन्दमय बना दिया है। इसमें श्रीकृष्ण का मोहक रूप और उनकी मधुरलीलाओं ने आवश्यक सामग्री दी है, अनेक अवसर प्रदान किये हैं। सूर के जीवन-दर्शन की दृष्टि से लीलाएँ निमित्त मात्र हो जाती हैं। उन्होंने बाल्यकाल और यौवनकाल की मनोहर परिस्थितियों में जीवन का अत्यन्त रमणीय रूप सामने रखा है। जीवन के इस सौन्दर्य में प्रकृति की महती भूमिका रही। सूर के लिए वृन्दावन की प्रकृति कम सौन्दर्यमय नहीं है। लेकिन उसकी अपनी स्वतन्त्र सत्ता नहीं है, जो मानवमन में विविध भावनाओं को जगा दें। सूर की दृष्टि में प्रकृति का सौन्दर्य मानव-जीवन-सौन्दर्य सापेक्ष है। वह जीवन के सौन्दर्य को पूर्ण बनाता है, उसकी अनुभूति को स्पंदनशील और तीव्र संवेदनात्मक बनाता है। प्रकृति-सौन्दर्य को इस दृष्टि से देखने के कारण उसका निरपेक्ष स्वतन्त्र चित्रण कम हुआ है। वह मानवीय रूप-सौन्दर्य की व्यंजना में रमणीय अप्रस्तुतों को जुटाती है, मानवीय सौन्दर्य की अनन्तता और अतिशयता को रूप देती है,

मानवीय रूप का अलंकरण करती है तथा मानव भावनाओं को मधुर और संवेद्य बनाती है। राधा-कृष्ण की लीलाओं के साथ जुड़ी हुई प्रकृति का यह सौन्दर्य है। कला सृष्टिगत सौन्दर्य को रूप में समेटकर, कसकर उसे अधिक प्रभविष्णु (Striking) बना देती है। सूर ने मानवीय सौन्दर्य को सृष्टिगत नैसर्गिक सौन्दर्य से अधिक आभामय चकाचौंध उत्पन्न करने वाला बना दिया है।

जीवन का यह सौन्दर्य सूर के काव्य पर हावी हो गया है। जो सुन्दर नहीं है, सूर की दृष्टि में उसका कोई मूल्य नहीं है और न उसे कवि की रचना में स्थान है। "इसे सभी स्वीकार करते हैं कि प्रेम सूरदास के काव्य का केन्द्रीय भाव है। सौन्दर्य प्रेम के लिए आधार प्रस्तुत करता है। अतः सौन्दर्य सूर के काव्य का सर्वस्व है।" इस सन्दर्भ में सूर के दो कथन ध्यान देने योग्य हैं—"सुन्दर स्याम...सूर स्याम सब संग सुख सुन्दर" तथा "प्रेम बँध्यौ संसार...साँचौ निहचै प्रेम को जीवन्मुक्ति रसाल।" प्रेम रसाल है, वह लौकिक बन्धनों को काटकर मुक्त कर देता है। उसी मुक्तावस्था में सौन्दर्य की निष्काम अनुभूति होती है। सूरसागर के सूक्ष्म अनुशीलन से ऐसा लगता है कि सूर प्रेम के आधारभूत सौन्दर्य को जीवन का सत्य मानते हैं। सौन्दर्य और सौन्दर्यानुभूति के बिना न प्रेम का संचार होता है और न उससे प्रत्यक्ष-अप्रत्यक्ष रूप से सम्बद्ध किसी भाव का। उनके अभाव में मानव की भावात्मक सत्ता का ही तिरोभाव हो जाता है। कीट्स का प्रसिद्ध कथन है कि सौन्दर्य ही सत्य है और सत्य ही सौन्दर्य है; यही मनुष्य के ज्ञान का परमार्थ है और यही मनुष्य का ज्ञातव्य है। सूर के काव्य में यह उक्ति चरितार्थ हो जाती है—सौन्दर्य सत्य के रूप में दिव्य आभा से मण्डित हो जाता है।

इस सौन्दर्य के प्रति सूर की दृष्टि को दो कोणों से देखा और परखा जा सकता है—आध्यात्मिक और लौकिक। अवतारवादी सौन्दर्य दृष्टि आध्यात्मिक है। "भक्ति-साहित्य में भगवान के त्रैलोक्य सुन्दर स्वरूप की कल्पना की गयी है। वेद-उपनिषद् में भी ईश्वर के स्वरूप को विश्व सौन्दर्य का प्रतीक एवं मूल उद्गम माना गया है किन्तु वह सौन्दर्य अमूर्त्त है—प्रतीकात्मक है। सगुण भक्ति में इसी दिव्य सौन्दर्य को गोचर और मानवीय रूप प्रदान किया गया है। यह दिव्य सौन्दर्य विश्व सौन्दर्य का सार सर्वस्व है किन्तु साथ ही गोचर और मानवीय भी है—दिव्य सौन्दर्य की यह सगुण कल्पना भारतीय सौन्दर्यशास्त्र के विकास में एक महत्त्वपूर्ण घटना है।" सूर ने स्वयं श्रीकृष्ण के दिव्य सौन्दर्य की ओर अनेक स्थानों पर संकेत किया है—"स्याम सुन्दर

देह धरे आवै'' तथा ''सुन्दरता तिहुँ लोक की, जसुमति ब्रज आनी'' निर्गुण के विरोध और सगुण लीला के सौन्दर्य पर भी अनेक उक्तियाँ हैं–

रूप-रेख-गुन-जाति-जुगति बिनु निरालम्ब कित धावै।।
अज, अविनाशी, अमर प्रभु, जनमै मरै न सोई।
नटवत करत कला सकल, बूझै बिरला कोई।।
अगम अगोचर लीलाधारी सौ राधा बस कुंज बिहारी।।

अवतार में रूप और लीला के उस दिव्य सौन्दर्य का देवी-देवता भी अभिनन्दन करते हैं। लेकिन सूर ने सौन्दर्य को केवल ईश्वरीय विभूति के रूप में नहीं देखा है, उसका लौकिक-मानवीय पहलू भी है। उसके बिना सौन्दर्य के प्रति आध्यात्मिक दृष्टिकोण में सूर की रचना अन्योक्ति या प्रतीकात्मक हो जाती। दूसरी ओर उससे मध्ययुगीन ह्रासोन्मुख जीवन में आस्था, आशा और सांस्कृतिक अस्मिता का विकास नहीं हो पाता। ''सूर उन अतिवादी आत्मवादी दार्शनिकों में नहीं हैं जो भगवान में ही सौन्दर्य की सत्ता मानते हैं। उन्होंने आत्मवादी सौन्दर्य को अवतारवादी इन्द्रिय गोचर रूप में परिणत करके यथार्थ रूप में प्रकट किया है।'' बीच-बीच में सौन्दर्य की अलौकिकता की ओर संकेत करने वाली पंक्तियों को भुला दें तो सूर का रूप सौन्दर्य और लीला सौन्दर्य का वर्णन शुद्ध मानवीय भावभूमि पर हुआ है। आचार्य नन्ददुलारे बाजपेयी का अभिमत है कि सूर ने श्रीकृष्ण के रूप और उनकी लीलाओं को विस्मयकारी अद्भुत रूप में चित्रित करते हुए लौकिकता में ही अलौकिकता का दर्शन कराया है। सौन्दर्य के अद्भुतपन और उसके प्रति विस्मय में आध्यात्मिक और लौकिक दृष्टियों की संगति बैठ जाती है। इस अद्भुत सौन्दर्य के भावन में कवि का मन तृप्त नहीं होता और उसकी कल्पना नये-नये कोणों से सौन्दर्य सागर में अनन्त भाव भंगिमाओं की लहरें बनाती रहती है।

सौन्दर्य-निरूपण

सूरसागर में रूप-वर्णन, भाव-व्यंजना और अनुभूति की तीनों दिशाओं का जो सौन्दर्य निरूपण हुआ है, वह इन पंक्तियों में मूर्त्त हो उठा है–

सोभा सिन्धु न अन्त रही री।
नन्द भवन भर पूरि उमंग चलि, ब्रज की बीथिनि फिरत बही री।

सूर की कलात्मक चेतना की भी इसमें सफल अभिव्यंजना है। यह सूर

का कथ्य और लक्ष्य है। सौन्दर्य के इस अनन्त सागर ने ब्रजवासियों को भावतन्मय और आत्मविस्मृत कर दिया है। सूरसागर में सहज और अलंकृत; रूपगत, भावगत और चेष्टागत; स्वाभाविक, कलात्मक और विदग्ध-सौन्दर्य की सभी प्रकार की छवियाँ, झाँकियाँ या दृश्य भंगिमाएँ मिल जाती हैं। कवि की कल्पना विभिन्न रूपों में सौन्दर्यांकन करती कभी थकती नहीं है, जब तक सौन्दर्य निश्शेष न हो। सूर का सौन्दर्य निरूपण जितना व्यापक और रंगीन है, उतना ही तीव्र और गहरा भी। सौन्दर्य निरूपण के क्षेत्र में सूर की असंख्य नवीन उद्भावनाएँ हैं।

सूर का मानवीय रूप-सौन्दर्य-वर्णन प्रायः ऐन्द्रिय गोचर रूप में है। वह रूप अद्भुत, अनन्त और नित्य नवीन है। उसके दर्शन में नेत्र तृप्त नहीं होते। एकटक बार-बार देखने पर भी वह बोधगम्य नहीं है, अनिर्वचनीय है। मन इस रूप-सौन्दर्य को पहचान नहीं पाता जो क्षण-क्षण नवीन रूप धारण कर रहा है। मन को विश्वास नहीं होता कि यह पहले देखा हुआ रूप-सौन्दर्य है। कवि ने वस्तुनिष्ठ रूप वर्णन से कहीं अधिक आश्रय की अनुभूति और उसके तन-मन पर प्रभाव के माध्यम से सौन्दर्य की व्यंजना की है, या अप्रस्तुत-योजना के द्वारा रूप के सम्मूर्त्तन का प्रयत्न किया है। इससे कवि के मन को सन्तोष नहीं होता और वह घोषित करता है कि संसार के समस्त प्रसिद्ध सौन्दर्यमय प्राकृतिक उपमान प्रस्तुत के सौन्दर्य के समान नहीं हैं। तीनों लोकों में सौन्दर्य के प्रतिमान काम, लक्ष्मी आदि नायक-नायिका से तुलनीय नहीं है। अन्ततः कवि ने कल्पना का ही सहारा लेकर रूप-सौन्दर्य का गतिशील एवं भावात्मक चित्रांकन या बिम्बांकन किया है। रूप-सौन्दर्य के तीव्र आकर्षण, उसके पार पाने की असमर्थता और उसकी अविस्मरणीयता के कुछ उदाहरण—

सोभा सिन्धु अंग अंगनि प्रति, बरनत नाहिंन और री।
जित देखौं मन भयो तितहिं कौं मनौ भेउ भरै कौ चोर री।।
स्याम रूप अबगाहि सिन्धु तें पार होत चढ़ि डोंगनि कैरैं।
अंग अंग प्रति रूप माधुरी उर तें नहीं बिसारैं।।

जहाँ प्रकृति के अप्रस्तुत सहज रूप-सौन्दर्य को व्यंजित करते हैं, सामाजिक और लोक-व्यावहारिक अप्रस्तुतों के द्वारा ही आकर्षण और अनुभूति की तीव्रता एवं गहराई अभिव्यक्त हो सकती है।

सूर बहिर्जगत के सौन्दर्य निरूपण से कहीं अधिक अन्तरजगत के

भावनाशील कवि माने जाते हैं। बाल मनोभावों और भ्रमरगीत में वियोगजन्य मनःस्थिति को एवं भावनाओं की व्यंजना के कारण उनकी यह प्रसिद्धि है। उनकी भाव-सम्पन्नता के मूल में भी सूर की सौन्दर्य-भावना क्रियाशील है। अभिव्यंजना की दृष्टि से उनकी भाव-व्यंजना को भाव भंगिमाएँ, भावात्मक चित्र या भाव बिम्ब कह सकते हैं। बाललीलाओं से लेकर संयोग-लीलाओं तक का भाव निरूपण सौन्दर्याश्रित है। इसके अन्तर्गत हाव-भावों, चेष्टाओं, अनुभावों, स्थायी भावों और संचारी भावों की योजना है। वियोगजन्य भावनाओं की अपनी स्वतन्त्र सत्ता और प्रसार है, यद्यपि इनमें भी सौन्दर्य-दर्शन की आशा-आकांक्षा, एवं व्याकुलता है; भाव-प्रसार सौन्दर्यात्मक चेतना के आधार पर है तथा भाव-व्यंजना का रूप कलात्मक या सौन्दर्यात्मक है।

भावों की प्रकृति की दृष्टि से सूर के भाव जगत को छः वर्गों में विभाजित कर सकते हैं। (1) सौन्दर्य, उसके प्रति आकर्षण, उसकी अनुभूति तथा उसके आधार पर विकसित प्रेम सम्बन्धी कोमल एवं मधुर भावनाएँ हैं। (2) कुछ लीलाओं में सौन्दर्य के साथ विस्मयजन्य मनःस्थिति और अद्भुतपन मिश्रित भावनाएँ हैं। माटी-भक्षण, ऊखल-बन्धन, यमनार्जुन-नियात आदि प्रसंगों में क्रोध, पश्चाताप, प्रेम, वेदना आदि भावनाओं के साथ विस्मय की भावना का योग है। यह विस्मय परिस्थिति या सन्निवेशजन्य है जबकि सौन्दर्य के प्रति यशोदा, राधा और गोपिकाओं की विस्मय भावना अनुभूतिजन्य है। मुरली माधुरी और रासक्रीड़ा में विभिन्न प्रकार की अनुभूतियों और भावनाओं में विस्मय अन्तर्लीन है। (3) विनोद, हास-परिहास और वाक्-चातुरी से आकर्षक रंजनकारी भावनाएँ माखनचोरी, पनघट लीला, खण्डिता-प्रसंग, भ्रमरगीत आदि में द्रष्टव्य हैं। यह विनोदात्मकता सुख-दुखात्मक दोनों प्रकार की भावनाओं में लक्षित होती है। कवि "निराशा में भी आशा का दर्शन कर लेता है और रुदन को भी हास्य से ढकने का प्रयत्न करता है। विनोदप्रियता उसकी प्रकृति का एक ऐसा अंग है, जो कदाचित समस्त भावों के ऊपर रहने की चेष्टा करता है।" (4) विभिन्न लीलाओं में श्रीकृष्ण का छेड़-छाड़, यशोदा से गोपिकाओं की शिकायतें, मुरली और नेत्रों का उपालम्भ, भ्रमरगीत में श्रीकृष्ण, कुब्जा और उद्धव को लेकर उपालम्भ-व्यंग्य भावक्षेत्र में विनोदप्रियता की विपरीत स्थिति के द्योतक हैं। लेकिन उपालम्भ-व्यंग्य की गम्भीरता में भी विनोदप्रियता झलकती है और भावना में कटुता नहीं आने देती। विनोद और व्यंग्य भावात्मक वृत्तियों को गहन और जटिल बनाते हैं।

(5) कोमल-मधुर भावनाओं के विरोध में वियोगकालीन तीव्र और गम्भीर भावनाएँ हैं जो वेदनामय और संवेगात्मक हैं। (6) सूरसागर के सीमित प्रसंगों में ही भयानक, रौद्र आदि उग्र भावनाओं का संचार होता है। प्रकृतिगत और अनुभूतिगत सूर का भाव-वैविध्य सदा सौन्दर्य से प्रत्यक्ष सम्बद्ध नहीं है। लेकिन कवि ने अपने भाव जगत को सौन्दर्यशास्त्रीय दृष्टि से संवेद्य और आस्वाद्य बनाकर अपनी सौन्दर्य-चेतना को व्यक्त किया है।

मनोभावों के क्षेत्र में बालभावों की व्यंजना सामान्योन्मुख और मानवीय धरातल पर अत्यन्त स्वाभाविक है। यही बात यशोदा के वात्सल्य और गोपिकाओं के स्त्री-स्वभाव-सहज सामान्य अनुराग पर भी लागू होती है। इनके साथ तुलना में भ्रमरगीत में निरूपित गोपिकाओं की भावनाएँ उतनी सरल और ऋजु न होकर जटिल तथा अन्तश्चेतना की दमित वासनाओं, ग्रन्थियों, राग-अनुराग-ईर्ष्या की व्यक्ताव्यक्त प्रतिक्रियाओं और अहं-दीनता के द्वन्द्व से संचालित है। इसलिए उनमें वात्सल्य की-सी सामान्योन्मुख स्वाभाविकता नहीं, गहनता है। बाल्यावस्था की वात्सल्य सम्बन्धी भावनाओं और यौवनावस्था की काम-प्रेम सम्बन्धी भावनाओं में मनोवैज्ञानिक अन्तर होता है। इस अन्तर के कारण पहले का सौन्दर्यबोध सरल और दूसरे का गहन है।

संयोगकालीन चेष्टा व्यापारों की अपेक्षा सूर का बाल्य चेष्टा-व्यापार-वर्णन अधिक स्वाभाविक और समग्र है। ऐकान्तिक प्रेम में चेष्टा-व्यापारों के प्रसार और वैविध्य की गुंजाइश कम होती है। सूर का चेष्टा-व्यापार-वर्णन कहीं भावप्रेरित और भावानुभूति का परिणाम है तो कहीं बाल-सहज क्रीड़ा या लीला के रूप से स्वतन्त्र है। विशेषतः शिशु के चेष्टा-व्यापार पारिवारिक और सामाजिक भावात्मक सम्बन्धों पर निर्भर नहीं होते। वात्सल्य-भाव के अन्तर्गत बाल-चेष्टा व्यापार जहाँ सामान्य मानवीय धरातल पर स्वाभाविक लगते हैं, उन पर श्रीकृष्ण के व्यक्तित्व के अनूठेपन की छाप भी लगी है। यह अलौकिक व्यक्तित्व की बात नहीं है, श्रीकृष्ण की तेजस्विता, उत्साह और क्रियाशीलता के कारण है। बालरूप, मनोभाव, चेष्टा-व्यापार और मातृहृदय की समष्टि में वात्सल्य के क्षेत्र में सौन्दर्य की अनुभूति स्वाभाविक होने के साथ-साथ अनूठी और ओजस्वी भी है।

सूर ने सौन्दर्यानुभूति के सूक्ष्म मानसिक स्तरों का उद्‌घाटन कम किया है। उनकी दृष्टि प्रधानतः ऐन्द्रिय रूप और उसके प्रभाव पर थी। उस सौन्दर्य को देखकर यशोदा, राधा और गोपिकाओं की आँखें कभी तृप्त

नहीं होतीं। उनमें चिर आशा-आकांक्षा है, उनके कारण उत्पन्न व्याकुलता है। ऐन्द्रिय सौन्दर्य की अनुभूति का यही रूप होता है। श्रीकृष्ण के सौन्दर्य को देखने के लिए गोपिकाएँ दो आँखें पर्याप्त नहीं समझतीं, उसे देखने में उनकी भावना और कल्पना क्रियाशील हो जाती हैं, फिर भी मन उसे समझ नहीं पाता। सूर ने सौन्दर्यानुभूति में सूक्ष्म भावात्मक स्पन्दनों की अपेक्षा तन-मन पर उसके प्रभाव को अधिक अभिव्यक्त किया है। कभी-कभी यह प्रभाव सृष्टिव्यापी रूप में वर्णित है। सौन्दर्य की मानसिक अनुभूति में मुख्य बिन्दु कल्पनाशील चेतना, आत्मविस्मरण, भाव-तादात्म्य और आत्म-समर्पण है। इस सौन्दर्यानुभूति में विस्मय और अद्‍भुतपन की भावनाएँ भी आश्रय के मन में जाग्रत होती हैं। इससे सौन्दर्यानुभूति कभी-कभी अलौकिक-सी लगती है। सौन्दर्यानुभूति की तीव्रता में संयोगकालीन व्याकुलता, वियोग में अनन्त वेदना में परिणत हो जाती है तो गोपिकाएँ कहती हैं—"सूरदास प्रभु तुम्हारे दरस को भई भसम की ढेरी।" सूर ने सौन्दर्यानुभूति को आत्मिक या आध्यात्मिक धरातल पर नहीं पहुँचाया। चाहें तो भक्त-हृदय सृष्टिव्यापी प्रभाव और विस्मयकारी अद्‍भुतपन की अनुभूति को कल्पनाशील भावना न मानकर वस्तुनिष्ठ रूप में आध्यात्मिक भले ही कहें। बीच-बीच में श्रीकृष्ण के रूप और उनकी लीलाओं के सौन्दर्य माधुर्य का देवी-देवताओं पर प्रभाव भी अलौकिक सौन्दर्यानुभूति का भ्रम उत्पन्न करता है।

सूर के रूप-सौन्दर्य-वर्णन और भाव निरूपण के समतुल्य उनकी कलात्मक अभिव्यंजना की प्रौढ़ता है। उनके सौन्दर्यबोध में नैसर्गिकता और कल्पनाशीलता का सन्तुलन है जो रूप-विधान को कृत्रिमता और काल्पनिकता की अतिवादिता से बचाता है। संगीतात्मकता, चित्रांकन, रमणीय अप्रस्तुत योजना, व्यंजक बिम्ब-विधान, नाटकीयता, वचनविदग्धता, भाषा की प्रवाहशीलता आदि सूर की कलात्मक चेतना के बहुविध आयाम हैं। भावनाशील और कल्पनाशील कवि के रूप में उन्होंने भावनाओं की संवेगात्मक तीव्रता के अनुरूप भाषिक अभिव्यक्ति को गतिशील और स्वच्छन्द रखा है।

सौन्दर्य, प्रेम और भक्ति का समन्वय

सूर की भावना सौन्दर्य से प्रेम और प्रेम से भक्ति की ओर अग्रसर होती हुई अन्तिम लक्ष्य सायुज्य या अद्वैत-सिद्धि पर पहुँचती है। तीनों में एक आन्तरिक सम्बन्ध सूत्र बँधा है। एक को दूसरों से अलग करके देखना

सम्भव नहीं है। एक की प्रकृति और स्वरूप के निर्धारण में शेष दोनों का योग है। अन्तिम लक्ष्य-लौकिक स्तर पर भाव-तादात्म्य और आध्यात्मिक स्तर पर अद्वैत-सिद्धि की दृष्टि से देखते हैं तो तीनों का रूप आध्यात्मिक उन्नयन और आदर्शीकरण से अनुप्राणित लगता है। विशेषतः सौन्दर्य और प्रेम मानवीय स्तर पर ऐन्द्रिय रूप में अभिव्यक्त लगते हुए भी अनुभूति की संवेगात्मकता में इन्द्रियों से परे प्रतीत होते हैं।

श्रीकृष्ण का अपूर्व सौन्दर्य ही राधा और गोपिकाओं के मन में प्रेम के प्रादुर्भाव का कारण है—"मदन मोहन बिलोकत अँखियनि उपजत है अनुराग।" सौन्दर्य और प्रेम में कारण-कार्य का सम्बन्ध है। सौन्दर्य आँखों का विषय है तो अनुराग आँखों के आकर्षण में से उत्पन्न हुआ है। दोनों की प्राथमिक आधारभूमि ऐन्द्रिय है। ऐन्द्रिय आकर्षण से आरम्भ होकर प्रेम का मानसिक विकास-प्रसार दिखाया गया है। आलम्बन के सौन्दर्य दर्शन में राधा और गोपिकाओं की भावना में एक विकास का क्रम लक्षित होता है—सौन्दर्य के प्रति आकर्षण, उसकी अपूर्वता के प्रति विस्मय, आकर्षण और विस्मय की प्रेम में परिणति और प्रेमानुभूति में तल्लीनता एवं आनन्द।

मनोविज्ञान के अनुसार काम के कारण ही कोई वस्तु या व्यक्ति सुन्दर लगता है। किशोरावस्था में काम के प्रादुर्भाव में राधा और गोपिकाएँ श्रीकृष्ण की ओर आकृष्ट होकर उनमें अपूर्व सौन्दर्य का अनुभव करती हैं। आचार्य हजारीप्रसाद के अनुसार, "किसी वस्तु को हम इसलिए सुन्दर नहीं कहते कि वह अपने आप में सुन्दर है, बल्कि इसलिए कि हम उसे चाहते हैं, वह हमारी इच्छाशक्ति की गति के अनुकूल हुआ करती है।" लेकिन साहित्य के क्षेत्र में सौन्दर्य को ही काम या प्रेम का उत्पादक माना गया है। सूर ने सौन्दर्य और प्रेम का अन्योन्याश्रय और पारस्परिक प्रभाव दिखाया है। राधा और गोपिकाओं के मन की अनन्त अभिलाषा में श्रीकृष्ण का सौन्दर्य खिल उठता है, वह नित्य नवीन लगता है, वह काम्य या कमनीय रूप लेता है। उनके रूप का बिम्ब राधा और गोपिकाओं के नेत्रों में कमनीय प्रतिबिम्ब हो जाता है। श्रीकृष्ण का सौन्दर्य, गोपिकाओं के प्रेम को रँग देता है तो उनका प्रेम श्रीकृष्ण के सौन्दर्य को रंगीन बनाता है। सौन्दर्य और प्रेम का यह सम्बन्ध आकर्षण और अभिलाषा या इच्छा पर आधारित होने पर भी सूर ने उसे स्थिरता का बन्धन-रूप दिया है—

जब तैं सुन्दर बदन निहार्‌यो।
ता दिन तैं मधुकर मन अटक्यौ, बहुत करी निकरै न निकार्‌यौ।

इस स्थिर सम्बन्ध में सौन्दर्य और प्रेम का उन्नयन हो गया है। सौन्दर्य में भाव की और भाव में सौन्दर्य की यह एकनिष्ठता और प्रतिष्ठा है। सूर ने सौन्दर्य को आँख से मन का विषय बनाकर उसे ऐन्द्रिय से मानसिक धरातल पर पहुँचा दिया है तो अनन्यता, भावोन्मुखता और संवेगात्मक तीव्रता में प्रेम को ऐन्द्रिय आकर्षण से ऊपर उठाकर मानसिक अनुभूति का रूप दिया है।

सौन्दर्य और प्रेम की ऐन्द्रिय और मानसिक स्थिति से आगे का चरण शाश्वत सत्य होता है लौकिक और आध्यात्मिक दोनों अर्थों में वे शाश्वत माने गये हैं। लौकिक दृष्टि से यह आदर्शीकरण है जिसे कवि ने "राधा माधव, माधव राधा" कहकर व्यक्त किया है। आध्यात्मिक दृष्टि से सौन्दर्य और प्रेम नित्य हैं—श्याम रूप नित्य है और राधा एवं ब्रजवाम के साथ रास नित्य है। उनका प्रेम परमात्मा-आत्मा का, पुरुष और प्रकृति का जन्म-जन्मांतरों का शाश्वत प्रेम है—

नेह पुरातन जानि स्याम को अति आनन्द भई।
प्रकृति पुरुष नारी मैं वै पति काहें भूल गयी।
× × ×
जन्म जन्म जुग जुग यह लीला प्यारी जानि लई।।

आध्यात्मिक प्रेम भक्ति-भावना का मुख्य आधार है। प्रेममूलक भक्ति के द्वारा मुक्ति या अद्वैत-सिद्धि होती है—"प्रेम भक्ति बिनु मुक्ति न होई।" उस भाव-तादात्म्य या अद्वैत स्थिति में कवि कह उठते हैं—"मन में रह्यो नाहिंन ठौर" और "जिन आँखिन मैं तव रूप बस्यौ, तिन आँखिन सों अब देखिए का।"

प्रश्न उठता है कि इतने भावप्रवण कवि ने प्रेमलीला में कामक्रीड़ा का वर्णन क्यों किया? सूर जैसे भावलीन भक्त के सम्बन्ध में यह नहीं कहा जा सकता कि वह अवचेतन मन की दमित वासनाओं की अभिव्यक्ति है। इस सन्दर्भ में और भी अनेक कारण ढूँढ़े गये हैं—श्रीकृष्णलीलाओं में आदिम जीवन के स्वच्छन्द काम की अभिव्यक्ति है, शाक्त-नाथ-सिद्ध साधनाओं की परम्परा में यौन-सम्बन्ध साधना के अंग के रूप में स्वीकार किया गया है, शृंगारपरक मधुर भक्ति में उसे स्थान मिला है, काव्य में संयोग शृंगार रस-निरूपण में उसका उल्लेख होता आया है आदि। लेकिन इन कारणों से

सन्तोष नहीं होता। जब लौकिक काव्य-रचना करने वाले महाकवियों ने शृंगार रस में कामक्रीड़ा से अपने को बचाया है तो भक्तकवि ने उसका वर्णन क्यों किया है। ऐसा लगता है कि सूर ने कामक्रीड़ा को लौकिक दृष्टि से वासना की अभिव्यक्ति के रूप में देखा ही नहीं है। उसे मानसिक उन्नयन और आनन्दानुभूति के रूप में ही देखा है और स्वीकार किया है। रति के बाद भाव-विह्वलता और आनन्दानुभूति की प्रत्येक पद में अभिव्यंजना है। रति में भी राधा और गोपिकाओं की दृष्टि कामक्रीड़ा पर नहीं, रूप-सौन्दर्य और माधुर्य पर केन्द्रित रहती है। वियोग में संयोग की अभिलाषा उसी सौन्दर्य, माधुर्य, भावतादात्म्य और आनन्द से अनुप्रेरित है। यह भी ध्यान देने की बात है कि श्रीकृष्ण के प्रति प्रेम-भावना वैयक्तिक न होकर सामूहिक है। जो हो, सूर का कामक्रीड़ा वर्णन विषयासक्त बनाकर पतनोन्मुख करने वाले रूप में नहीं है।

सौन्दर्य की अवधारणा, महत्त्व एवं मूल्यांकन

सौन्दर्य और सौन्दर्यानुभूति के सम्बन्ध में शिक्षित लोगों के मन में भी यह गलतफहमी है कि वह मनुष्य को कर्म-जगत से विमुख करके कल्पना लोक में पहुँचा देती है। वास्तव में सौन्दर्यबोध मनुष्य की उदात्त संस्कारिता और संस्कृति का द्योतक है। जीवन में उच्चतम आनन्द की प्राप्ति का एक मुख्य साधन सौन्दर्य है। उसे माया घोषित करके धार्मिक दृष्टि से जीवन की समस्या सुलझ नहीं सकती। क्योंकि वही जीवन में आकर्षण उत्पन्न करता है और मनुष्य की भावात्मक स्पंदनशीलता और क्रियाशीलता को प्रेरणाा देता है। उसके उदात्त रूप की अनुभूति आध्यात्मिक होती है। सूर के जीवन-दर्शन का यही सार तत्त्व है। अवतारवादी दृष्टि से उन्होंने मानवीय और आध्यात्मिक स्तर पर सौन्दर्य और सौन्दर्याश्रित प्रेम के महत्त्व का प्रतिपादन किया है। अंग्रेजी कवि ब्राउनिंग ने कहा है कि यदि जीवन में सौन्दर्य प्राप्त हुआ और कुछ नहीं, ईश्वर की सृष्टि में सर्वश्रेष्ठ मिल गया है। वालटर पीटर के शब्दों में सौन्दर्यानुभूति की गहराई और व्यापकता के अधिकाधिक विकास के अनुपात में हमारी शिक्षा-दीक्षा पूर्ण या समग्र होती है। सूर ने स्पष्ट घोषित किया है कि श्रीकृष्ण के सौन्दर्य-दर्शन के बाद देखने के लिए और कुछ नहीं रह गया है। गोपिकाएँ उद्धव से बार-बार कहती हैं कि हम अबोध-अज्ञानी ग्वालिन सौन्दर्य और प्रेम को छोड़कर निर्गुण ब्रह्म और ज्ञान योग की दार्शनिक चर्चा

क्या समझें। जीवन में सरसता का संचार सौन्दर्य और प्रेम के द्वारा ही होता है और वही मनुष्य का जीवनाधार है।

ऐतिहासिक दृष्टि से संघर्ष और निराशा के मध्ययुग में सूर ने सौन्दर्य और प्रेम के माध्यम से नया स्पंदन उत्पन्न किया है। बाल्यकाल और यौवनकाल के बीच ''नाना मनोरम परिस्थितियों के विशद चित्रण द्वारा सूरदास जी ने जो रमणीयता सामने रखी उससे गिरे हुए हृदय नाच उठे।'' सूर ने अपनी सौन्दर्य सृष्टि के द्वारा युग के सामाजिक जीवन को सात्विक और भावात्मक स्पंदन प्रदान करने का प्रयत्न किया है। डॉ. त्रिभुवन सिंह के शब्दों में ''सूर ने समाज की कोमल भावनाओं को ऐसे सौन्दर्य की ओर उन्मुख किया जो उसका संस्कार और परिष्कार कर उसे संजीविनी शक्ति प्रदान कर सकता था। अतः सूर का सौन्दर्यबोध अपने युग में एक सांस्कृतिक क्रान्ति को जन्म देने वाला है जिसका सही मूल्यांकन अब तक नहीं हो पाया है।''

ऐतिहासिक दृष्टि से ही नहीं, कालजयी सार्वभौमिक साहित्यिक दृष्टि से भी सूर ने मानव जीवन में सौन्दर्य-चेतना की भूमिका को रेखांकित किया है। सूर श्रीकृष्ण के सौन्दर्य वर्णन में बारम्बार कहते हैं कि वह ''सकल सुख की सींव'' है। उस अलौकिक सौन्दर्य-दर्शन में ही जीवन का परम लाभ है—''सूर स्याम एकौ पल या सुख का सत कल्प जिए।'' नेत्र उस सौन्दर्य के वाहक हैं, इसलिए कवि उनके सौभाग्य की प्रशंसा करते हुए नर देह पाने पर जन्म-जन्मान्तर में सौन्दर्य प्रिय नेत्रों का वरदान माँगता है—

ये अखियाँ बड़ भागिनी जिन रीझे स्याम।।
यहै माँगों बार बार प्रभु सूर के नैन दोउ रहैं, नर देह पाऊँ।।

सौन्दर्य को देखकर भावलीन होने में ही जीवन की सार्थकता है। गोपिका के शब्दों में—

नयननि वहै रूप जो देखौं।
तौ ऊधो यह जीवन जग को साँचु सफल करि लेखौं।।

रूप-सौन्दर्य-दर्शन के बिना जीवन शून्य लगता है—

सकल लोक सूनो लागत है बिन देखे वह रूप।।

मनुष्य में सौन्दर्य-दर्शन की जो चिर लालसा रहती है, गोपिकाएँ उसकी प्रतीक हैं। परम पुरुष, लीला मनुष्य श्रीकृष्ण सौन्दर्य और प्रेमजन्य आनन्द के कारण हैं। जीवन की लीला में सौन्दर्य और प्रेम के रस लेते हुए भी वे

निःस्पृह, निर्लिप्त और तटस्थ हैं। लेकिन मानव देह में उनकी लालसा जब उभरकर प्रकट होती है तो सूर के कृष्ण कह उठते हैं—

कहाँ सुख ब्रज कौ सौ संसार।
कहाँ सुखद बंसी बट जमुना, यह मन सदा विचार।।
ऊधो मोहिं ब्रज बिसरत नाहीं।
हंस सुता की सुन्दर कगरी और कुंजन की छांही।।

वृन्दावन सौन्दर्य और प्रेम का प्रतीक है। मनुष्य के मन में उनकी चिर आकांक्षा है जो प्रकृति और मानवीय रूप से उद्दीप्त होकर अपनी चरितार्थता में आनन्द देती है। अनुभूति के बाद उनकी स्मृति मन में संचित रहकर जीवन का पाथेय बनती है।

सौन्दर्य के गहन अवगाहन, उसकी अनन्त छवियों के रूपांकन तथा उसके गुणधर्मों और प्रभाव के निरूपण के बावजूद सूर की रचना में सौन्दर्य की सैद्धान्तिक चर्चा या उसकी परिभाषा देने का प्रयत्न नहीं हुआ है। सूर के काव्य में उनके सौन्दर्यबोध, रूप-वर्णन, भावोन्मेष, कलात्मक अभिव्यंजना और सौन्दर्यानुभूति के विवरण के आधार पर ही सौन्दर्य सम्बन्धी उनकी अवधारणा (Concept) का अनुमान किया जा सकता है। सौन्दर्य की परिभाषा का कुछ आभास इन पंक्तियों में है—"छिन छिन मौहि परति छवि औरै", "निमिष-निमिष वह रूप न वह छबि", तथा "औरै भाव, और कुछ सोभा"। ये कथन माघ के शिशुपालवध में सौन्दर्य की परिभाषा से मिलते-जुलते हैं-"क्षणे क्षणे यन्मवतामुपैति तदैव रूपं रमणीयतायाः"। लेकिन क्षण-क्षण नवीन रूप में दर्शन और नवीन भावानुभूति (यह दूसरा लक्षण सूर की ओर से जोड़ा गया है—तीसरा कथनन ध्यातव्य है।) के दो धर्मों के आधार पर सूर की काव्य-रचना में सौन्दर्य सृष्टि की सभी विशेषताओं का आकलन और आख्यान सम्भव नहीं है।

जीवन दृष्टि, परिवेश और परिस्थिति में मानवीय संवेदना, नैसर्गिकता और स्वच्छन्दता सूर की सौन्दर्य की अवधारणा ही आधारभूमि प्रस्तुत करती हैं तो कल्पना उसमें रंग भरती है। परिस्थितियों की अनुकूलता में सौन्दर्य का उन्मेष होता है। लेकिन सूर की अवधारणा मानवीय सन्दर्भ में यथार्थोन्मुख ही नहीं है, उसमें कल्पना के द्वारा आदर्शोन्मुख उन्नयन और रंगीन छटा का योग भी है। नैसर्गिकता, स्वच्छन्दता, संवेदनशीलता आदि रूप, भाव या अभिव्यंजना के धर्म हैं। उनके कारण सौन्दर्य का उन्मेष होने से लाक्षणिक अर्थ में उनको सौन्दर्य के धर्म कहते हैं।

सौन्दर्य सामान्यतः दार्शनिक चिन्तन का विषय है। भौतिक, मानसिक और आध्यात्मिक कोणों से दर्शन में उस पर अनेक रूपों में विचार-विमर्श हुआ है। भक्तकवि होने के नाते सूर की सौन्दर्यपरक अवधारणा को पहले दार्शनिक दृष्टि से समझना चाहिए। सूर ने श्रीकृष्ण को भगवान के सौन्दर्य-रूप का अवतार माना है। यह आध्यात्मिक सौन्दर्य दोष रहित, सर्वगुण सम्पन्न पूर्णता (Perfection) का सौन्दर्य है। सूर की दृष्टि में सौन्दर्य पूर्णता में है। उनकी कल्पना ने श्रीकृष्ण की लीलाओं में ऐसे पूर्ण सौन्दर्य को देखा है और अपनी रचना में उसे रूप देने का प्रयत्न किया है। आत्मवादी भक्त कवि ने सौन्दर्य को आध्यात्मिक मानते हुए भी अवतारवादी दृष्टि से सौन्दर्य को मानवीय सन्दर्भ में व्यक्त किया है। मानवीय सन्दर्भ आध्यात्मिक-सौन्दर्य की अभिव्यक्ति का माध्यम या साधन मात्र नहीं है। अवतार के मानवीय रूप में सौन्दर्य भी मानवीय हो जाता है। अब प्रश्न उठता है कि सूर ने मानवीय रूप में सौन्दर्य को मानसिक भाववादी रूप में ग्रहण किया है या भौतिक ऐन्द्रिय रूप में। आत्मवादी भौतिक वस्तु-जगत से मन के भाव को ही महत्त्व देता है; उसी को जीवन के विकास की प्रेरक शक्ति मानता है। सूर ने रूप-सौन्दर्य वर्णन और उसकी अनुभूति में ऐन्द्रिय पहलुओं का विस्तार ही नहीं किया, बल्कि सौन्दर्य के आकर्षण को नेत्रेन्द्रिय का विषय माना है। इसके आधार पर सूर की सौन्दर्य-भावना को वस्तुवादी या भौतिकतावादी नहीं कह सकते। श्रीकृष्ण का सौन्दर्य यशोदा, राधा और गोपिकाओं की मानसिक भावना में ही मूर्त्त और अनुभूत होता है। प्रत्येक पद में रूप-वर्णन के साथ रूप का भावन हुआ है। सौन्दर्य के भाव-बिम्ब को राधा और गोपिकाएँ पकड़ नहीं पातीं। सौन्दर्यानुभूति में और सौन्दर्यजन्य प्रेमानुभूति में सूर ने भाव प्रतिभा के रूप में उनका अंकन किया है। सूर की सौन्दर्य की अवधारण निश्चित ही भौतिक यथार्थवादी नहीं भाववादी है। यद्यपि सौन्दर्य को मूर्त्तता प्रदान करने के लिए उन्होंने ऐन्द्रिय आधार ग्रहण किया है।

व्यावहारिक दृष्टि से सूर ने सौन्दर्य को वस्तुनिष्ठ और व्यक्तिनिष्ठ दोनों रूपों में मानते हुए उसके कुछ विशेष धर्मों की ओर संकेत किया है। वस्तुनिष्ठता में रूपगत सौन्दर्य बाह्य और आभ्यन्तर दोनों पहलुओं को छू लेता है। गोपिकाएँ श्रीकृष्ण के सौन्दर्य को भावतरल रूप में देखती हैं–"बरनौं कहाँ अंग-अंग सोभा, भरी भाव जल रास री"। वस्तु-रूपगत धर्मों में अनन्तता, अगाधता, नवीनता, अतिशयता और अपूर्वता या अद्‌भुतपन का बार-बार उल्लेख हुआ है।

सौन्दर्य असीम, अनन्त और अगाध है—वह रूप की सीमा में बँधा नहीं है, सागर की तरह उमड़-उमड़कर सारे संसार को डुबो देता है और मन-बुद्धि के द्वारा उसकी थाह लेना सम्भव नहीं है। ("सोभा सिन्धु न अन्त रही री" और "देखौ माई सुन्दरता कौ सागर") क्षण-क्षण सौन्दर्य नवीन लगता है, विश्वास नहीं होता कि यह वही रूप-सौन्दर्य है जिसको पहले देखा है। ("सखी री सुन्दरता कौ रंग", "स्याम सौं काहे की पहचानि" और "देखेहुँ अनदेखे से लागत"।) अतिशयता रमणीय प्राकृतिक अप्रस्तुतों की योजना में, उन उपमानों से उपमेय को अधिक सौन्दर्यमय सिद्ध करने में, रूप का बढ़ा-चढ़ाकर वर्णन करने में तथा उसकी गहरी और व्यापक प्रभावोत्पादक शक्ति की व्यंजना में है। कुल मिलाकर रूप-सौन्दर्य की अतिशयता जादू या मोहिनी-सी लगती है—

हरिमुख किधौं मोहिनी माई।
बोलत बचन मन्त्र सो लागत गति मति जाति भुलाई।।

श्रीकृष्ण की लीलाओं में आलम्बन और आश्रय दोनों की रूप-रेखाओं में रंगढंग में, नटखटपन-वाक्चातुरी में, विलक्षण मनःस्थितियों और भावानुभूति में सौन्दर्य की एक अपूर्वता का अनुभव होता है। लौकिकता में अलौकिकता की, सामान्य में असामान्य की, ऐन्द्रियता में अतीन्द्रियता की अनुभूति होती है जिससे आश्रय विस्मय विमुग्ध हो जाता है। ("अद्भुत एक अनुपम बाग", "अद्भुत इक चितियो हौं सजनी नन्द महर के आँगन री", "अद्भुत कौतुक देखी सखी री बृन्दावन नभ होढ़ पड़ी", और "देखी सखी हरि अंग अनूप") रूप की सुकुमारता, कोमलता, लालित्य, माधुर्य आदि में भी सौन्दर्य का दर्शन होता है। वास्तव में ये जहाँ रूप के धर्म हैं, एस्थेटिक अर्थ में सौन्दर्य में सौन्दर्य से भी जुड़े हुए हैं और उसकी प्रकृति को प्रकट करते हैं। सूर के सौन्दर्य-भावना में रूप की रहस्यात्मकता या सौन्दर्य की रहस्यानुभूति की ओर संकेत कम मिलते हैं। लीला-वर्णन के बीच देवी-देवताओं को लाकर, उन लीलाओं को ईश्वरीय मानकर, उनके प्रतिकार्थ की ओर संकेत करते हुए सूर ने लीला-सौन्दर्य को आध्यात्मिक अर्थ में रहस्यात्मक माना है। काव्य-वस्तुगत यह रहस्यमयता सौन्दर्य का धर्म नहीं है। दृष्टिकूट पदों में रहस्यमयता शैलीगत है। सौन्दर्य की नित्य नवीनता, अपूर्वता और अद्भुतपन में ही सौन्दर्यशास्त्रीय अर्थ में कुछ रहस्यमयता स्वीकार कर सकते हैं। मुरली वादन और रासक्रीड़ा के परिवेश भावानुभूति और व्यापक प्रभाव में अपूर्व अद्भुतपन के साथ कुछ रहस्यात्मकता का भी सामंजस्य है।

रूप के अतिरिक्त भाव के क्षेत्र में भी, भाव के स्वरूप और उसके कुछ विशेष धर्मों के द्वारा सौन्दर्य की वस्तुनिष्ठता का प्रतिपादन हुआ है। भावानुभूति के सन्दर्भ में अंगों की मुद्रा या भंगिमा, हाव-भाव, चेष्टा-व्यापार और अनुभाव, भाव को मूर्त्त करके सौन्दर्य को रूपगत और वस्तुनिष्ठ बनाते हैं। दूसरी ओर भावनाओं की कोमलता, स्निग्धता, मधुरिमा आदि के द्वारा भी सौन्दर्य की वस्तुनिष्ठता व्यंजित होती है। शिशु-रोदन, बालक का हठ, खीज और क्रोध, रूप-दर्शन में नेत्रों की व्याकुलता; मुरलीवादन और रास में मन की आतुरता-आकुलता; संयोग में शंका-आशंका तथा वियोग में आँसू; वेदना और प्रियतम एवं प्रतिद्वन्द्वी कुब्जा पर आक्रोश-कोमल-मधुर भावनाओं से इतर इस समस्त भाव-जगत में प्रेम सम्बन्धी तथा कलात्मक ऐसी अनेक वस्तुनिष्ठ विशेषताओं का समावेश हुआ है कि भाव में सौन्दर्यात्मक चेतना प्रस्फुट रूप में रेखांकित हो जाती है। (भाव सौन्दर्य शीर्षक द्रष्टव्य) गोपिकाओं के प्रेम में आर्द्र बालकृष्ण के रुदन की छवि–

देखौ माई कान्ह हिलकियनि रोवै।
इतनक मुख माखन लपटान्यो डरनि आँसुवनि धोवै।।

सूर ने वस्तुनिष्ठता के साथ सौन्दर्य की व्यक्तिनिष्ठता को भी स्वीकार किया है। वस्तु में निहित सौन्दर्य को व्यक्ति-मन ही ग्रहण कर पाता है। यह व्यक्ति सापेक्षता व्यक्तित्व, दृष्टि, भावना, कल्पना और अभिरुचि पर निर्भर करता है। श्रीकृष्ण के सौन्दर्य को कोमल सात्विक राधा और अल्हड़-नटखट गोपिकाएँ अपने अपने ढंग से देखती हैं। राधा कहती है–

द्वै लोचन तुम्हारे द्वै मेरें।
तुम प्रति अंग बिलोकन कीन्हो मैं भई मगन एक अँग हेरे।
अपनो अपनो भाग्य सखी री तुम तनमय कहूँन नेरें।।

दृष्टिभेद के कारण गोपिकाएँ कभी सौन्दर्य में तन्मय होती हैं तो कभी मुरलीधर और मुरली को ताना भी देती हैं जो सौन्दर्यानुभूति में उनकी चंचलता और नटखटपन का द्योतक है। स्वयं गोपिकाओं में भावना और कल्पना के अन्तर के कारण सौन्दर्य का अवगाहन भिन्न-भिन्न हो जाता है।

तरुनि निरीख हरि प्रति अंग।
कोउ निरखि नख इन्दु भुली कोउ चरन युग रेंग।
× × ×
रही इकटक नारि ठाढ़ि करति बुद्धि विचार।।

गोपिकाएँ श्रीकृष्ण के नख-शिख सौन्दर्य को लेकर तरह-तरह की कल्पनाएँ करती हैं और सम्बोधन शैली में एक-दूसरे का ध्यान आकृष्ट करती हैं। उद्धव के साथ सगुण-साकार और निर्गुण-निराकार को लेकर वाद-विवाद में सौन्दर्य के प्रति आकर्षण और मन की भावना को वैयक्तिक अभिरुचि पर आधारित मानती हैं–

ऊधौ मन माने की बात।

× × ×

सूरदास जाकौ मन जासौं सोई ताहि सुहात।।

आखिर, जो जिसके मन को प्रिय लगता है वही उसे सुन्दर लगता है।

सूरसागर में सौन्दर्य के वस्तून्मुख निरूपण की अपेक्षा अनुभूति और प्रभावमूलक अभिव्यक्ति का अधिक विस्तार मिलता है। इस तरह श्रव्य भाषा में दृश्य रूप को मूर्त्त करने की कठिनाई दूर हो जाती है। सौन्दर्य अनिर्वचनीय है-''सूर अरुन अधरनि की सोभा बरनत, बरनि न जाइँ'' और ''सूरदास स्वामी की महिमा कैसें रसना एक बखानौं''। उसका रहस्य बोधगम्य नहीं है–''बुद्धि-विवेक-बल पार न पावत'' राधा और गोपिकाएँ उस सौन्दर्य को देखकर चकित-भ्रमित रह जाती हैं। माता यशोदा जो क्षण-क्षण उस सौन्दर्य को देखती रहती है, कहती है–''सूर सिन्धु की बूँद भई मिलि मति गति दृष्टि हमारी''। माइकेलेंजलो की कला के सम्बन्ध में विचार करते हुए फ्रायड का कहना है कि अन्ततः सौन्दर्य का रहस्य बोध का नहीं, अनुभूति का विषय है। सौन्दर्य की अपूर्वता के कारण विश्वास नहीं होता कि वह यथार्थ है, भ्रम है या अनुमान है–''सूर स्याम अंग अंग की सोभा देखी कै अनुमानित है''। राधा को गोपिकाओं की बात पर विश्वास नहीं है–''तुम देखे मैं नहीं पत्यानी''।

सौन्दर्य की व्यक्तिनिष्ठ अनुभूतिमूलक व्यंजना में आकर्षण, सौन्दर्य की कल्पना भाव-तल्लीनता, लौकिकता से मुक्ति, आनन्द और व्यापक प्रभाव पर बल दिया गया है। सौन्दर्य के प्रति नेत्रों का तीव्र आकर्षण और बार-बार दर्शन की व्याकुलता अनेक रूपों में अभिव्यक्त हुई है–''निरखि रही ब्रजनारि इकटक अंग-अंग प्रति रूप'', ''चितवनि रोके हू न रही'', ''दृष्टि न दई रोम रोमनि प्रति'' आदि। रूप-सौन्दर्य पूर्ण रूप से ग्राह्य न होने के कारण कल्पना और अनुमान का सहारा लिया गया है। तब मन में सौन्दर्य नये भाव और नये रूप में प्रस्तुत हो जाता है–

क्रम क्रम करि इक अँग निहारति पलक औट ताकों नहिं जानौं।
पुनि लोचन ठहराइ निहारति निमिष मेटि वह छबि अनुमानौं।
औरे भाव और कछु सोभा कहौ सखी कैसे उर आनौं।
छिनु छिनु अंग-अंग छबि अगिनित पुनि देखौं फिर कै हठ ठानौं।

कल्पना के द्वारा सौन्दर्य का प्रत्यक्षीकरण हो जाने पर मन उसमें भावतन्मय हो जाता है। उसकी पराकाष्ठा आत्म-विस्मृति और भावोन्माद है। गोपिकाएँ अपनी स्थिति-गति को भूलकर ब्रज की गलियों में गोरस के बदले गोपाल की धुन में वही पुकार लगाती हैं–

गोरस को निज नाम भुलायो।
लेहु लेहु कोऊ गोपालहिं गलिनि गलिनि यह सोर लगायो।।

सौन्दर्य दर्शन में उन्मत्त होकर पुनः-पुनः दर्शन के लिए गोपिकाएँ गली-गली भटकती रहती हैं तो माता यशोदा बौराई हुई है कि कहीं बालकृष्ण को किसी का नजर तो नहीं लग गया, उसका कहीं कुछ अनर्थ तो नहीं हो गया या हो जायेगा। इस शंका-आशंका में उसे मन्त्रजल पिलाती यशोदा की स्थिति–

देखौ री जसुमति बौरानी।
घर घर हाथ दिबाबति डोलत गोद लिए गोपाल बिनानी।।

सौन्दर्य और प्रेम के उन्माद में मनुष्य दीन-दुनिया को भूल जाता है। पारिवारिक सम्बन्ध, लोक मर्यादा, दैनिक व्यवहार की समस्त शिष्ट आर्य परम्पराओं को तोड़कर गोपिकाएँ श्रीकृष्ण के सान्निध्य के लिए दौड़ पड़ती हैं–

जब हरि मुरली अधर धरी।
गृह ब्यौहार तजे आरज पथ चलत न संक करी।।

लौकिकता से मुक्त होकर सौन्दर्य-भाव-तन्मयता में ही परमानन्द की अनुभूति होती है। अन्तिम स्थिति में सौन्दर्यानुभूति और आनन्द पर्यायवाची हैं; सौन्दर्य आनन्दात्मक है। सूरसागर में सौन्दर्य के साथ सुख या आनन्द शब्द का संयुक्त प्रयोग हुआ है और पता नहीं कितनी बार–"देखि री देखि आनन्दकन्द", "देखि दरस मन हर्ष भयो" आदि। सूर ने सौन्दर्य के प्रभाव को सामूहिक और सृष्टिव्यापी रूप दिया है–"अति आनन्द बढ़्यौ गोकुल मैं" और "मुरली सुनत अचल चले"। इस सौन्दर्य-लीला को देवी-देवता भी विस्मित होकर देखते रहते हैं। व्यापक प्रभाव को सौन्दर्य की अलौकिकता कह सकते हैं तो लौकिक दृष्टि से उसकी अतिशयता का प्रभाव भी।

सूर का सौन्दर्य-भावन प्रधानतः अन्तर्मुखी और अन्तस्थ या आत्मस्थ है। अन्यथा उसकी इतनी तीव्र और गहन अनुभूति एवं व्यापक प्रभाव सम्भव नहीं है। रूप की वस्तुनिष्ठता सौन्दर्य-भावन का आधार है जो उसे वायवी और काल्पनिक नहीं होने देता। उस आधार पर भावना और कल्पना की क्रियाशीलता में मन ऐन्द्रिय से अतीन्द्रिय सौन्दर्य लोक में पहुँचकर एक यूटोपिया की सृष्टि में प्रविष्ट होता है। यह सौन्दर्यलोक यथार्थ होते भी यथार्थ नहीं है और अयथार्थ होते हुए भी यथार्थ है।

सूर की सौन्दर्य की अवधारणा वस्तुनिष्ठ और व्यक्तिनिष्ठ दोनों सन्दर्भों में सार्वभौमिक है। वह जाति, वर्ग, धर्म, समाज और संस्कृति के भेद-भावों तथा तज्जन्य संस्कारों की सीमाओं को पार कर सबके आलम्बन और अनुभूति का विषय हो जाता है। ईश्वरीय सौन्दर्य अवतार में मानवीय रूप ग्रहण करता है। श्रीकृष्ण, यशोदा, राधा और गोपिकाएँ, आलम्बन और आश्रय दोनों रूपों में अपना वैशिष्ट्य रखते हुए भी मानवीय आशा-आकांक्षाओं, भावनाओं और चेष्टा-व्यापारों को लेकर सामान्योन्मुख भावभूमि पर प्रतिष्ठित होकर सौन्दर्यात्मक प्रतिक्रियाएँ प्रकट करती हैं। सौन्दर्य के आनन्द में सब समभागी हैं। बाल्यावस्था और यौवनावस्था दोनों में श्रीकृष्ण पूरे गोकुल के आलम्बन हैं। बालरूप-सौन्दर्य, यौवन-सौन्दर्य और भाव-सौन्दर्य में अनुभूति की दृष्टि से कुछ वैयक्तिक अन्तर हो सकता है; लेकिन सब इस तरह समान रूप से आनन्दित हैं कि किसी के मन में ईर्ष्या, जलन और प्रतियोगिता के भाव नहीं हैं। गोपिकाएँ यशोदा से बालकृष्ण के व्यवहार की शिकायतें करती हैं, श्रीकृष्ण को ताना देती हैं, राधा के प्रेम-गोपन और गुप्त-मिलन पर कटाक्ष करती हैं; लेकिन मन में प्रेम और प्रशंसा के ही भाव हैं। जन्म का उत्सव हो, सामाजिक संस्कार हो या लोक पर्व हो—सब सामूहिक रूप में भाग लेकर सौन्दर्य और आनन्द में तन्मय हो जाती हैं। आध्यात्मिक प्रतीकत्व के कारण हो या लोक संस्कृति के कारण, सूर की सौन्दर्य-भावना ने सार्वजनीन रूप लिया है।

सूर ने भगवान के मानवीय रूप में अवतार की लीलाओं और उसके सौन्दर्य को नित्य या शाश्वत तथा सत्य माना है, इसकी ओर पहले संकेत किया गया है। ईश्वरीय भावना और भक्ति से सम्बन्ध के कारण सौन्दर्य शिव या मंगलदायी है। शृंगारी आचरण के बावजूद सूर की मधुर भक्ति अन्ततः सात्विक आत्मसमर्पण है। मधुर भक्ति के अन्तर्गत आराध्य के सौन्दर्य के प्रति आकर्षण और प्रेम की तल्लीनता की चरम परिणति

आत्मसमर्पण है। सौन्दर्य और प्रेम के इस आदर्शीकरण में शिवत्व अन्तर्मुक्त है। उच्च सांस्कृतिक मूल्यों और चित्त की परिशुद्धि करने वाली सात्विक भक्ति से प्रेरित सूर की सौन्दर्य-भावना स्थूल अर्थ में प्रत्यक्ष लोक-कल्याणकारी न हो, वह मंगलमय अवश्य है। प्रायः यह माना जाता है सामाजिक भावना और लोक-कल्याण से दूर ऐकान्तिक सौन्दर्य और प्रेम का शिवत्व से कोई सम्बन्ध नहीं होता। लेकिन इस सन्दर्भ में सूर की रचना को भक्तिपरक, मानवीय और लोक-सांस्कृतिक सन्दर्भों में देखना चाहिए। उनकी सौन्दर्य की अवधारणा निश्चित ही लोकोद्धार या कल्याण के स्थूल प्रयोजन से अनुचालित नहीं है, पर उसमें जीवन की आस्था, आशा और सांस्कृतिक चेतना के भाव अन्तर्निहित हैं।

सूर कोमल कमनीय भावनाओं के कवि है। गोवर्धन-धारण, दावानल-प्रसंग और ईश्वरीय अलौकिक लीला के बहुत कम पदों में अनन्त शक्तिमत्ता, आलोकमयता एवं लोकोत्तरता के व्यंजक उदात्त की अवधारणा लक्षित होती है। वियोग में यशोदा के मातृहृदय और राधा एवं गोपिकाओं की भावनाओं में जो उदात्तता है, वह सौन्दर्यशास्त्रीय अर्थ में उदात्त न होकर मानवीय संवेदना का आदर्शीकरण है। लेकिन सूर की सौन्दर्य चेतना अपनी अन्तिम परिणति में द्वन्द्वातीत अद्वैत भावना पर पहुँच गयी है। आत्मनिवेदन में जब सूर कहते हैं कि—

रंकव कौन सुदामा हूँ तैं, आप समान करै।

× × ×

अधिक कुरूप कौन कुबिजा तैं, हरिपति पायी तरै।।

यहाँ अल्पता और महानता, कुरूपता और सौन्दर्य के लौकिक द्वन्द्व मिट जाते हैं। मन द्वन्द्वातीत शुद्ध सात्विक भावना पर पहुँचकर अद्वैत सौन्दर्य की स्थिति पर पहुँच जाती है। राधा-कृष्ण की युगल मूर्ति की आराधना में सौन्दर्य-चेतना का यही स्वरूप है। सूर के शब्दों में—

जब राधा तब ही मुख माधो रटत रहै।
जब माधो है जात सकल तन राधा विरह दहै।।
राधा माधव भेंट भई।
राधा माधव, माधव राधा, कीट भृंग गति है जु गयी।।

इस परिवर्तन में सौन्दर्य रूपाश्रित न रहकर भावगत हो जाता है। सूरसागर में उदात्त द्वन्द्वातीत, अद्वैत सौन्दर्य की अवधारणा की कहीं-कहीं एक झलक मिल जाती है। सूर की सौन्दर्य की अवधारणा सामान्यतः मानवीय-सांस्कृतिक

आधार पर ऐन्द्रिय-भावमय रूप में है और कवि ने उसकी अनन्त भंगिमाओं और धर्मों को सजीव व्यक्त किया है।

यदि रूप-सम्मूर्त्तन, भावोन्मेष और कलात्मक चेतना के उत्कर्ष के आधार पर काव्य का मूल्यांकन करते हैं हिन्दी काव्य-जगत में सूर की समता करने वाला कवि और कोई नहीं है। इन दिशाओं में उनकी सौन्दर्य-चेतना का उज्ज्वल आलोक सूर को 'सूर' ही सिद्ध करता है। काव्य के काव्यात्मक मूल्यांकन के इन प्रतिमानों को छोड़कर लौकिक-व्यावहारिक दृष्टि से धार्मिक और सामाजिक मूल्यों के आधार पर काव्य का मूल्य या महत्त्व निर्धारित करना चाहें तो बात दूसरी है। तब तुलसी ही श्रेष्ठ नहीं हो जाते, बल्कि धार्मिक-सामाजिक चेतना से अनुप्राणित अन्य नये-पुराने कवियों को भी सूर से अधिक महत्त्व देना पड़ेगा।

सौन्दर्यात्मक या रसात्मक संवेदना के अतिरिक्त जीवन मूल्यों को ही दृष्टि में रखकर जब काव्य का मूल्यांकन करते हैं तो यह प्रश्न भी उठता है कि किन मूल्यों के साथ काव्य का कितना सम्बन्ध है और किनका आधार लेने पर काव्य कालजयी क्लासिक होता है। धार्मिक-सामाजिक चेतना कालक्रम में बहुत बदल जाती है, जबकि मानवीय-सांस्कृतिक चेतना अपेक्षाकृत कम परिवर्तित होती है। काव्य के साथ धार्मिक-सामाजिक चेतना का सम्बन्ध बहिर्मुखी और परिवेश एवं वस्तु के माध्यम से है। उसका मानवीय-सांस्कृतिक चेतना के साथ सम्बन्ध अन्तर्मुखी और भावगत है। मूल्य दृष्टि से भी धार्मिक-सामाजिक मूल्यों से मानवीय-सांस्कृतिक मूल्य उच्चस्तरीय हैं। इसलिए रचना का कालजयी क्लासिक होना भावोन्मेष और मानवीय-सांस्कृतिक चेतना एवं मूल्यों पर ज्यादा निर्भर करता है। सूर का काव्य इसी रचनाधर्मिता से अनुप्राणित है। शुक्ल जी जानते हैं कि केवल धार्मिक-सामाजिक चेतना और मूल्यों के आधार पर काव्योत्कर्ष का निर्णय नहीं किया जा सकता। इसलिए उन्होंने काव्य में भावात्मक या रागात्मक सम्बन्धों की चर्चा करते हुए व्यापक धार्मिक-सामाजिक परिवेश में उनके विस्तार को मापदण्ड बनाकर तुलसी की महानता का प्रतिपादन किया है। इससे काव्य के भावोन्मेष में सांस्कृतिक-मानसिक उन्नयन की समस्या हल नहीं होती। यदि सामाजिक जीवन की परिधि में मानसिक सन्तुलन और विवेक को ही सांस्कृतिक उन्नयन माना जाये तो वह अलग बात है। जो हो, सूर के काव्य का मानवीय-सांस्कृतिक संवेदना का पहलू सौन्दर्य चेतना के पहलू के समान ही पुष्ट है। पहला दूसरे की मनोवैज्ञानिक और आदर्शवादी या भाववादी आधारभूमि प्रस्तुत करती है।

यह सत्य है कि सूर अपनी रचना में धार्मिक, सामाजिक, मानवीय और सांस्कृतिक दृष्टियों की अपेक्षा सौन्दर्य-दृष्टि से अधिक परिचालित हैं। यह जीवन के प्रति सौन्दर्यात्मक दृष्टिकोण है, कलात्मक अभिव्यंजना में सौन्दर्य का आग्रही दृष्टिकोण नहीं है। यही दृष्टिकोण सूर के काव्य को रीतिकाव्य और छायावादी काव्य से अलग कर देता है। रीतिकाव्य में यौवनकालीन मानवीय रूप-सौन्दर्य और भाव-सौन्दर्य की झाँकियाँ अवश्य मिल जाती हैं, लेकिन वे सूर के काव्य की तरह मानवीय सन्दर्भ में नहीं, दरबारी सुकुमारता और कोमलता के नागरिक ढाँचे में ढली हुई हैं। कवियों की दृष्टि वर्ण्य के सौन्दर्य और उसकी अनुभूति से अभिव्यंजना के सौन्दर्य पर अधिक केन्द्रित है। छायावादी काव्य में प्रकृति, मानवीय रूप और भाव के सौन्दर्यात्मक निरूपण का अभाव नहीं है। वह स्वाभाविक और मधुर भी है। लेकिन सौन्दर्य कल्पना के बिम्बों के रूप में है, सूर के काव्य की तरह जीवन की नैसर्गिकता से प्रसूत नहीं है। इसलिए उन सौन्दर्य के बिम्बों में स्पन्दनशीलता और तीव्रता कम है। बिम्बों, प्रतीकों, अप्रस्तुतों और लाक्षणिक प्रयोगों पर विशेष ध्यान देते हुए छायावादी कवि अपने ढंग से कथ्य के सौन्दर्य से अभिव्यंजना के सौन्दर्य की ओर अधिक उन्मुख लगते हैं। सूर की सौन्दर्य-दृष्टि में कथ्य का चेतनागत सौन्दर्य और अभिव्यंजनागत सौन्दर्य सन्तुलित और सामंजस्यपूर्ण हैं।

ऐन्द्रिय सौन्दर्य की रंगीन छटा के निरूपण में विद्यापति से और अन्तर्मुखी भावमय सौन्दर्य-चेतना की पकड़ में घनानन्द से सूर की तुलना की जा सकती है। लेकिन सौन्दर्य की विविध छवियों के अंकन में, सौन्दर्यजन्य भाव-प्रसार में तथा सौन्दर्यानुभूति की तीव्र स्पन्दनशीलता और उसके प्रभाव की व्यापकता में उनको सूर के समकक्ष नहीं रखा जा सकता। सूरसागर सौन्दर्य का उमड़ता हुआ सागर है जो अपनी लहरों के वैविध्य में अग-जग को डुबो देता है।

सन्दर्भ

1. काव्य और कला तथा अन्य निबन्ध, जयशंकर प्रसाद, पृ. 34-35
2. सूर : सन्दर्भ और समीक्षा, सं. डॉ. त्रिभुवनसिंह, ''शाश्वत सौन्दर्य के उपासक'', डॉ. गेंदालाल शर्मा, पृ. 233

इस संस्करण की 1000 प्रतियाँ प्रकाशित की जा रही हैं।